Die Lean-Methode im Krankenhaus

Andreas Scholz

Die Lean-Methode im Krankenhaus

Die eigenen Reserven erkennen und heben

2. Auflage

Andreas Scholz
Berlin
Deutschland

ISBN 978-3-658-08737-1   ISBN 978-3-658-08738-8 (eBook)
DOI 10.1007/978-3-658-08738-8

Die Deutsche Nationalbibliothek verzeichnet diese Publikation in der Deutschen Nationalbibliografie; detaillierte bibliografische Daten sind im Internet über http://dnb.d-nb.de abrufbar.

Springer Gabler

Gedruckt auf säurefreiem und chlorfrei gebleichtem Papier

Springer Fachmedien Wiesbaden Teil der Fachverlagsgruppe Springer Science+Business Media (www.springer.com)

Geleitwort

In den vergangenen zehn Jahren ist im Krankenhaussektor ein beispielloser Wandel vonstattengegangen, der bis heute anhält. Mit der Einführung des DRG-Fallpauschalensystems im Jahr 2003 hat sich nicht nur die Abrechnungslogik geändert, sondern auch das Verhalten der Akteure. Es werden nicht mehr Belegungstage zur Grundlage der Abrechnung gemacht, sondern Fallpauschalen. Getreu dem Motto „man bekommt, was man misst" haben sich die Verweildauern der Patientinnen und Patienten seit dem erheblich verkürzt. Mehr Arbeit in deutlich weniger Zeit. Innerhalb weniger Jahre wurden Krankenhäuser einer Wettbewerbslogik unterworfen. Der einsetzende Veränderungsprozess stellte für die Führungsverantwortlichen eine Herausforderung dar, denn er verlangte auf breiter Front ein Umdenken und eine neue unternehmerische Perspektive. So waren die letzten Jahre geprägt von Personalreduktion, Privatisierung, Fusionen, Zentralisierung, Outsourcing und Leistungsstrukturanpassungen. Ob all diese Veränderungen langfristig zum Erfolg von Krankenhäusern und zum Wohle der Patientinnen und Patienten beitragen, wird sich erst viel später zeigen. Die historisch bedingte Arbeitsweise von Krankenhäusern hat sich dabei aber kaum verändert. Eine Krankenhausorganisation präsentiert sich nach wie vor unverändert arztorientiert – und eben nicht patientenorientiert. Sie bleibt gefangen in chefarztzentrierten Abteilungsstrukturen, geprägt von einer dienstartengetrennten Matrixorganisation, in der wesentliche formelle Führungsfragen ungeklärt bleiben. Organisationsstandards und Transparenz bleiben Mangelware. Krankenhäuser stellen äußerst komplexe Systeme dar, wie sie auch in anspruchsvollen Industrieorganisationen so kaum zu finden sind. Umso wichtiger wird es für Krankenhäuser sein, dieses beinahe antiquierte Führungssystem einem radikalen Wandel zu unterziehen. Orientiert an den Wünschen und Bedürfnissen der Patienten wird sich die Krankenhausorganisation einer konsequenten Prozesssicht unterwerfen müssen, die bestehende Führungsstrukturen einbezieht. Der dazu notwendige kulturelle Wandel ist nicht zu unterschätzen. Prozessorientierung rüttelt an den grundlegenden Widerstandszonen eines Krankenhauses: Arztzentrierung, Planbarkeit, Standards und Transparenz.

Wenn alles outgesourct, zentralisiert, verknappt ist und selbst Leistungssteigerungen als rettende Anker ausfallen, bleibt die Frage, was denn in Zukunft dazu beitragen soll, die ungebremst wachsende Kosten-/Erlösschere zu kompensieren. Was kann Krankenhäuser jedes Jahr wieder effizienter und besser werden lassen? Die Antwort liegt auf der Hand: die Gestaltung seiner Prozessen und die Art und Weise, wie eine Krankenhausorganisation lernt, sich schnell, wirksam und kontinuierlich zu verbessern.

Ein nachgewiesen wirksamer Ansatz zur kontinuierlichen Verbesserung ist Lean Management. Zahlreiche Beispiele zeigen, dass Lean Management auf Krankenhäuser anwendbar ist und zu einer wirklichen Verbesserung von Qualität und Wirtschaftlichkeit beiträgt.

Bevor ich das Nordstern Institut Berlin gegründet habe, war ich mehr als 10 Jahre als Geschäftsführer von Krankenhäusern tätig. Die Einführung von Lean Management hat mich zu der Aussage verleitet, die ich immer gerne wiederhole: „Ich wusste noch nie so viel über mein Krankenhaus wie heute." Probleme und Lösungen verbergen sich eben tief in jeder Organisation. Wer sie finden will, muss selbst tief abtauchen in die reale Arbeitswelt und seinen Schreibtisch verlassen. Erst dann wird deutlich, wie stabil die kulturellen Säulen gebaut sind, die in einem Veränderungsprozess wie diesem erst mühsam, mit unendlicher Geduld und noch mehr Durchhaltermögen abgetragen werden müssen.

Organisationsziele sind konsequent aus den Bedürfnissen und Wünschen von Patientinnen und Patienten ableitbar. Einmal inhaliert, prägt diese Wahrheit mit der Zeit die Arbeits- und Denkweise aller handelnden Personen. Es ist förmlich spürbar, wie ein authentischer und konsequenter Patientenblick die Prioritäten einer ganzen Organisation verändern kann.

Andreas Scholz will seine Leserinnen und Leser auf diesen spannenden Weg einstimmen und ihnen ermutigender Begleiter sein.

Berlin, 6.7.2015   Jörg Gottschalk

Vorwort

Die erste Auflage ist entstanden, um dem deutschsprachigen Raum ein literarisches Angebot zum Thema Lean Management im Gesundheitsbereich zu unterbreiten. Leider existierte fast ausschließlich nur englische Literatur. Ziel war es nicht, ein „Kochrezept" und konkrete Handlungsempfehlungen zu geben, sondern einen ersten Eindruck beziehungsweise Überblick zum Thema Lean Management zu vermitteln.

Aufgrund von Rückmeldungen einiger Leser ist in der 2. Auflage ein Methodenblock ergänzt worden. Hier werden zum besseren Verständnis ein paar wichtige Methoden im Kontext von Lean Management aufgelistet und vorgestellt. Ferner beinhaltet die 2. Auflage eine neue grafische Aufbereitung, ein paar inhaltliche Nachschärfungen, zusätzliche Unterkapitel und 10 goldene Regeln als Management-Essence für die Verbesserungsarbeit.

Vielen Dank für die Anregungen und viel Spaß beim Lesen.

Hinweis: In dem Buch wird der Einfachheit halber nur die männliche Form verwandt. Die weibliche Form ist selbstverständlich immer mit eingeschlossen.

Berlin, 6.7.2015   Andreas Scholz

Danksagung

Ich danke meinen Freunden und Bekannten für die viele Unterstützung und Mithilfe. Insbesondere den Gastautoren möchte ich für deren eigene Beiträge bzw. Zuarbeit danken. Besonders Herr Gottschalk hat das Buchprojekt durch Lieferung zahlreicher Beispiele und aktive Mitarbeit maßgeblich unterstützt.

Jörg Gottschalk, ehemaliger Geschäftsführer Martin-Luther-Krankenhaus, Berlin: Vorwort, 1.1, 4.2, 4.6, 4.11

Luise Steinbeis, Lean Managerin Martin-Luther-Krankenhaus, Berlin: Kap. 3, Projektbeschreibung

Kai Fiukowski, Kommunikationstrainer und Change Manager: Kap. 5, Change Management, Kommunikation

Inhaltsverzeichnis

1   Einleitung   1
   1.1   Die Sicht des Geschäftsführers eines privaten Krankenhauses
       auf seine Branche   1
   1.2   Die Sicht eines vormals in der Industrie tätigen Lean-Beraters . . .   3

2   Was ist Lean?   5
   2.1   Historie   5
   2.2   Die drei Ebenen von Lean   10
   2.3   Variabilität, Inflexibilität, Verschwendung – die drei
       Haupthandlungsfelder bzw. Hauptfeinde im Kontext von Lean . . .   15

3   Projektbeispiel Aufnahme- und Sprechstundenzentrum   23
   3.1   Ist-Situation der elektiven Aufnahme   26
   3.2   Auftragsklärung für das Lean-Projekt   28
   3.3   Projektvorbereitung   28
   3.4   Analysephase   30
   3.5   Entwicklung des Soll-Konzeptes   30
   3.6   Simulationen   38
   3.7   Architektenplanung und Umbau   39
   3.8   An- und Hochlauf   40
   3.9   Optimierungsphase   40
   3.10 Eingeführte Prinzipien des Lean Managements   42
   3.11 Herausforderungen während der Projektarbeit   43
   3.12 Ergebnisse   44

4   Thesen   47
   4.1   Einleitung   47
   4.2   Ich oder Wir – Wer steht hier eigentlich im Mittelpunkt?   47

4.3   Schildkröte oder Hase – Wie lange dauert es,
       und wo geht es lang? 52
4.4   Jogger oder Sprinter – Kann ich es schaffen? 60
4.5   Erbsen oder Melonen – Wie genau muss es sein? 64
4.6   Kopf oder Bauch – Wonach will ich mich richten? 75
4.7   Aktion oder Reaktion – Brauche ich einen Plan? 78
4.8   Bleistift oder PC – Wie modern soll es sein? 82
4.9   Schauen oder Anfassen – Wo stehe ich als Führungskraft? 88
4.10   Neu oder Secondhand – Was kann ich mir leisten? 94
4.11   Sehen oder Glauben – Gilt nur, was ich beweisen kann? 99
4.12   Bund oder Länder – Wie souverän will ich sein? 103
4.13   Hart oder weich – Wofür gebe ich das Geld aus? 107
4.14   Von oben oder unten – Wie führt hier wer? 111
4.15   Autos oder Menschen – Wie groß ist die Schnittmenge? 113
4.16   Hopp oder Top – Was ist hier passiert? 121

5   Prozessverbesserung mit Change Management und
    Kommunikationstraining 129
    5.1   Change Management 129
    5.2   Kommunikationstraining 140

6   Fazit 145
    6.1   Allgemein 145
    6.2   Zehn goldene Regeln für das Management 146
    6.3   Lean Management im Krankenhaus in aller Kürze 151

7   Ausblick 155

8   Anhang: Methodenbeschreibung 159
    8.1   Storyboard 159
    8.2   Mitarbeiterbefragung 162
    8.3   Prozessmapping 165
    8.4   Kreidekreis-Analyse 167
    8.5   Wegediagramm (Spaghetti-Diagramm) 170
    8.6   Arbeitsschritte-Analyse 172
    8.7   Mehrfachmomentaufnahme 175
    8.8   Problemlösungsblatt (Maßnamenblatt) 178
    8.9   A3-Problemlöseblatt 181

Literatur 185

Einleitung

1

1.1 Die Sicht des Geschäftsführers eines privaten Krankenhauses auf seine Branche

Krankenhäuser stellen heute äußerst komplexe Organisationen dar, in der unterschiedliche Berufsgruppen mithilfe von Wissen, Raum, Technik und Verfahren so miteinander interagieren müssen, dass für den Patienten das angestrebte, also (von ihm) gewünschte oder (zumindest) objektiv erzielbare Ergebnis erreicht werden kann.

Allein in den letzten zwanzig Jahren hat sich der medizinische und technische Fortschritt enorm beschleunigt. Die Verweildauer beträgt nur noch einen Bruchteil dessen, was beispielsweise 1935 üblich war. Jedes Krankenhaus muss auch deutlich mehr Patienten in immer kürzerer Zeit behandeln, wenn es unter den gegebenen ökonomischen und rechtlichen Rahmenbedingungen überlebens- und innovationsfähig bleiben will. Zudem haben sich Ansprüche, Wünsche und Bedürfnisse der Patienten, deren Angehörigen und der Gesellschaft gravierend verändert. Die Mitarbeiter definieren ihre Anforderungen an ihre Arbeitsplätze und die erlebbaren Arbeitsbedingungen – die sogenannte Work-Life-Balance will auch im Gesundheitsbereich gelebt werden.

Je nach Region müssen Krankenhäuser darüber hinaus ganz unterschiedliche Herausforderungen bewältigen: Personalknappheit bei Ärzten und Pflegenden vor allem in ländlichen oder weniger attraktiven Gegenden, Wettbewerb um Patienten in Ballungsgebieten wie Berlin, Hamburg und München oder Investitionsstau aufgrund mangelnder öffentlicher Fördermittel der Länder. Der lange Abgrenzungskampf zwischen stationärer und ambulanter Versorgung und die immer wiederkehrenden Versuche des Gesetzgebers, diesen einzudämmen, oder die regelmäßig wechselnden Finanzierungsvarianten mit Notopfern oder Sparbeiträgen sind dabei fast schon gewohnte Rahmenbedingungen.

© Springer Fachmedien Wiesbaden 2016
A. Scholz, *Die Lean-Methode im Krankenhaus,* DOI 10.1007/978-3-658-08738-8_1

In diesem schwierigen Umfeld findet Gesundheitsversorgung primär unter wirtschaftlichen Diskussionen statt. Es ruft schon lange keinen offenen Widerspruch mehr hervor, wenn die Gesundheitsversorgung als Teil einer Gesundheitsindustrie, einer Marktwirtschaft oder gar einer Marktgesellschaft bezeichnet wird. Es ist Ausdruck der heutigen Zeit, dass dies zum gesellschaftlichen Allgemeingut, quasi zur Gesellschaftskultur gehört. Der Arzt als ethisch moralischer Anker bleibt dabei theoretisch erhalten. Er wird aber zu einem Steuerer von vielen in einem Geflecht unterschiedlicher und wenig überschaubarer individueller, ökonomischer und politischer Interessen, die nur auf den ersten Blick gemeinsam die hochwertige Versorgung von kranken Menschen bei knappen Ressourcen wollen. Kosten senken, Einnahmen erhöhen – das war lange Zeit die Erwartung der einen an die andere Lobbygruppe.

In den vergangenen Jahren haben Krankenhäuser schon viel zur Reduzierung der Kosten getan: Zusammenschlüsse, Outsourcing, Zentralisierung, Kostenreduktion. Diese Entwicklung ist jedoch endlich, zumal auch hier die Tendenz zu Großkonzernen nicht per se zu einem positiven Ergebnis führt. Neben der Optimierung der Ausgabenseite ist die Erweiterung der Einnahmenseite durch Leistungswachstum häufig interessant. Leider ist diese ebenfalls nicht unendlich, zumal auch hier die meisten Krankenhäuser die gleiche Stoßrichtung verfolgen.

Die jeweilige Strategie kann personenabhängig und politisch wechseln, in jedem Fall richtig bleibt die Arbeit an der eigenen Organisation bzw. den selbst beeinflussbaren Prozessen. Da hat das deutsche Krankenhaus einiges nachzuholen. Denn eine klare Einordnung der Patientenorientierung ist bislang kaum zu finden. Auch eine konzentrierte Qualitätsdiskussion um die Bedürfnisse des Patienten fehlt trotz zahlreicher Zertifizierungswellen häufig. Qualität ist, was der Patient will – nicht was die medizinischen Fachgesellschaften, die Krankenkassen, die Politiker etc. wollen. Die unbedingte Ausrichtung aller Aktivitäten der Organisation auf die Patientenbedürfnisse, der Wunsch, perfekt zu sein im Sinne des Patienten und im Sinne von Medizin, sind die wahren Chancen.

Die Befriedigung der vermuteten Hauptbedürfnisse eines Patienten – Heilung, Zuwendung, Sicherheit, Respekt – wird im Krankenhaus als eine extrem komplexe und anspruchsvolle Leistung angestrebt. Sie entfaltet erst im optimalen Zusammenwirken aller Beteiligten ihre gewünschte Wirkung und stellt für den Patienten das Ergebnis sicher, welches er sich für sich und die Leistungserbringer sich für ihn und seine Angehörigen wünschen. Gerade dieses reibungslose Zusammenwirken ist neben der individuellen fachlichen Qualifikation jedes Einzelnen die Grundvoraussetzung für die Sicherung einer herausragenden Qualität und gleichzeitig die notwendige Bedingung für einen ökonomischen Erfolg, der für die langfristige Unternehmenssicherung, -weiterentwicklung und eine umfassende Risikovorsorge benötigt wird.

Wer seine Organisation mit dem Blick des Patienten sieht, seine Ängste und Befürchtungen versteht und bestehende Abläufe in dessen Sinne stets hinterfragt, schafft Vertrauen. Patientennutzen ist keine ethische Diskussion, sondern vor allem eine Führungsaufgabe. Sie vermittelt eine Haltung und gibt das Mantra der vermeintlichen Kostenreduktion auf.

Ein Teil der in diesem Buch verwendeten Beispiele entstammt privaten Krankenhäusern in Berlin. Dort wurde im Jahr 2010 damit begonnen, sich mit der strukturierten Prozessverbesserung zu befassen. Motivation hierfür war, von den Ansätzen, Erfahrungen und Erfolgen aus der Industrie zu profitieren, zu lernen und herauszufinden, was und in welcher Weise auf die anspruchsvolle Dienstleistung in der Krankenversorgung übertragbar ist. Es sollte erstmals die Gesamtorganisation in den Blick genommen werden. Dabei sollen Lösungen gefunden und die Fähigkeit entwickelt werden, dies auch dauerhaft und kontinuierlich zu erbringen. Zeit und Energie sollen gewonnen und dort zur Verfügung gestellt werden, wo Mitarbeiter sie als hilfreich für den Patienten und sich selbst erleben.

1.2 Die Sicht eines vormals in der Industrie tätigen Lean-Beraters

In der Automobilindustrie, wo der Lean[1]-Ansatz herkommt, bilden komplexe Prozesse die tägliche Arbeitsgrundlage. Ein Auto herzustellen, ist alles andere als einfach. Das wird in einem Krankenhaus gern übersehen und so ist dort häufig zu hören: „Wir bauen hier keine Autos! Bei uns geht es um Menschen!" Das ist richtig und soll auch nicht infrage gestellt werden. Darüber hinaus sind Krankenhäuser in ihrer derzeitigen Struktur, Organisation und Arbeitsaufgabe erheblich komplexer als viele Industrieprozesse. Diese Komplexität ist zwar nicht systemimmanent, stellt aber die Ist-Situation dar und ist damit Basis für die Prozessverbesserung.

Motivation für die Arbeit an den Prozessen im Krankenhaus war das unbedingte Vertrauen in die Wirksamkeit des Lean-Managementansatzes. Sich Prozesse detailliert anzuschauen, Verbesserungspotenziale gemäß einem Ziel aufzuzeigen und diese Veränderungen dann umzusetzen, kann nie falsch sein. Auch im Krankenhausumfeld muss mehr möglich sein, als kostengetrieben Pflegende und Ärzte zu reduzieren, Verbrauchsmaterial einzuschränken, notwendige Investitionen zu verschieben oder gar wegzulassen, Billiglöhner bevorzugt aus dem Ausland einzusetzen und ständig eine Leistungsverdichtung der Arbeit durchzuführen. Auch die jahrelangen persönlichen Erfahrungen und Beobachtungen in den Arztpraxen,

---

[1] Ausführliche Erklärung zur Verbesserungsarbeit und Begriffsbestimmung folgt im Kap. 2.

in der Rettungsstelle oder beim Krankenhausaufenthalt als Patient, Besucher oder Begleiter sprechen dafür, dass es neben der reinen Verknappung weit mehr Möglichkeiten zur Verbesserung gibt. Über diese Möglichkeiten soll in diesem Buch berichtet werden.

Wer ein Patentrezept, eine Präsentation allgemeingültiger Lösungen oder das Aufzeigen so genannter „Quick-Wins" erwartet, sollte das Buch weglegen. Wer Argumente gegen eine vermeintlich unverbesserliche Branche sucht, auch. Wer hingegen einen neuen Blick auf die eigene Arbeit erhalten will, sollte weiterlesen, auch wenn der veränderte Blickwinkel zunächst ungewohnt und unbequem scheint. Das Buch möchte Verbesserungsansätze vermitteln sowie Chancen und Möglichkeiten aufzeigen, die in der eigenen Handlungsmacht liegen und nicht im Umfeld, in der Politik oder bei den Patienten. Es will Freude auf eine ganzheitliche Vorgehensweise zum Wohle der Patienten erzeugen. Ferner will das Buch einen ersten Eindruck zum Thema Lean Management, den grundsätzlichen Methoden und Prinzipien sowie den bei der Verbesserungsarbeit auftretenden Fragestellungen geben. Wer gleichzeitig noch ein paar Werkzeuge verstehen will, kann sich diese im Anhang näher anschauen.

Was ist Lean?

2

Lean ist Englisch und bedeutet bezogen auf eine Person „schlank". Stellt man sich dabei zur Veranschaulichung einen leistungsfähigen und trainierten Körper mit genau der richtigen Menge an Muskeln und Fett vor, der zu jeder Zeit die erforderlichen Aufgaben zur vollsten Zufriedenheit erfüllt, dann ist dies ein gutes Bild, um den Begriff Lean im Kontext der Prozessverbesserung zu beschreiben. Außerhalb dieses körperbezogenen Bildes ist Lean jedoch die Abkürzung für Lean Management, Lean Production, Lean Administration oder Lean Healthcare und wird als Beschreibung für eine bestimmte Art eines Unternehmensprozesses verwendet.

Im Allgemeinen wird Lean als Beschreibung für einen Prozess dann verwandt, wenn dieser Prozess hochgradig effizient und effektiv ist und in seiner gesamten Aktivität am Kunden mit seinen Wünschen und Bedürfnissen ausgerichtet ist. Lean meint also nicht mehr und nicht weniger, als den Kunden zufriedenzustellen und dabei *bewusst* mit den eigenen Ressourcen umzugehen.

Dieser Ansatz ist nicht neu. Je nachdem, in welcher Branche man zu Hause ist, ist der Ansatz schon jahrelange Praxis (z. B. Automobilindustrie) oder Teil der aktuellen Entwicklung (z. B. Verwaltung oder eben im Gesundheitswesen).

Wie hat sich der Begriff Lean entwickelt?

2.1 Historie

Es begann mit Ford

Die Grundlagen für Lean wurden Anfang des 20. Jahrhunderts durch Henry Ford gelegt[1]. Mit der Erfindung der Massenproduktion und den daraus resultierenden

---

[1] Vor 100 Jahren, im Frühling 1913, wurde die erste Fließbandmontage in Fords Highland Park Fabrik in Betrieb genommen.

© Springer Fachmedien Wiesbaden 2016
A. Scholz, *Die Lean-Methode im Krankenhaus,* DOI 10.1007/978-3-658-08738-8_2

Fließbändern waren erste wesentliche Aspekte einer schlanken Produktion thematisiert:

- Fließende Prozesse: der Produktionsprozess ist in Bewegung
- Getaktete Tätigkeiten: an einem gemeinsam Herzschlag ausgerichtet
- Hohe Wertschöpfung: optimierte Prozesse, alles steht arbeitsoptimal bereit
- Null-Fehler: nur fehlerfreie Produkte durchlaufen den Prozess (und ermöglichen höchste Qualität)

▶ **Takt** Arbeitszeit geteilt durch Kundenbedarf, d. h., wie viel Zeit habe ich durchschnittlich zur Herstellung eines Produkts?

▶ **Wertschöpfung** Tätigkeiten im Unternehmen, die dem Produkt einen Wert zufügen, d. h. Tätigkeiten, die dem Kunden nutzen.

Die Motivation für diesen Ansatz war, die Zeit für den gesamten Prozess von Materialbestellung bis Produktverkauf – die sogenannte Durchlaufzeit – möglichst gering zu halten, und damit den Cashflow zu erhöhen. Je länger es dauert, ein Produkt zu erstellen, desto höher wird der Finanzierungsbedarf, da üblicherweise das eingesetzte Material vorfinanziert wurde, wohingegen der Kunde erst nach Erhalt der Ware bezahlt. Kurze Durchlaufzeiten helfen also, den Cashflow zu erhöhen.

▶ **Cashflow** Vereinfacht Überschuss der Einzahlungen über die Auszahlungen einer Unternehmung

Ein weiterer Ansatz von Ford war es, die erzielten Gewinne

- seiner *Firma* in Form von Reinvestitionen,
- seinen *Kunden* in Form von Preissenkungen (sukzessive Preissenkung von 900$ auf 270$) und
- seinen *Mitarbeitern* in Form von Gehaltssteigerungen (kurzfristige Steigerung von 2,4$ auf 5,0$ je Tag)

zur Verfügung zu stellen. Im Ergebnis wurde eine enorme Kaufkrafterhöhung der Bevölkerung bei gleichzeitiger Senkung der Preise erzielt und führte somit zur Produktions- und Nachfragesteigerung. Ford schrieb einmal in *Today and Tomorrow*: „Wer ein Geschäft der Profite wegen beginnt, wird nur kurz oder nie wirklich Profite erwirtschaften, denn er wird den Dienst am Kunden immer als zweite Priorität sehen. Wer gute Arbeit für den Kunden leistet, muss sich um die Profite keine

Sorgen machen. Wir sehen Profite als die natürliche Folge von gutgetaner Arbeit "
(Aulinger 2008), bzw. in einem anderen Artikel: „A business absolutely devoted to
service will have only one worry about profits. They will be embarrassingly large.“[2]
Fords Erfolgsrezept lautete: „There is one rule for the industrialist and that is: Make
the best quality of goods possible at the lowest cost possible, paying the highest
wages possible.“[3] Ford war viele Jahrzehnte lang der reichste Industrielle der Welt.

Die Durchlaufzeit in seiner „Meisterfabrik" River Rouge betrug 1924 vom
Eisenerz bis zum fertigen Auto unglaubliche 28 h (Berechnung nicht genau über-
liefert). Dieser Wert ist bis heute ungeschlagen und wird es wohl auch bleiben, da
die Komplexität der Fahrzeuge ständig zunimmt und somit die Durchlaufzeit nicht
beliebig durch Prozessverbesserungen reduziert werden kann (Aulinger 2007).

Später folgte Toyota
Wer sich näher mit dem Thema Lean beschäftigt, stößt häufig auf japanische Begriffe wie Gemba, Muda, Heijunka, Poka Yoke, etc. Woran liegt das? Der Grund ist
ganz einfach. Der japanische Automobilbauer Toyota ist derjenige, der als Begrün-
der des ganzheitlichen Lean-Production-Systems gilt. Auch wenn die einzelnen
Elemente wie „Fließen" oder „Just-in-time" nicht durch Toyota erfunden wurden,
so ist die Zusammenfassung der verschiedenen Prinzipien und Werkzeuge der optimalen Produktion unter einem Dach (des Toyota-Produktions-Systems (TPS))
die eigentliche Leistung von Toyota. Taiichi Ohno[4] gilt als Erfinder des TPS. Die
diesem Produktionssystem zugrunde liegende Produktionsweise wurde dann in der
westlichen Welt mit dem Begriff Lean Production bzw. Lean Manufacturing und
später häufig nur als Lean beschrieben.

Wie kam es zu dem Toyota-Produktions-System?
In den 1930ern und später in den 1950ern besuchten Führungskräfte von Toyota
die USA. Speziell die Errungenschaften von Ford (z. B. die Fabrik River Rouge)
und die Nachbestelllogik von Waren in den amerikanischen Supermärkten fas-
zinierten die Manager. Gebeutelt durch den 2. Weltkrieg hatte das geschwächte
Unternehmen finanziell wenig Spielraum und war deshalb auf einen schnellen
Produktionsdurchlauf (kurze Durchlaufzeit) angewiesen. Sie konnten es sich
schlichtweg nicht leisten, große Mengen Material einzukaufen und erst viel später
ihre Produkte durch den Kunden bezahlt zu bekommen. Hinzu kam, dass während

---

[2] http://www.brainyquote.com/quotes/authors/h/henry_ford_2.html, 10.1.2014, 14:00Uhr.

[3] http://www.brainyquote.com/quotes/authors/h/henry_ford.htmlhttp://www.brainyquote.
com/quotes/authors/h/henry_ford.html.

[4] Taiichi Ohno (29.2.1912−28.5.1990): Produktionsleiter bei Toyota, der das TPS ab den
1950er-Jahren Stück für Stück erdacht und zu einem Gesamtsystem entwickelt hat.

dieser Zeit eine galoppierende Inflation herrschte, sodass jeder weitere Tag eine
direkte Geldvernichtung bedeutete. Diese Not in Verbindung mit den in den USA
gemachten Beobachtungen bildete die Grundlage bei der Definition des Toyota-
Produktions-Systems.

Die darin prinzipiell angestrebte Ausrichtung/Vision der Produktion kann in
vier Punkten zusammengefasst werden:

- Null-Fehler: Nacharbeit kostet Geld
- Kurze Durchlaufzeit bei idealerweise 100 % Wertschöpfung
- Einzelstückfluss: ein Teil sofort fertig produzieren
- Nur direkte Kundenaufträge: keine Lagerproduktion.

Diese Vision bzw. allgemeine Ausrichtung des Unternehmens ist jedoch zu allgemein für die tägliche Verbesserungsarbeit und beschreibt zu wenig *wie* die Verbesserung realisiert werden kann. Aus diesem Grund wurde sie mithilfe von Elementen und Werkzeugen konkreter gefasst und somit greifbarer und verständlich
für die Mitarbeiter und Verantwortlichen beschrieben. Ein in diesem Zusammenhang häufig verwendetes Symbol ist das Haus. Dieses ist hervorragend geeignet,
die verschiedenen Elemente und Werkzeuge zu ordnen und in ihrer Bedeutung zu
unterscheiden. Abbildung 2.1 beschreibt das TPS-Haus.

Das Haus besteht aus:

- Einer *Basis* mit den Elementen: Firmenphilosophie, Visualisierung, stabile und
  standardisierte Prozesse sowie eine geglättete Produktion
- *Zwei Säulen*: Just in time (alles zur richtigen Zeit und in der richtigen Menge)
  und Jidoka (Prozesse, die nur Qualität erzeugen können)
- Einem *Zentrum*: Kontinuierliche Verbesserung (KVP), Mitarbeiter und Verschwendungsreduzierung
- Einem *Dach* mit den Zielen: beste Qualität, geringste Kosten, höchste Sicherheit, kürzeste Durchlaufzeit und hoher Mitarbeiterzufriedenheit

Was hat das alles mit dem Krankenhaus zu tun?
Die hier aufgezeigten Prinzipien gelten in weiten Bereichen universell und sind
deshalb in allen Branchen anwendbar. Wer würde anzweifeln, dass Null-Fehler,
kurze Durchlaufzeit, hundert Prozent Wertschöpfung, Kundenorientierung und
Einzelstückfluss nicht auch etwas für Krankenhäuser, Verwaltungen, Dienstleis-
ter oder Produzenten jeglicher Art sein könnten? Die spannende Frage ist jeweils
nur, wie sie auf die spezifische Unternehmenssituation übertragen werden können bzw. müssen. Speziell das Krankenhaus hat einige Besonderheiten, die die

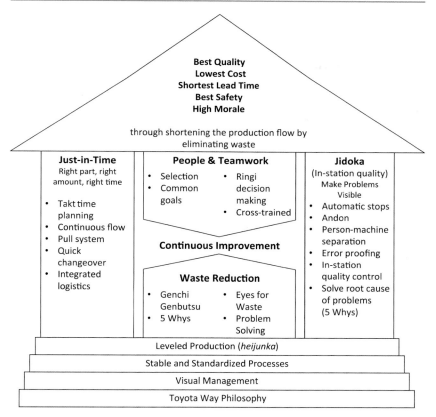

Abb. 2.1 Toyota-Produktions-System, nach Liker (2004)

Übertragbarkeit nicht immer einfach machen. Ein Beispiel hierfür ist die Tatsache, dass der Unternehmensgegenstand kein Produkt, sondern ein Mensch mit Gefühlen, Ängsten und Bedürfnissen ist. Auch das Thema „Null-Fehler" bzw. hundert Prozent Qualität lässt sich im Krankenhaus vortrefflich diskutieren, da es kein neutral richtig gibt. Wann sind beim Patienten hundert Prozent Qualität erreicht? Reicht es, seinen Einweisungsgrund behandelt zu haben? Oder bedeuten hundert Prozent, dass alle identifizierten Krankheiten geheilt bzw. nach derzeitigem medizinischem Standard behandelt wurden, auch wenn die Kosten unter Umständen von den Krankenkassen nicht übernommen werden?

Die bis auf die jeweiligen Spezifika universelle Übertragbarkeit des Lean-Ansatzes hat dazu geführt, dass heute die verschiedenen Begriffe für Lean wie Lean

Management, Lean Production, Lean Administration, Lean Hospital oder Lean Healthcare deutlich machen, in welchem Bereich er umgesetzt wird. Inhaltlich ändert sich nichts (siehe auch Arnold und Faurote 2005; Liker 2004).

2.2   Die drei Ebenen von Lean

Die im vorherigen Abschnitt beschriebenen historischen Aspekte verdeutlichen hauptsächlich den (Produktions-)Prozess des Lean-Ansatzes, also den Unternehmensgegenstand. Lean bedeutet jedoch noch mehr. Um nachhaltig erfolgreich zu sein, geht es neben der Prozess-Ebene auch um die (Firmen)Kultur- und die Management-Ebene (Abb. 2.2).

Was bedeutet dies im Detail?
Wenn ein Prozess mit den bereits beschriebenen Prinzipien wie Einzelstückfluss (Losgröße eins), Kundenfertigung, hundert Prozent Wertschöpfung und Null-Fehler-Prinzip optimiert wird, werden mit großer Wahrscheinlichkeit gute und kostengünstige Produkte erzielt und das Unternehmen auf solide Füße gestellt. Die Stolpersteine für den *dauerhaften* Unternehmenserfolg liegen dann nicht in den schlechten Prozessen oder der fehlenden Kundenorientierung, sondern in den beiden anderen Ebenen von Lean: Kultur und Management. Diese werden oft mit dem Begriff der Nachhaltigkeit beschrieben.

Abb. 2.2 Die drei Ebenen von Lean in Anlehnung an Drew et al. 2005

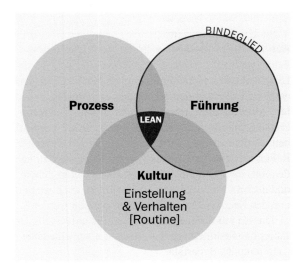

Prozess

Beim Thema Prozess geht es um den eigentlichen Unternehmensgegenstand. Im Krankenhaus bedeutet dies, sich um den Patienten mit allen notwendigen Begleitprozessen zu kümmern und diese so optimal wie möglich zu gestalten. Es geht also um das Was, Wie, Wann und Warum im Unternehmen. Dieser Teil ist bei der Verbesserungsarbeit häufig der einfachste, da er sehr gut mit Zahlen, Daten und Fakten belegt werden und somit allen Beteiligten am ehesten „verkauft" werden kann. Der Unternehmensprozess agiert im Umfeld der Kultur unterstützt durch das Management.

Kultur (einschließlich Einstellung und Verhalten der Mitarbeiter)

Die Kultur-Ebene beschreibt, wie im Unternehmen miteinander umgegangen, gearbeitet und gedacht wird. Es handelt sich also um den Teil des Unternehmens, der unausgesprochen von den Mitarbeitern gelebt und meist über lange Zeit geprägt wird.

- Ist es erlaubt, Fehler zu machen?
- Ist unsere Aufgabe, das Tagesgeschäft abzuwickeln, oder auch nach Neuem zu streben (Verbesserungen zu machen)?
- Respektieren wir uns gegenseitig?
- Arbeiten wir im Team?
- Wie hierarchisch denken und handeln wir?
- Existiert ein gemeinsames Unternehmensgefühl?

„Die sichtbaren Teile von Kultur, ihre Symptome, werden nur in der Praxis, in Verhalten und Kommunikation sichtbar. Am Krankenstand, in der Gestaltung von Büros und Arbeitsplätzen, an der Zahl der E-Mails und Absicherungskopien, an Fehlerraten und Kundenreklamationen, an Gestaltung und Einsatz von Kommunikationsmedien, Indikatoren und Berichten" (Pfläging 2014, S. 61). Weiterhin geht es bei dem Kulturbegriff um den *gleichgerichteten* Anteil von Verhalten. Wenn alle Mitarbeiter wertschätzend miteinander umgehen, Informationen offen zur Verfügung gestellt werden, Verbesserungen ohne Risiko einfach ausprobiert werden dürfen oder die Mitarbeiter sich wöchentlich zu möglichen Verbesserungen in Form von Kurzmeetings austauschen, dann ist das offensichtlich die Kultur in dem Unternehmen. Ein Fremder würde dies als eine Art Gleichklang wahrnehmen und sich gegenüber anderen wahrscheinlich derart äußern: „Bei XY ist es üblich, dass…". Bei erfolgreicher Verbesserungsarbeit repräsentiert der Kulturbegriff gleichzeitig die „neue Routine". Der Prozess wurde optimiert und die Mitarbeiter führen diesen in der gewünschten Art und Weise dauerhaft aus beziehungsweise passen ihn im Bedarfsfall an.

Neben den allgemeinen Unternehmensregeln spielt die Veränderungsbereitschaft eine wichtige Rolle. „Es geht um die Förderung von Einstellungen und
Verhaltensweisen auf allen Unternehmensebenen, die die Systeme und Strukturen unterstützen. Es muss auf der Mitarbeiterebene ein Verständnis dafür geschaffen werden, warum Veränderungen erforderlich sind und welche Ziele angestrebt
werden. Wenn es nicht gelingt, Mitarbeiter von der Sache zu überzeugen und sie
sich nicht mit den Zielen identifizieren können, werden Verbesserungsmaßnahmen
letztlich im Sande verlaufen. Denn ein schlankes System beruht auf Standardver-
fahren zur Ausführung von Aufgaben und kann nur realisiert werden, wenn die
Mitarbeiter sie respektieren und befolgen" (Ulbricht 2012, S. 20).

Management
Die Management-Ebene beschreibt, wie im Unternehmen geführt, Mitarbeiter in
ihrer Fähigkeit entwickelt und wie die Prozesse unterstützt bzw. begleitet werden.
Eine geeignete Managementinfrastruktur ist so gestaltet, dass durch sie das technische System – also der Prozess – die notwendigen Ressourcen erhält und die Verbesserungsaktivitäten nachhaltig abgesichert werden. Die sogenannte kontinuierliche Verbesserung wird durch das Management getragen. Das klingt zwar alles logisch und banal, wird jedoch bei der Umsetzung in der Praxis häufig unterschätzt.
Es reicht nicht aus, die jeweiligen Prozessverantwortlichen zu benennen und ihnen
die Aufgabe zu übertragen. Auch reicht es nicht, die beschlossenen Prozessverbesserungen per E-Mail zu verteilen, in Regelkommunikationen vorzustellen oder
die eigenen Lean Manager mit der Aufgabe der Lean-Implementierung zu betrau-
en. Es geht um Beteiligung, Vor-Ort-Sein, selbst agieren, Vorleben, Nachfragen
zulassen, Gegensteuern, Mut machen (Veränderung macht Angst), Coaching etc.
Eine Lean-Implementierung funktioniert deshalb niemals ohne die Beteiligung der
Führung.

Lean bedeutet also im Dreiklang von Prozess, Kultur und Management zu agieren. Keine der drei Ebenen kann für ein erfolgreiches, nachhaltiges Lean-System
vernachlässigt werden, da jede Ebene für sich das Potenzial hat, den Verbesserungsprozess zu unterminieren. Die richtige Führung sorgt in Verbindung mit Prozessverbesserung zur Kulturveränderung (siehe Abb. 2.3)

Dieses Bild des Dreiklangs stellt nur eine sehr vereinfachte Sicht auf ein Unter-
nehmen dar. Der Erfolg hängt in Gänze noch von vielen anderen Faktoren wie
Unterstützungsfunktionen, Unternehmensstrategie, Innovationskraft, optimalen
Strukturen, Ressourcen, Marktumfeld und letztlich auch dem Staat ab. Ein gutes
Modell zu Verdeutlichung des Gesamtsystems stellt das „neue St. Galler Manage-
mentmodell"[5] dar.

---

[5] Vgl. Dubs et al. 2009, S. 65 ff.

Abb. 2.3 Zusammenspiel Prozess, Führung und Kultur

Ein Beispiel aus der Praxis
In einem Projekt zur Optimierung der mittleren Verweildauer (mVwd) innerhalb einer Klinik des Krankenhauses wurde der Prozess mit den aus dem Lean-Ansatz bekannten Grundwerkzeugen

1. Standardisierung
2. Teamarbeit, hier Kommunikation

optimiert. Es wurde der Arbeitstag durch einen sogenannten „Tagesplan" (Stundenplan) strukturiert und somit die zeitliche Lage bestimmter Grundtätigkeiten, wie Visite, Neuaufnahmen, Fallgespräch, etc. fixiert. Ferner wurden wichtige Teile des Behandlungsplans anonymisiert an einer zentralen Stelle dargestellt und somit den beteiligten Personen (Arzt, Pflege, Sozialdienst, Physiotherapie und Fallmanagement) in Form eines Boards zur Verfügung gestellt. Dieser Behandlungsplan wurde „Plan für jeden Patienten" genannt und war der Marktplatz für den täglichen interdisziplinären Austausch der Prozessbeteiligten. Dieser tägliche Austausch diente dem 2. Grundwerkzeug, der Kommunikation.

Um den Projektverlauf und auch -erfolg messbar und bewertbar zu machen, wurde wöchentlich die aktuelle mittlere Verweildauer der Patienten dokumentiert und mit dem Zielwert verglichen (Abb. 2.4).

Mit Einführung der Standards „Tagesplan" und „Plan für jeden Patienten" und der dazugehörigen Regel-Kommunikation konnte die mittlere Verweildauer sofort extrem reduziert werden, und zwar um 28 Prozentpunkte. Damit wurde aus einer ehemaligen Zielüberschreitung sogar eine Zielunterschreitung. Dieser beachtliche Erfolg zeigte die Richtigkeit der angewandten Methoden sehr schnell.

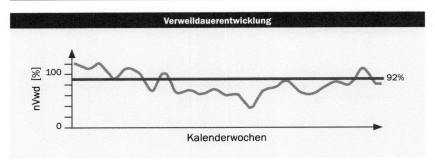

Abb. 2.4 Verweildauerentwicklung

Doch warum kam es im Laufe des weiteren Projektverlaufs wieder zu einem Rückfall in die Größenordnung vor dem Projekt? Hier gilt es, die beiden anderen Ebenen von Lean genau zu hinterfragen.

- Ist die *Kultur* in dem Bereich bzw. in der Klinik geeignet, dauerhaft einen mit Lean-Werkzeugen optimierten Prozess zu tragen? Wurde der Prozess in die neue Routine überführt?
- Hat das *Management* die Mitarbeiter in die neue Routine überführt, beziehungsweise ist es in der Lage, die Mitarbeiter bei der täglichen Arbeit in dem neuen Prozess zu unterstützen und zu fordern?

Da der Prozess nicht nachhaltig (stabil) verbessert werden konnte, ist die Antwort relativ wahrscheinlich: „Nein!" Leider kann die Frage nicht sicher beantwortet werden, da in so komplexen Systemen wie Krankenhäusern viele Einflussfaktoren zum Tragen kommen. So wurde beispielsweise in dem Projektzeitraum das Arbeitszeitmodell der Ärzte geändert. Ferner machte der Wechsel einiger Ärzte dem System schwer zu schaffen. Ein 1-Faktor-Experiment lag hier nicht vor.

▶ **1-Faktor-Experiment** Ein Experiment bzw. eine Prozessveränderung bei dem nur ein einzelner Prozessfaktor verändert wird, um den Nachweis für dessen Wirkung erbringen zu können. Verändern sich gleichzeitig mehrere Faktoren, kann nicht sicher gesagt werden, welcher Faktor der ausschlaggebende für die Verbesserung war.

Folgende Aktivitäten wurden projektbegleitend durchgeführt, um in den Ebenen Kultur und Management Wirkung zu erzielen:

- Schulungen aller beteiligten Mitarbeiter

- Verständnis- und Bewusstsein-Training bei Schlüsselmitarbeitern (Oberarzt, Assistenzarzt, Pflegeleitung und Fallbegleitung)
- Einbindung der Führungskräfte in die Projektarbeit und in Regelkommunikation
- Monatliche Präsentation der Ergebnisse vor der Geschäftsleitung

An dem Beispiel wird deutlich, dass die notwendige Prozessverbesserung bei entsprechendem Fachwissen häufig leicht erarbeitet und umgesetzt werden kann, die eigentliche Herausforderung jedoch in der Nachhaltigkeit liegt. Ein System zu kreieren, das dauerhaft und selbstständig die Prozessverbesserung trägt, ist der Unterschied zwischen Lean und anderen bekannten Optimierungsaktivitäten.

2.3   Variabilität, Inflexibilität, Verschwendung – die drei Haupthandlungsfelder bzw. Hauptfeinde im Kontext von Lean

Nachdem der Inhalt und die drei Ebenen von Lean aufgezeigt wurden, stellt sich nun die Frage, was zu tun ist, um das eigene Unternehmen in Richtung Lean zu entwickeln. Die einschlägige Lean-Literatur empfiehlt beispielsweise den weitverbreiteten Ansatz von Womack und Jones, die die Lean-Optimierung durch die Bearbeitung der fünf Lean-Prinzipien proklamieren (siehe Womack und Jones 2004, S. 16). Die fünf Prinzipien lauten:

1. Wert: Was will der Kunde?
2. Wertstrom: Auf welche Weise erzeuge ich das Produkt für den Kunden?
3. Flow: „Fließen" meine Produkte durch die einzelnen Prozessschritte?
4. Pull: „Zieht" der Kundenwunsch das Produkt durch den Prozess oder erzeuge ich einfach so viel ich kann und hoffe, dass es benötigt wird?
5. Perfektion: Strebe ich kontinuierlich nach Verbesserung im Prozess und beim Produkt?

Bei dieser Vorgehensweise werden nach der Definition des Kundenwertes der entsprechende Wertstrom definiert, fließende Prozesse erzeugt, ein bedarfsgerechtes Pull-Prinzip eingeführt und das kontinuierliche Streben nach Perfektion (auch Kaizen genannt) implementiert.

▶ **Wertstrom** Eine Prozessdarstellung, bei der in einer Darstellung sowohl der Materialprozess (im Krankenhaus der Behandlungsprozess) als auch der Informationsprozess (wie wird gesteuert) aufgezeigt wird. Der Wertstrom beinhaltet alle Schritte vom Prozessanfang (Eingang) bis zum Prozessende (Ausgang).

▶ **Kaizen** Japanisch für Veränderung (Kai) zum Guten (Zen)

Es finden sich also auch hier die bereits bei Toyota angesprochen Prinzipien wie Einzelstückfluss (Losgröße eins), Kundenfertigung, hundert Prozent Wertschöpfung und Null-Fehler-Prinzip inhaltlich wieder, ergänzt um das Wertstrom- und Pull-Prinzip (Steuerungsart).

Noch einen Schritt konkreter: Um die eigenen Prozesse im Hinblick auf Lean zu bewerten, kann der folgende Ansatz helfen. Bei jedem einzelnen Prozess/Prozessschritt im eigenen Unternehmen ist zu hinterfragen, ob

1. dieser jederzeit den Kundenbedarf hinsichtlich Art und Menge befriedigen kann,
2. die Prozesse stabil und nicht schwankend sind und
3. nur das getan wird, was für den Kunden von Wert ist.

Diese drei Fragen führen zu den drei Hauptfeinden bzw. Handlungsfeldern von Lean! Sie lauten (vgl. Hemmfaktoren bei Drew et al. 2005, S. 36):

1. Variabilität
2. Inflexibilität
3. Verschwendung

▶ **Verschwendung** Tätigkeiten im Unternehmen, die dem Produkt keinen Wert zufügen, d. h. Tätigkeiten, die dem Kunden nichts nutzen, bzw. für die er nicht bereit ist, zu bezahlen (z. B. Nacharbeit, Wartezeiten, etc.)

D. h. Prozesse, die eine oder mehrere dieser Merkmale aufweisen, besitzen Verbesserungspotenzial und sind somit für eine genauere Untersuchung geeignet. Was bedeuten die drei Haupthandlungsfelder inhaltlich?

Haupthandlungsfeld: Variabilität

Variabilität ist ein anderes Wort für Schwankung bzw. Streuung und wird als Hauptfeind für eine schlanke Arbeitsweise verstanden, weil sie die Auslegung, Optimierung und Betreuung von Prozessen erschwert bzw. unmöglich macht. (Abb. 2.5). Wenn unklar ist, was das Ergebnis eines Prozesses sein wird, kann sich auch nicht ressourcenschonend darauf eingestellt werden und es müssen somit zum Erhalt der Leistungserbringung Reserven bestehen. Diese Reserven stellen jedoch häufig das eigentliche Verbesserungspotenzial in den Prozessen dar.

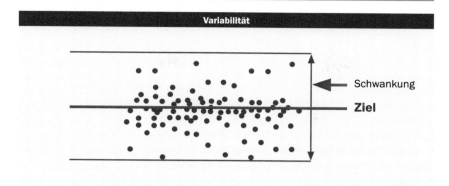

Abb. 2.5 Variabilität

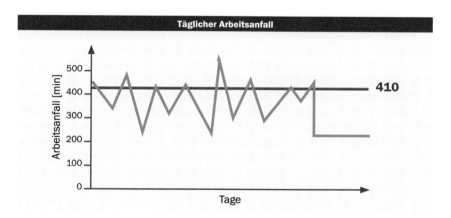

Abb. 2.6 Täglicher Arbeitsanfall Arzt A

Ein Beispiel aus der Praxis
In einer Abteilung sollte die Arbeitsbelastung der Ärzte reduziert werden. Eine
Analyse der Tätigkeiten des Arztes A ergab eine sehr große Schwankung (Variabi-
lität) im täglichen Arbeitsanfall (Abb. 2.6).

Der Arbeitsanfall schwankte zwischen 240 und 500 min. Da noch offene Tätigkeiten in der Abteilung einem Arzt geordnet werden mussten, war die Frage, wer
diese übernehmen könnte. Arzt A wäre an manchen Tagen problemlos in der Lage,
diese zu übernehmen (240 min) würde jedoch an anderen Tagen (500 min) eine
Überlastung erfahren. Die Situation im Ist-Zustand zu belassen, wäre hingegen

eine Verschwendung von Ressourcen und auch ungerecht denjenigen Kollegen gegenüber, die jeden Tag eine hohe Arbeitsbelastung erfahren. Was also tun? Eine weitere Analyse der Situation ergab Folgendes:

- Der Arbeitsanfall wird durch die Anzahl der Patienten pro Tag beeinflusst.
- Die Patienten kommen täglich in unterschiedlicher Menge (zwei bis acht pro Tag).
- Je Patient wird annähernd die gleiche Behandlungszeit benötigt.
- Die Patienten werden durch die eigene Abteilung einbestellt und könnten in vielen Fällen auch zu anderen Tagen terminiert werden.
- Der Wochen-Mittelwert entspricht ziemlich konstant vier Patienten.

Zur Verbesserung wurden folgende Schritte eingeleitet: Durch Ausnutzung der Einbestellmöglichkeiten konnte die Patientenzahl an vielen Tagen von zwei bis acht auf durchschnittlich vier Patienten geglättet werden. Die damit verbundene Reduzierung der Schwankung führte zu einem durchschnittlichen täglichen Arbeitsanfall von 410 min. Im Ergebnis bedeutete dies, dass Arzt A seine Aufgaben bei gleichmäßiger Belastung erfüllen und zusätzliche Tätigkeiten in Höhe von ca. einer Stunde übernehmen konnte.

Die Verringerung der Variabilität war der Schlüssel zur Reduzierung von Verschwendung im System und stellte das eigentliche Verbesserungspotenzial dar. Mit einem schwankenden Prozess weiterzuarbeiten bedeutet, die darin enthaltenen Prozessprobleme beizubehalten und auf andere Prozesse zu übertragen. So kann es passieren, dass die angestrebte Verbesserung ihre Wirkung nicht entfaltet, obwohl sie in die richtige Richtung zeigt. Die Ursache wird dann fälschlicherweise in dem Verbesserungsansatz und nicht in der Prozessschwankung vermutet. Es ist also stets erst zu prüfen, ob der jeweilige Prozess ausreichend stabil und somit problemfrei ist, bevor mit ihm weiter geplant wird. Eine Reduzierung der Variabilität hat immer Vorrang vor anderen Optimierungsaktivitäten.

Haupthandlungsfeld: Inflexibilität
Inflexibilität bedeutet, zeitlich oder wirtschaftlich nicht in der Lage zu sein, das anzubieten, was der Kunde derzeit benötigt (Abb. 2.7).
Im Ergebnis führt Inflexibilität deshalb entweder zu nicht genutzter Opportunität (z. B. entgangene Kundenaufträge) oder zu Verschwendung, da mehr Ressourcen vorhanden sind, als derzeit genutzt werden. Zur Vermeidung dieses Problems ist es z. B. häufig sinnvoller, mehrere identische kleine Prozesse/Maschinen/Einrichtungen als eine Große zu installieren. Diese können dann flexibel der jeweiligen Bedarfssituation zu geordnet werden und helfen somit, verschwendungsärmer den Kundenbedarf zu erfüllen (Abb. 2.8).

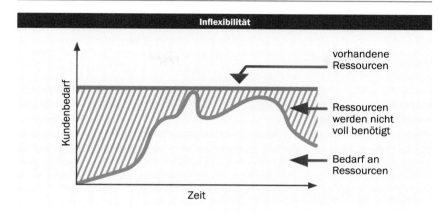

Abb. 2.7 Inflexibilität

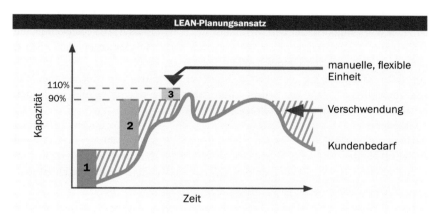

Abb. 2.8 Gestufte Kapazität nach dem Lean-Planungsansatz

Flexibilität ist also die Prozesseigenschaft, die benötigt wird, nachdem in einem ersten Schritt die Variabilität maximal reduziert wurde. Was an Schwankung nicht vermeidbar ist, muss im Prozess als Eingangsgröße beherrscht werden können. Leider versuchen viele Prozesseigner nicht ausreichend intensiv, die Variabilität zu reduzieren und richten deshalb ihre Prozesse auf die gesamte Schwankungsbreite aus. Die damit verbundene Verschwendung nehmen sie als „Faktum" hin und rühmen sich ihrer Flexibilität. Da steckt das Potenzial (siehe hierzu auch Abschn. 4.10)!

Haupthandlungsfeld: Verschwendung

Als letztes Haupthandlungsfeld ist die Verschwendung zu betrachten. Es ist bezogen auf seinen Bekanntheitsgrad das Populärste und gleichzeitig in der Akzeptanz durch die Mitarbeiter das Schwierigste. Wer möchte sich schon gerne sagen lassen, dass ein Teil seiner Arbeit Verschwendung, also für den Kunden wertlos ist. Diese Beurteilung der eigenen Arbeit wird dann fälschlicherweise als Kritik an der eigenen Person empfunden.

Um zu verstehen, was das Wort Verschwendung bedeutet, ist es hilfreich, sich zunächst das Gegenteil – die Wertschöpfung – anzusehen. *Wertschöpfung* bedeutet, etwas zu tun,

- was dem Kundenwunsch entspricht,
- wofür der Kunde bereit ist, zu zahlen und
- was dem Produkt einen Wert im Sinne des Kunden zufügt.

Für den Patienten im Krankenhaus bedeutet dies, er will Heilung; er will Zuwendung; er will Diagnostik; er will Medikamente; er will Pflege. Alle Tätigkeiten, die *nicht* den o. g. Kriterien genügen, gelten somit als Verschwendung. Viele Firmen haben mit dieser harten Unterscheidung jedoch ein Problem und führen deshalb eine dritte Kategorie, die „notwendige Nichtwertschöpfung" im Unternehmen. Sie soll verdeutlichen, dass der Schritt zwar sicher nicht wertschöpfend ist, jedoch trotzdem als notwendig für den Prozess erachtet wird.

Beispiele:

- dem Patienten eine benötigte Spritze geben: Wertschöpfung
- die verabreichte Medikation dokumentieren: notwendige Nichtwertschöpfung
- die Patientenakte im Stationszimmer suchen: Verschwendung

Um die abstrakte Verschwendung für die Beteiligten greifbarer zu machen, wurden die verschwenderischen Tätigkeiten konkret benannt und als die sogenannten sieben Verschwendungsarten, kurz 7 V bezeichnet (Abb. 2.9).

Ergänzend hierzu wird immer häufiger noch eine 8. Verschwendungsart benannt, das „nicht genutzte Mitarbeiterpotenzial/Mitarbeiterkreativität".

Was bedeuten die Verschwendungsarten im Detail?

1. Überproduktion: Mehr produzieren/erzeugen als der Kunde gerade benötigt; z. B. Diagnostiken durchführen, die für das Krankheitsbild nicht notwendig sind (Stellt die schlimmste Art der Verschwendung dar, da sie weitere Verschwendungen nach sich zieht!)

Abb. 2.9 Die 7
Verschwendungsarten

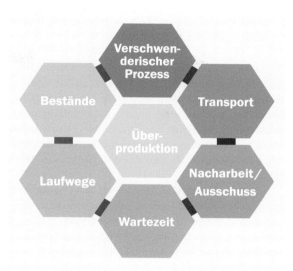

2. Nacharbeit: Etwas produzieren/erzeugen, das so nicht belassen werden kann
   und deshalb nachgearbeitet werden muss; z. B. Arztbriefe korrigieren, da feh-
   lerhafte/überholte Diagnosen dokumentiert sind, gestellte Medikamente überprüfen und korrigieren, falsche Anordnungen revidieren
3. Bestände: Teile, Materialien oder Produkte, die derzeit nicht verwendet werden;
   z. B. Verbrauchsmaterial für mehrere Tage im Schwesternzimmer
4. Wartezeit: Auf die Weiterführung der Arbeit warten, weil etwas fehlt; z. B. auf
   den Visitenbeginn warten, weil der Arzt fehlt.
5. Laufwege: Wegstrecke zwischen den einzelnen Arbeitsorten/Prozessschritten;
   z. B. fünf Meter Weg zwischen Untersuchungsliege und Sonographiegerät,
   Laufstrecken im Schwesternzimmer, um die Medikamente für die Morgenrunde
   aus verschiedenen Schränken zusammenzustellen
6. Transport: Teile, Materialien oder Produkte zwischen den einzelnen Arbeitsor-
   ten/Prozessschritten transportieren; z. B. Patient dreimal von der Station im EG
   ins Untersuchungszentrum im dritten OG zu transportieren
7. Überdimensionierter Prozess: Einen Prozess in unangemessener/verschwende-
   rischer Art und Weise ausführen; z. B. eine Besprechung mit sechs Teilnehmern
   durchführen, von denen vier keinen Anteil/Beitrag leisten können.
8. Nicht genutztes MA-Potenzial: Mitarbeiterwissen, das dem Unternehmen nicht
   zur Verfügung steht, da es nicht bekannt ist oder nicht abgefragt wird; z. B. Mit-

arbeiter nicht bei einer Prozessverbesserung beteiligen, die den Prozess täglich selbst ausführen.

Als „notwendige Nichtwertschöpfung" könnten Dokumentationen, Übergabegespräche, Übergabezettel, Drucken usw. gelten. Diese werden zwar für den Arbeitsablauf benötigt, erzeugen jedoch für den Patienten keinen direkten Mehrwert. Sie dienen nicht der Heilung, nicht der Zuwendung und stellen keine Pflege dar. Sie repräsentieren lediglich den derzeitigen Organisationsstand des Hauses/Prozesses. Sollte beispielsweise eine elektronische Akte eingeführt werden, würde eine Vielzahl von Doppeldokumentationen wegfallen und der Prozess würde sich beschleunigen.

Variabilität, Inflexibilität und Verschwendung hängen miteinander zusammen. Solange Prozesse schwanken oder nicht flexibel sind, wird Verschwendung entstehen. Aus diesem Grund sind diese vorrangig anzugehen. Wann immer Prozesse kritisch betrachtet und Prozessverbesserung betrieben werden sollen, können alle drei Hauptfeinde wertvolle Ansatzpunkte liefern.

Zusammenfassung

Lean stammt ursprünglich aus der Automobilindustrie, ist jedoch ein Ansatz, der sich immer stärker in alle Branchen inklusive Gesundheitswesen verbreitet. Die Lean-Logik zur Gestaltung von Prozessen ist universell. Dabei macht die strategische Ausrichtung des Unternehmens in Richtung:

- Null-Fehler
- Kurze Durchlaufzeit bei idealerweise 100 % Wertschöpfung
- Einzelstückfluss
- Bearbeitung nur durch direkte Kundenbeauftragung

grundsätzlich überall Sinn. Um jedoch langfristig erfolgreich zu sein, müssen gleichzeitig die drei Ebenen Prozess, Management und Kultur inklusive Einstellung und Verhalten der Mitarbeiter bearbeitet und in die Verbesserungsarbeit integriert werden.

Bei der Suche nach Ansatzpunkten für die Verbesserungsarbeit können die drei Haupthandlungsfelder Variabilität, Inflexibilität und Verschwendung dienen.

Projektbeispiel Aufnahme- und Sprechstundenzentrum

3

Einige der in diesem Buch verwendeten Beispiele entstammen aus einem Berliner Krankenhaus. Dort wurde im Jahr 2010 mit dem Lean-Projekt begonnen. Motivation hierfür war, von den Ansätzen, Erfahrungen und Erfolgen aus der Industrie zu profitieren, zu lernen und herauszufinden, was und in welcher Weise auf die anspruchsvolle Dienstleistung in der Krankenversorgung übertragbar ist. Es sollte erstmals die Gesamtorganisation in den Blick genommen werden. Dabei sollten Lösungen gefunden und die Fähigkeit entwickelt werden, dies auch dauerhaft und kontinuierlich zu erbringen. Zeit und Energie sollten gewonnen und dort zur Verfügung gestellt werden, wo Mitarbeiter sie als hilfreich für den Patienten und sich selbst erlebten. Bevor auf das Projektbeispiel eingegangen wird, sollen die verwendeten Leanbegriffe noch mal im Zusammenhang als Übersicht dargestellt werden (Abb. 3.1).

Anhand des Projektes „Aufnahme- und Sprechstundenzentrum" (ASZ) wird hier ein Praxisbeispiel dargestellt. Es soll das mögliche Vorgehen und die Phasen eines Lean-Projektes veranschaulichen. Ferner werden Schwierigkeiten und Reaktionen der Beteiligten geschildert. Die einzelnen Beschreibungen sind zur Vereinfachung nur inhaltliche Auszüge. Sie sollen lediglich einen Eindruck von den einzelnen Tätigkeiten und Schritten geben und nicht abschließend das Projekt beschreiben. Einen Gesamtüberblick über das Projekt gibt Abb. 3.2.

Im betrachteten Krankenhaus begann die Einführung von Lean Management mit einem zweiwöchigen Wertstrom-Workshop (Abb. 3.2, Punkt 1). Dort wurde mithilfe einer Wertstromanalyse am Beispiel *eines* Patienten die Ist-Situation aufgezeigt (Abb. 3.3), die Haupthandlungsfelder identifiziert und die sich daraus ergebenden Projekte abgeleitet. Die Struktur für die Workshoparbeit gab ein sogenanntes „A3-Problemlösungsblatt"[1] vor (Abb. 3.4).

---

[1] Für ergänzende Informationen zur Vorgehensweise siehe auch Baker 2009.

© Springer Fachmedien Wiesbaden 2016
A. Scholz, *Die Lean-Methode im Krankenhaus,* DOI 10.1007/978-3-658-08738-8_3

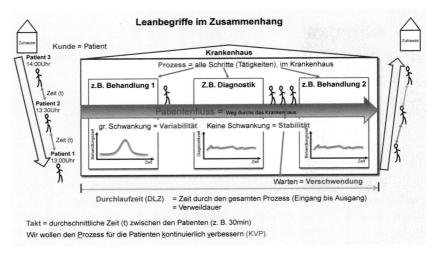

Abb. 3.1 Leanbegriffe im Zusammenhang

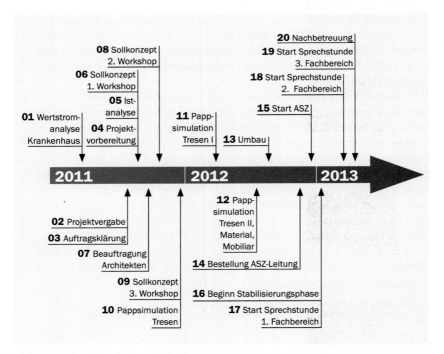

Abb. 3.2 Zeitstrahl mit den Projektphasen

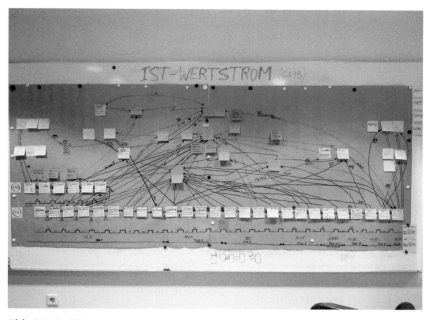

Abb. 3.3 Ist-Wertstrom

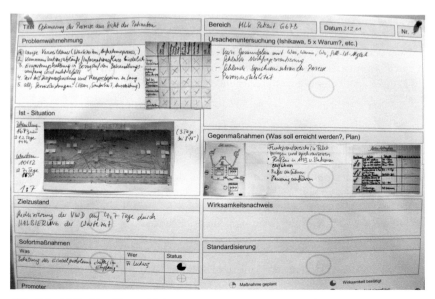

Abb. 3.4 A3-Problemlösungsblatt

▶ **Wertstrom** Eine Prozessdarstellung, bei der in einer Darstellung sowohl der Materialprozess (im Krankenhaus der Behandlungsprozess) als auch der Informationsprozess (wie wird gesteuert) aufgezeigt wird. Der Wertstrom beinhaltet alle Schritte vom Prozessanfang (Eingang) bis zum Prozessende (Ausgang).

▶ **A3-Problemlösungsblatt** Zusammenfassung eines Problemlösungsprozesses auf einem Blatt (häufig im A3-Format). Es sollen alle relevanten Daten: Problem, Analyse, Handlungsfelder, Maßnahmen und Wirksamkeit in einer gemeinsamen Darstellung festgehalten werden. Die einzelnen Abschnitte des Blattes geben dabei die Bearbeitungsstruktur des Themas vor.

▶ **Durchlaufzeit** Zeitbedarf für den gesamten Prozess von Materialbestellung bis Produktverkauf bzw. von Patientenein- bis -ausgang.

Zur Reduzierung der Durchlaufzeit (entspricht zum Großteil der Verweildauer) der Patienten ergab sich unter anderem die Notwendigkeit, die beiden „Eingangstore" des Krankenhauses wie

* die Rettungsstelle für Notfälle und
* das Aufnahmezentrum (AZ) für geplante (elektive) Aufnahmen

zu verbessern. Beide Bereiche haben neben der zeitlichen Komponente einen entscheidenden Einfluss auf den reibungslosen Aufenthalt eines Patienten. Dort wird jeweils der Grundstein für die weitere Behandlung im Krankenhaus gelegt.

Nachdem in einem ersten Schritt die Rettungsstelle optimiert wurde, sollte nun in einem zweiten Schritt die geplante Aufnahme verbessert werden. Hierzu wurde das Projekt „Aufnahme- und Sprechstundenzentrum (ASZ)" formuliert (Abb. 3.2, Punkt 2).

3.1   Ist-Situation der elektiven Aufnahme

Der Aufnahmeprozess war in acht Räumen auf dem Parallelflur zur Rettungsstelle untergebracht (Abb. 3.5). Dort wurden elektive Patienten auf ihren stationären Aufenthalt administrativ, pflegerisch, chirurgisch und anästhesiologisch vorbereitet. Die im Vorfeld durchgeführten Indikationssprechstunden fanden in den jeweiligen Fachabteilungen statt und waren somit über das gesamte Haus verteilt.

Weitere Merkmale des Aufnahmeprozesses waren: ein gemeinsamer Wartebereich für die Patienten des Aufnahmezentrums und der Rettungsstelle, eine

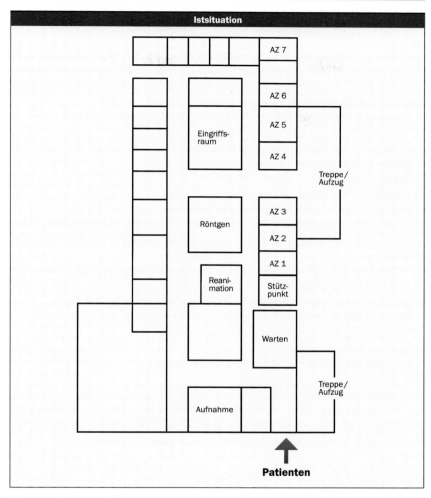

Abb. 3.5 Layout Aufnahmeprozess

unkoordinierte und gebündelte Einbestellung der Patienten zum frühen Morgen, unter Umständen lange Wartezeiten mit gelegentlichen Patientenbeschwerden, eine unklare Reihenfolge bei der Administration und das Untersuchen der Patienten in einem festen Untersuchungszimmer. Das heißt, die Patienten verblieben bei der gesamten Aufnahmeprozedur in dem Untersuchungszimmer, während Pflegekräfte und Ärzte nacheinander zu ihnen kamen.

3.2 Auftragsklärung für das Lean-Projekt

Zur Klärung des Projektauftrages wurde ein Gespräch mit dem Geschäftsführer und der Pflegedirektorin durchgeführt (Abb. 3.2, Punkt 3). Hierbei wurden die momentanen Probleme des Aufnahmeprozesses beschrieben, Ziele und Kennzahlen festgelegt und die Projektbeteiligten benannt (Abb. 3.6).
Folgende Ziele wurden bei der Auftragsklärung definiert:

- Optimaler, standardisierter Aufnahmeprozess (Durchlaufzeit 140 min bei gleichzeitig geringerer Streuung)
- Steigerung der Patientenzufriedenheit
- Einführung von Diagnostikstandards
- Freihalten von Kapazität für steigende Patientenzahlen
- Umzug in neue Räumlichkeiten, um Platz für die Rettungsstelle zu schaffen und eine räumliche Trennung zwischen elektiven und Notfallpatienten sicherzustellen.
- Verbindung des Aufnahmeprozesses mit der zeitlich vorgelagerten Indikationssprechstunde an einem Ort (one face to the customer). Der Patient kennt dann den Ort schon, wenn er zum nächsten Termin ins Krankenhaus kommt.
- Verbesserung der Funktionsfähigkeit der Sekretariate
- Verbesserung der Organisation der Sprechstunden
- Flexible Terminvergaben
- Organisation der Abrechnung in den Sprechstunden

Zur Auftragsklärung gehörte auch die Festlegung des Budgets für das Gesamtprojekt. Als zukünftiger Ort wurde ein ehemaliger Verwaltungsbereich bestimmt. Es bestand somit die Chance, mithilfe kleinerer Umbauten die Räume optimal an den Prozess anzupassen und einen sinnvollen Gesamtablauf zu konzipieren.

3.3 Projektvorbereitung

Im Rahmen der Projektvorbereitung (Abb. 3.2, Punkt 4) erfolgte die Benennung der Projektbeteiligten. Eine Anästhesistin, die permanent im Aufnahmezentrum vor Ort arbeitete, übernahm die Projektleitung. Des Weiteren waren eine pflegerische und eine administrative Mitarbeiterin als Bereichsvertreterinnen Teil des Projektteams. Aus jeder Fachabteilung wurde zusätzlich ein ärztlicher Vertreter benannt. Weiterhin erfolgten die Koordination der Workshoptermine, die Festlegung der wöchentlichen Regelkommunikation sowie die Information aller Mitarbeiter des Hauses über das neue Projekt. Parallel dazu wurde ein erster Grob-Projektplan

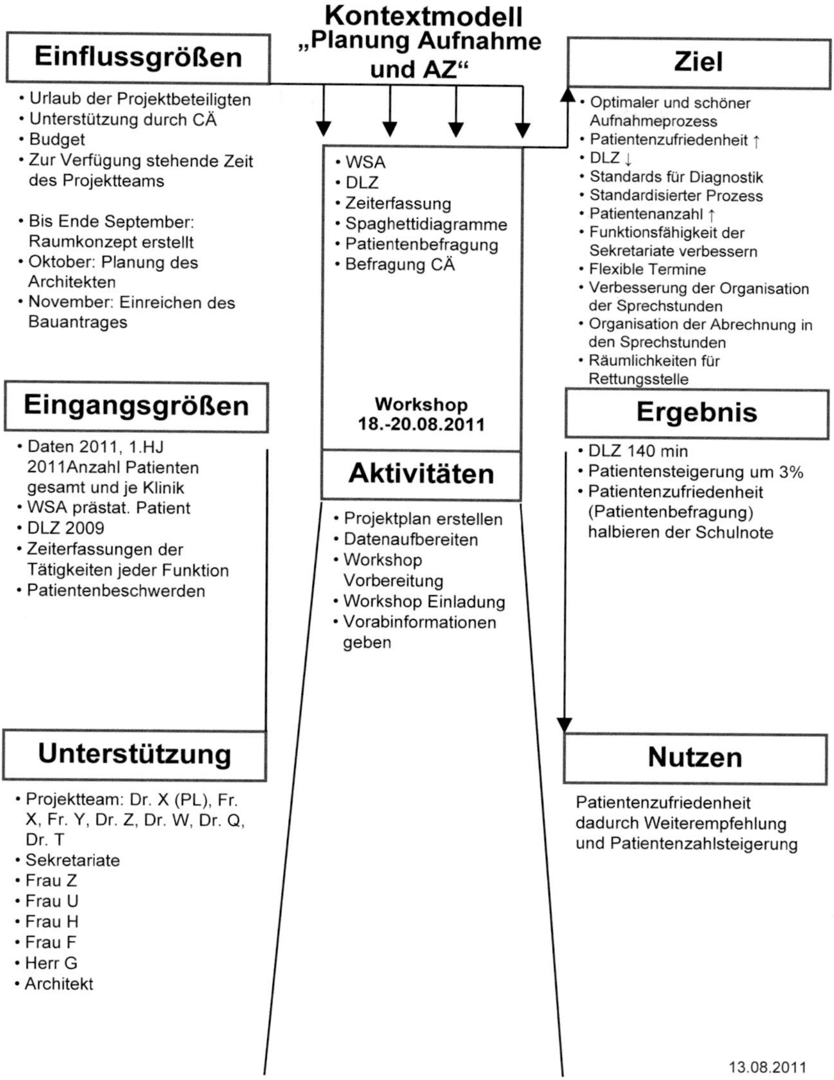

Kontextmodell „Planung Aufnahme und AZ"

Einflussgrößen

- Urlaub der Projektbeteiligten
- Unterstützung durch CÄ
- Budget
- Zur Verfügung stehende Zeit des Projektteams

- Bis Ende September: Raumkonzept erstellt
- Oktober: Planung des Architekten
- November: Einreichen des Bauantrages

- WSA
- DLZ
- Zeiterfassung
- Spaghettidiagramme
- Patientenbefragung
- Befragung CÄ

Ziel

- Optimaler und schöner Aufnahmeprozess
- Patientenzufriedenheit ↑
- DLZ ↓
- Standards für Diagnostik
- Standardisierter Prozess
- Patientenanzahl ↑
- Funktionsfähigkeit der Sekretariate verbessern
- Flexible Termine
- Verbesserung der Organisation der Sprechstunden
- Organisation der Abrechnung in den Sprechstunden
- Räumlichkeiten für Rettungsstelle

Eingangsgrößen

- Daten 2011, 1.HJ 2011Anzahl Patienten gesamt und je Klinik
- WSA prästat. Patient
- DLZ 2009
- Zeiterfassungen der Tätigkeiten jeder Funktion
- Patientenbeschwerden

Workshop 18.-20.08.2011

Aktivitäten

- Projektplan erstellen
- Datenaufbereiten
- Workshop Vorbereitung
- Workshop Einladung
- Vorabinformationen geben

Ergebnis

- DLZ 140 min
- Patientensteigerung um 3%
- Patientenzufriedenheit (Patientenbefragung) halbieren der Schulnote

Unterstützung

- Projektteam: Dr. X (PL), Fr. X, Fr. Y, Dr. Z, Dr. W, Dr. Q, Dr. T
- Sekretariate
- Frau Z
- Frau U
- Frau H
- Frau F
- Herr G
- Architekt

Nutzen

Patientenzufriedenheit dadurch Weiterempfehlung und Patientenzahlsteigerung

13.08.2011

Abb. 3.6 Auftragsklärungsformular „Planung Aufnahme und AZ"

durch die Lean Managerin erstellt. Zur Projektsteuerung wurde ein Gremium – bestehend aus dem Klinikdirektorium und dem Vorsitzenden der Mitarbeitervertretung – installiert. Dort sollte das Projektteam im vierwöchentlichen Rhythmus über Erfolge und Schwierigkeiten berichten.

3.4 Analysephase

Als Analysenmethoden wurden im Vorfeld (Abb. 3.2, Punkt 5) Kreidekreis und Spaghetti-Diagramm eingesetzt. Ferner wurden die Zeiten aller Tätigkeiten und Durchläufe erfasst, die Anzahl der Patienten ermittelt und ein Wertstrom erstellt. So lag die durchschnittliche Durchlaufzeit zu Projektbeginn bei 152 min, bei gleichzeitig großer Streuung. Für den Patienten bedeutete dies, dass er schnellstens nach 20 min Aufenthaltsdauer und längstens nach 340 min den Aufnahmeprozess durchlief. Die zum Teil sehr langen Wartezeiten waren das Ergebnis von Stausituationen aufgrund des Missverhältnisses zwischen Patientenanzahl und Arbeitsaufwand je Patient sowie einer unkoordinierten Einbestellung.

▶ **Kreidekreis** Eine freie Beobachtungsmethode, bei der der Beobachter in einem gedachten Kreidekreis steht und den Prozess über einen langen Zeitraum beobachtet. Er soll dabei den Prozess verstehen lernen und Auffälligkeiten notieren.

▶ **Spaghetti-Diagramm** Laufwege-Darstellung innerhalb eines Arbeitsplatzlayouts. Dabei wird der Laufweg des Mitarbeiters in einem Layout dargestellt, um so unnötige Wege oder nicht optimale Anordnungen der Arbeitsmittel aufzuzeigen.

Weiterhin wurde eine schriftliche Befragung der AZ-Patienten anhand eines vom Projektteam erstellten Fragebogens durchgeführt. Überraschenderweise waren bereits damals die Patienten insgesamt sehr zufrieden. Die Beurteilung der medizinischen Betreuung und Beratung sowie der Freundlichkeit der Mitarbeiter lag durchschnittlich bei einer Schulnote von 1,2. Als häufigster Mangelpunkt wurde die Wartezeit benannt.

3.5 Entwicklung des Soll-Konzeptes

An die Analysephase schlossen sich in einem Zeitraum von fünf Monaten insgesamt drei mehrtägige Workshops an (Abb. 3.2, Punkte 6, 8, 9). Es sollte Stück für Stück gemeinsam mit den Mitarbeitern das Soll-Konzept entwickelt werden. Dabei

Abb. 3.7 Simulationsspiel „Zahlen kleben"

war die jeweilige Terminfindung ein großes Problem, da die Mitarbeiter zeitgleich voll in den Krankenhausalltag eingebunden waren.

Workshop 1
Am Anfang des ersten Workshops wurde ein Simulationsspiel zur Verdeutlichung der Lean-Prinzipien „Fließen, Takten, Pull" (siehe Kap. 2) und Begriffen wie „Verschwendung" und „Wertschöpfung" durchgeführt. Es sollte ein gemeinsames Verständnis geschaffen und die Möglichkeiten der Verbesserungsarbeit persönlich erlebbar gemacht werden (Abb. 3.7).

▶ **Simulationsspiel „Zahlen Kleben"** Hier besteht die Aufgabe darin, ein Blatt Papier mit den Zahlen von eins bis zwanzig zu bekleben. Das Blatt repräsentiert dabei den Patienten und die Zahlen die krankenhäusliche Tätigkeit. Durch verschiedene Optimierungsschritte wird der Ablauf so verändert, dass am Ende mehr Patienten (Zettel) gleichmäßig versorgt (Zahlen aufkleben) werden können.

Ein Grundprinzip von schlanken Prozessen im Sinne von Lean ist das Fließprinzip. Es galt nun, das Prinzip auf den Patienten-Aufnahme-Prozess zu übertragen. Der Patient sollte möglichst ohne größere Stillstände durch den Prozess gelangen, um einerseits die Durchlaufzeit zu reduzieren und andererseits die Erlebnisqualität zu erhöhen. Sein Eindruck sollte werden: „Es passiert ständig etwas mit mir und ich nehme deshalb entstehende Wartezeiten nicht so stark wahr."

Nachdem das Fließprinzip erklärt und in der Simulation nachvollzogen war, folgten die Durchsprache des gemeinsamen Projektauftrages, der Analysen/Auswertungen sowie der Zeitaufschreibungen. Die Daten der Ist-Analyse im Spannungsfeld zum Simulationsspiel verdeutlichten sehr klar die Optimierungsmöglichkeiten im aktuellen Prozess. Mithilfe der ermittelten Zahlen wurde der zukünftige Einbestelltakt errechnet. Da die zur Verfügung stehende Arbeitszeit mit sechs Stunden veranschlagt wurde und im Mittel 30 Patienten pro Tag aufzunehmen waren, ergab sich ein Takt von zwölf Minuten (6 h × 60 min/30 Patienten). Das heißt, im Idealfall käme alle zwölf Minuten ein neuer Patient und würde dann sofort versorgt werden.

Weitere Arbeitsschritte im Workshop waren:

• Verschwendungsanalyse: Welche Tätigkeiten belasten die Mitarbeiter oder Patienten zeitlich, bringen jedoch keinen Mehrwert?
• Definition der Aufgabenverteilung
• Berechnung notwendiger Mitarbeiter
• Festlegung des Raumbedarfs
• Entwicklung des Layouts

Besonders die Verschwendungsanalyse zeigte auf, dass ein Großteil der zeitlichen Schwankungen bei der Arbeit durch unklare Prozesse oder fehlende Informationen verursacht wurde. Beispielsweise dann, wenn die Patienten nicht die notwendigen Dokumente zur administrativen Aufnahme mitbrachten oder ihren Versicherungsstatus (beispielsweise Chefarztbehandlung oder Einbett- bzw. Zweibettzimmer) nicht kannten. So entstanden oftmals administrative Aufnahmezeiten von bis zu einer Stunde pro Patient, da die jeweilige Mitarbeiterin zunächst die Versicherung anrufen oder der Patient fehlende Dokumente besorgen musste. Um diese Schwierigkeiten bereits im Vorfeld zu eliminieren, wurden Checklisten für Patienten mit den notwendigen Dingen für die Aufnahme und den Aufenthalt im Krankenhaus erstellt. Diese wurden dann bereits in der zeitlich vorgelagerten Indikationssprechstunde inhaltlich beim Patienten abgefragt.

Aus Sicht der Ärzte stellte u. a. die Vielzahl an unsortierten und für sie irrelevanten Dokumenten ein großes Problem dar. So wurde eine mehrfarbige Mappe mit spezifischer Farbe je Prozessschritt (administrative Patientenaufnahme, Pfle-

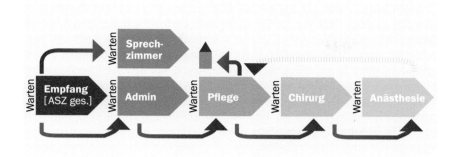

Abb. 3.8 Ablauf der Prozessschritte

ge, Chirurg, Anästhesist) erdacht und eingeführt. Der Such- und Sortieraufwand wurde somit beseitigt.

Nachdem der Ablauf festgelegt (Abb. 3.8) und die einzelnen Tätigkeiten zeitlich auf den jeweiligen Prozessschritt verteilt waren, wurde eine Raum- und Personalabschätzung durchgeführt.

Je Disziplin fiel unterschiedlich viel Tätigkeitszeit an (Abb. 3.9). Auch konnten spezielle Zeitbedarfe je Patient zu einer Verlängerung der Tätigkeitszeit führen. Daher war dies bei der Mitarbeiter- und Raumplanung zu berücksichtigen.

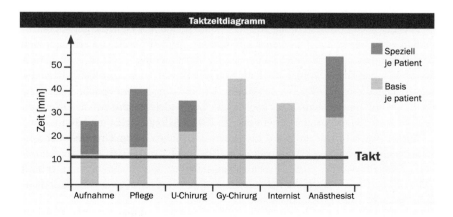

Abb. 3.9 Tätigkeitszeitdiagramm

Im Ergebnis wurde der Ablauf wie folgt festgelegt (grob): Der Patient wird zunächst an einem zentralen Empfang begrüßt. Dort werden alle mitgebrachten Dokumente entgegengenommen und auf Vollständigkeit geprüft. Fehlt etwas, werden sofort Maßnahmen ergriffen, damit im Prozess keine Verzögerungen entstehen (beispielsweise der Anruf bei der Versicherung, um den Versicherungsstatus zu erfragen). Anschließend wird der Patient je nach Terminart entweder in den Wartebereich der Sprechstunde oder des Aufnahmezentrums gebeten. Sprechstundenpatienten werden in ein Untersuchungszimmer begleitet, dort vom Arzt untersucht, erhalten gegebenenfalls einen OP-Termin mit vorgelagertem Aufnahmetermin im Aufnahmezentrum und gehen anschließend wieder nach Hause. Zur Wahrung des Datenschutzes steht bei Klärung von persönlichen Themen ein Datenschutzraum (geschlossener Raum hinter dem Tresen) zur Verfügung.

Die Patienten mit einem Termin im Aufnahmezentrum werden erst administrativ aufgenommen, anschließend pflegerisch versorgt, nachfolgend chirurgisch und anästhesiologisch untersucht und im Anschluss an einen pflegerischen Abschlusscheck nach Hause geschickt. Auf der Grundlage des erdachten Ablaufs und des ermittelten Raumbedarfs wurden verschiedene Grundrissvarianten entwickelt, bewertet und die Top-Variante (Abb. 3.10) zur Weiterarbeit verwendet. Es folgte der erste Termin mit den Architekten und deren Beauftragung.

Workshop 2

Im zweiten Workshop standen die Einbestellung der Patienten sowie die Steuerung der Patienten durch den Prozess inklusive etwaiger Eskalationsregeln im Mittelpunkt. Auch sollten die Raumeinrichtung und die für einen reibungslosen Ablauf notwendigen Standards erarbeitet werden.

Ziel der neuen Einbestellungsprozedur sollte sein, eine möglichst große Gleichmäßigkeit in Bezug auf Patientenanzahl und -art für den Bereich zu erzeugen und dem Patientenwunsch beispielsweise bei der Terminierung jederzeit gerecht werden zu können. Daher wurden die Patienten sowohl nach den einzelnen Fachabteilungen Gynäkologie, Allgemeinchirurgie, Unfallchirurgie/Orthopädie, Plastische Chirurgie und Innere Medizin als auch nach Uhrzeit gleichmäßig auf die Öffnungszeit des Aufnahmezentrums verteilt und im Zwölf-Minuten-Takt[2] einbestellt.

Dieser Vorgang war aufgrund der unterschiedlichen Tätigkeitszeiten der verschiedenen Bereiche wie Administration, Pflege, etc. planerisch sehr anspruchsvoll. Deshalb wurde eine „Einbestellungstabelle" zur Unterstützung erstellt (Abb. 3.11). Darin sollten die Patienten so auf den Tag verteilt werden, dass möglichst geringe Wartezeiten entstanden.

---

[2] Zwölf-Minuten-Takt: 6 h Terminvergabezeit (360 min) geteilt durch Anzahl der Patienten (30) gleich 12 min Einbestelltakt.

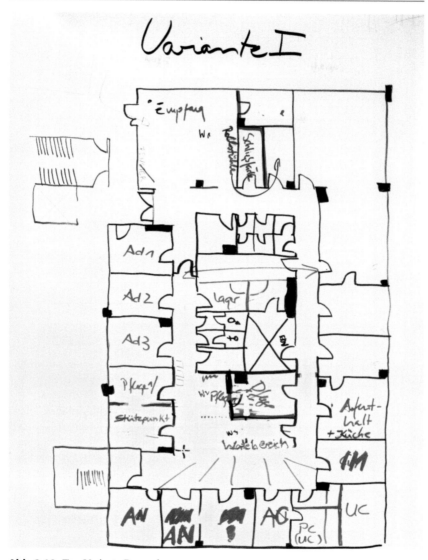

Abb. 3.10 Top-Variante Raumplanung

Patient	Einbestellzeit	Warten Patient (WR1)	freier Platz (WR1)	Warten Admin	Admin 1	Admin 2	Ankunft (WR2)	Warten Patient (WR2)	freier Platz (WR2)	Warten Pflege	Pflege 1	Pflege 2	Ankunft (WR3)	Warten Patient (WR3)	Warten Ärzte	UC	AC	GYN	Ankunft (WR4)	Warten Patient (WR4)	freier Platz (WR4)	Warten Anästh.	AN1	AN2	DLZ
1	7:00	0:00	7:15	0:00	7:15		7:29	0:00	7:29	0:00	7:29		7:45	0:00		7:57	7:45		8:05		8:05	0:00	8:05		1:10
2	7:10	0:00	7:27	0:00		7:27	7:41	0:00	7:41	0:00		7:41	7:57	0:00	0:16		8:21		8:20	0:00	8:25	0:00	8:25		1:18
3	7:20	0:00	7:29	0:10	7:39	7:51	8:43	0:00	7:45	0:00	8:43		7:53	0:00	0:00	8:37		7:53	8:59	0:00	8:45	0:14	8:59		1:40
4	7:40	0:00	7:41	0:10	8:03		8:05	0:00	7:57	0:20		8:05	8:21	0:00	0:16	8:37	8:21		8:41	0:00	8:41	0:00		8:41	1:10
5	7:50	0:00	7:53	0:10		8:15	8:17	0:00	8:21	0:00		8:21	8:37	0:00	0:17	8:37			9:00	0:01	9:01	0:00	9:01	9:01	1:18
6	8:00	0:00	8:05	0:10	8:27		8:29	0:00	8:37	0:08		8:37	8:53	0:00	0:12	8:53	8:53		9:13	0:06	9:19	0:00	9:19		1:24
7	8:10	0:00	8:17	0:10		8:39	8:41	0:00	8:53	0:00	9:43		9:09	0:00	0:09	9:09			9:32	0:00	9:21	0:11	9:19	9:32	1:25
8	8:20	0:00	8:29	0:10	8:51		8:53	0:00	8:59	0:00		8:53	9:09	0:00	0:00	9:09	8:53		9:32	0:00	9:39	0:20	9:32		1:40
9	8:40	0:00	8:41	0:10		9:03	9:05	0:00	9:09	0:00	9:43		9:25	0:00	0:12		9:25	8:53	9:45	0:00	9:52	0:00	9:59	9:32	1:21
10	8:50	0:00	8:53	0:10	9:15		9:17	0:16	9:25	0:18		9:25	9:41	0:00	0:09	9:41	9:25		10:04	0:08	10:12	0:00	9:52	9:52	1:29
11	9:00	0:00	9:05	0:10		9:27	9:29	0:00	9:41	0:00	11:33		9:57	0:00	0:12	10:13	9:57		10:17	0:02	10:19	0:00	10:19		1:24
12	9:10	0:00	9:17	0:10	9:39		9:41	0:00	9:57	0:00		9:57	10:13	0:00	0:09	10:13			10:36	0:00	10:32	0:04		10:36	1:29
13	9:20	0:00	9:29	0:10		9:51	10:43	0:00	10:13	0:00	10:43		9:53	0:00	0:00	9:53		9:53	10:59	0:00	10:39	0:00	10:59		1:40
14	9:40	0:00	9:41	0:10	10:03		10:05	0:00	10:29	0:06		10:13	10:29	0:00	0:12	10:13			10:49	0:06	10:56	0:00	10:56	10:56	1:25
15	9:50	0:00	9:53	0:10		10:15	10:17	0:00	10:45	0:18		10:29	10:45	0:00	0:00				11:10	0:00	11:16	0:00	11:16	11:16	1:33
16	10:00	0:00	10:05	0:10	10:27		10:29	0:00	11:01	0:00	11:49		11:01	0:00	0:12	11:01			11:21	0:00	11:19	0:02	11:21		1:26
17	10:10	0:00	10:17	0:10		10:39	10:53	0:16	10:59	0:00		10:41	10:41	0:00	0:00				11:36	0:00	11:36	0:13		11:49	1:42
18	10:20	0:00	10:29	0:10	10:51		10:53	0:06	11:01	0:00		10:41	11:17	0:00	0:07				11:42	0:00	11:41	0:01	11:42		1:23
19	10:40	0:00	10:41	0:10		11:03	11:05	0:00	11:17	0:06	11:53		11:33	0:00	0:12	11:33			11:53	0:09	12:02	0:00	12:02		1:31
20	10:50	0:00	10:53	0:10	11:15		11:17	0:00	11:33	0:00		11:49	11:49	0:00	0:07				12:14	0:00	12:09	0:05		12:14	1:31
21	11:00	0:00	11:05	0:10		11:27	11:29	0:00	11:49	0:00	11:49		12:05	0:00	0:00	12:05			12:28	0:00	12:22	0:00	12:28		1:33
22	11:10	0:00	11:17	0:10	11:39		12:06	0:00	12:05	0:17		12:06	11:41	0:00	0:08	12:05	11:41		12:22	0:00	12:34	0:24		12:34	1:27
23	11:20	0:00	11:29	0:10		11:51	11:49	0:00	11:53	0:00	12:56		11:53	0:13	0:00		11:53		13:12	0:00	12:48	0:00	13:12		1:53
24	11:40	0:00	11:41	0:10	12:03		12:56	0:00	12:38	0:00		12:38	12:38	0:00	0:10	12:38			13:01	0:00	12:54	0:07		13:01	1:30
25	11:50	0:00	11:53	0:10		12:15	12:05	0:00	12:54	0:00		12:38	12:54	0:00	0:00				13:21	0:00	13:21	0:00	13:21		2:07
26	12:00	0:00	12:05	0:10	12:27		13:46	0:48	13:12	0:27	13:12		12:29	0:00	0:27			12:56	14:02	0:00	13:21	0:41		14:02	1:44
27	12:10	0:00	12:17	0:10		12:39	12:41	0:00	13:28	0:00	13:28		13:28	0:00	0:00	13:28			13:51	0:00	13:32	0:19	13:51		
28	12:20	0:00	12:29	0:10	12:51		12:53	0:01	13:28	0:00		13:28	13:44	0:00	0:15				14:11	0:00	14:11	0:00			
29	12:40	0:00	12:41	0:10		13:03	14:11	0:00	13:44	0:41	14:11		13:05	0:00	0:27	14:18		13:46	14:27	0:00	14:11	0:16	14:27		1:56
30	12:50	0:00	12:53	0:10	13:15		13:17	0:00	14:02	0:00		14:02	14:18	0:00	0:15	14:18			14:41	0:00	14:22	0:19	14:41	14:41	1:58
31	13:00	0:00	13:05	0:10		13:27	13:29	0:00	14:18	0:00		14:18	14:34	0:00	0:00				0:00	0:00	14:47	0:00			
32	13:10	0:00	13:17	0:10		13:41	13:41	0:00	14:27	0:00	14:27		14:43	0:26	0:00				0:00	0:00	14:47	0:00			

Abb. 3.11 Auszug der Einbestellungstabelle

Für das zweite zentrale Thema – der Steuerung – wurden im Wesentlichen drei Maßnahmen vereinbart:

• persönliche Begleitung der Patienten innerhalb des Prozesses,
• farbliche Unterscheidung der einzelnen Bereiche wie Administration, Pflege in den Patientenmappen und den zugeordneten Wartebereichen,
• eigene Wartebereiche je Bereich mit jeweils einem Postkasten für die jeweiligen Patientenmappen

Soll-Ablauf: Jeder Mitarbeiter begleitet seinen Patienten zum nächsten Prozessschritt, setzt ihn in den zugeordneten Wartebereich und steckt die farbige Patientenmappe in den zugehörigen Postkasten des folgenden Prozessschritts. Die farbige Patientenmappe soll dabei den Mitarbeitern anzeigen, in welcher Fachabteilung bzw. Klinik der Patient behandelt werden soll und so eine schnelle Zuordnung zum zuständigen Arzt gewährleisten. Durch die getrennten Wartebereiche je Prozessschritt „arbeitet" sich der Patient einerseits durch den Prozess durch, und andererseits wissen alle Mitarbeiter stets, welche Patienten jeweils von ihnen zu betreuen sind. Die Anzahl der Stühle in den einzelnen Wartebereichen wurden dabei absichtlich gering gehalten. Auf diese Weise sollte physisch verhindert werden, dass entgegen der Einbestellsystematik zu viele Patienten gleichzeitig terminiert werden konnten. Es sollte durch die Ausstattung ein gewisser Handlungsdruck zur Einhaltung der Regeln auf die Prozessbeteiligten ausgeübt werden. Weiterhin wurden sogenannte Eskalationsregeln definiert. Diese beschreiben, ab wie viel wartender Patienten Sofortmaßnahmen ergriffen werden müssen. Beispielsweise könnten ein weiterer Arzt hinzugezogen, Patienten telefonisch neu terminiert oder die bereits anwesenden Patienten in die Cafeteria eingeladen werden. Ziel der Eskalationsregeln ist es, erstens die Anzahl der geleichzeitig wartenden Patienten und damit die entstehende Wartezeit möglichst gering zu halten und zweitens Ausnahmesituationen im Vorfeld zu beschreiben. Die Ausnahmen und Notfälle müssen immer Bestandteil des Standards sein. Ansonsten wird der Standard bei der ersten Störung verlassen und für schlecht befunden. Die Diskussionsergebnisse des zweiten Workshops wurden als Arbeitsgrundlage in Form von Standards festgeschrieben.

Workshop 3
Im dritten Workshop wurden die Einrichtung der Räume und deren optimale Anordnung konkretisiert. Ziele waren:

• eine größtmögliche Flexibilität der Untersuchungsräume zu erreichen, das heißt, jeder Arzt kann in jedem Untersuchungszimmer seine Patienten behandeln,

- ausschließlich die benötigten Dinge in jedem Zimmer vorzuhalten,
- das Benötigte optimal anzuordnen.

Alle Untersuchungszimmer wurden identisch möbliert und die Wege zwischen Schreibtisch, Untersuchungsliege und den Materialschränken minimiert. Die Bestückung der Schränke mit Material hingegen unterschied sich im speziellen Bedarf des jeweiligen Bereichs.

3.6   Simulationen

Um die entwickelten Soll-Prozesse zu überprüfen, zu verfeinern und zu validieren, wurden verschiedene Prozess- und Papp-Simulationen (Abb. 3.2, Punkte 10–12) durchgeführt. Ziel solcher Simulationen ist es, Probleme noch vor der Umsetzung zu erkennen und zu beseitigen. Auch wird dadurch die Anlaufphase des Prozesses erleichtert bzw. verkürzt. Darüber hinaus können leicht noch weitere Personen mit berechtigtem Interesse (Unterstützungsfunktionen, Verwaltungsmitarbeiter oder andere Know-how-Träger) involviert werden. So wurden zu den Simulationen die Hygienebeauftragte, der Arbeitsschutzbeauftragte und die Architekten eingeladen. Durch das „Vorführen" der Prozesse mit nahezu echten Einrichtungsgegenständen wurden die Anforderungen an den neuen Bereich für sie sicht-, erleb- und somit leicht begreifbar.

▶ **Papp-Simulation** Eine Simulations-Methode zur möglichst realistischen Abbildung eines zukünftigen Prozesses, bei der der zukünftige Arbeitsplatz/Prozess mithilfe von Pappkartons u. Ä. im Maßstab 1:1 dargestellt wird. So können im Vorfeld an diesem Aufbau Erfahrungen gesammelt und zukünftige Probleme präventiv abgestellt werden.

▶ **Anlaufphase** Dies ist der Zeitabschnitt eines Projekts, in dem der neue Prozess Stück für Stück in den Serienzustand/Endzustand überführt wird. Hier gilt es, die auftretenden Probleme zu beseitigen.

Beispielsweise wurde der zentrale Empfangstresen maßstabsgetreu aufgebaut und der Ablauf durchgespielt (Abb. 3.12). Hierbei wurden wichtige Erkenntnisse insbesondere bei der Form des Tresens in Bezug auf den Datenschutz gewonnen. In Folge mussten die Architekten erneut planen und einen Datenschutzraum integrieren.

Neben den Arbeitsplatzsimulationen (Untersuchungszimmer und Tresen) wurden auch Prozess-Simulationen bezogen auf den Gesamtprozess durchgeführt. So

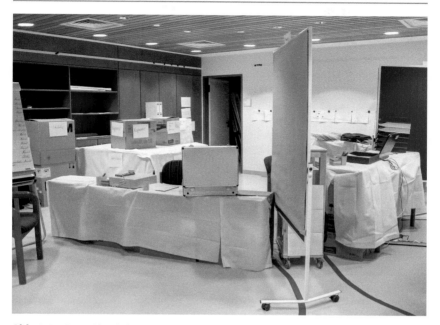

Abb. 3.12 Papp-Simulation Tresen

erfolgte beispielsweise eine zweiwöchige Prozess-Simulation mit Patienten, um die geplante Ablaufumstellung zu validieren. Hierfür wurden die aktuellen Räume so gut wie möglich an die zukünftige Situation angepasst und die Patienten gemäß der entwickelten Einbestellungssystematik einbestellt. Eine Vielzahl von Mitarbeitern konnte sich so mit dem zukünftigen Prozess vertraut machen und die Vorteilhaftigkeit des neuen Ablaufs bestätigen. Die geäußerte Skepsis mancher Mitarbeiter wurde beseitigt und zusätzliche Verbesserungsvorschläge konnten berücksichtigt werden. Erfreulicherweise wurde nach der üblichen Gewöhnungsphase die räumliche Neuaufteilung von den Mitarbeitern als so angenehm empfunden, dass diese auch nach der Prozess-Simulation bereits in den alten Räumlichkeiten beibehalten wurde.

3.7 Architektenplanung und Umbau

Anhand der entwickelten Top-Variante wurden nach dem ersten Workshop die Architekten beauftragt (Abb. 3.2, Punkt 7). Einige Monate später begannen die Baumaßnahmen und wurden vier Monate später, im Jahr 2012, abgeschlossen (Abb. 3.2, Punkt 15).

3.8 An- und Hochlauf

Nach genauer Planung durch die Lean Managerin mit verschiedenen Fachkollegen erfolgte Anfang Dezember 2012 innerhalb eines Tages der Umzug in die neuen Räume. Am Ende des Umzugstages wurden die Abläufe noch einmal durchgesprochen und vor Ort simuliert. So waren alle Mitarbeiter bestens auf den Starttag (Abb. 3.2, Punkt 15) vorbereitet.

Um die üblicherweise auftretenden Startschwierigkeiten rasch lösen zu können, standen in der ersten Woche ein Mitarbeiter der EDV, die Lean Managerin und ein Praktikant permanent als Unterstützung zur Seite. Zunächst galt es, die Stabilität im Aufnahmezentrum sicherzustellen. Nach dem sich die Mitarbeiter an die Räume und den Prozess gewöhnt hatten, wurden die Sprechstunden nach und nach ebenfalls integriert. Durch das zeitlich versetzte Integrieren wurde zum einen die Belastung der Mitarbeiter reduziert und zum anderen genügend Zeit gewonnen, die Mitarbeiter für die Abläufe und Aufgaben der Sprechstunden zu qualifizieren.

3.9 Optimierungsphase

Es war der Krankenhausleitung relativ schnell klar, dass für das Aufnahme- und Sprechstundenzentrum eine Leitungsfunktion (Prozesseigner) geschaffen werden musste. Die Ebenen „Prozess" und „Kultur" waren im Projektverlauf hinreichend stark bearbeitet worden. Die Ebene „Führung" musste nun ebenfalls gewürdigt werden, um einerseits die Nachhaltigkeit der erarbeiteten Verbesserung sicherzustellen und andererseits die weitere Prozessoptimierung voranzutreiben. Deshalb wurde noch vor dem Umzug in die neuen Räume eine Leiterin eingesetzt, die die Verantwortung für den Gesamtprozess übernahm. Sie sollte den Prozess begleiten, mitarbeiten, die Mitarbeiter führen und dafür sorgen, dass der Prozess kontinuierlich verbessert wird (Abb. 3.2, Punkt 14). Ihr wurden zu diesem Zweck alle administrativen und pflegerischen Mitarbeiter des Bereichs unterstellt. Die Ärzte verblieben jedoch in ihrer jeweiligen Fachabteilung.

Nachdem die Umsetzung abgeschlossen und die Verantwortlichkeiten klar definiert waren, begleitete die Lean Managerin den Bereich noch für einige Zeit. In dieser Phase wurden Shopfloor Management und Prozesskontrolle eingeführt, um den Prozess nachhaltig zu stabilisieren. Im Rahmen von täglich stattfindenden kurzen Treffen aller Mitarbeiter wurden anhand von Kennzahlen die aufgetretenen Probleme besprochen, analysiert und versucht, die Ursachen zu beseitigen. Die Mitarbeiter sollten als Team gestärkt und die Probleme des Tages reflektiert und behoben werden. Als Hilfsmittel für die Prozesskontrolle wurde ein T-Card-Board (Abb. 3.13) gewählt.

Abb. 3.13 T-Card-Board

▶ **Shopfloor Management** Managementphilosophie, die prozessorientiertes Führen am Ort des Geschehens erzeugen will. Alle Unterstützungsfunktionen (auch Qualität, Logistik, Instandhaltung, etc.) sollen den wertschöpfenden Bereich, das heißt die Patientenversorgung vor Ort unterstützen und somit dafür sorgen, dass dort optimal gearbeitet werden kann. Die Führungskraft ist sowohl Partner als auch Manager und Coach. Sie führt den Prozess vor Ort für alle sichtbar. Wesentliche Säulen sind: 1. Visualisierung und Transparenz, 2. Kommunikation und Beteiligung, 3. Problemlösung, 4. Standards inklusive ihrer Kontrolle und 5. Vor-Ort-Sein.

▶ **Prozesskontrolle** Eine Methode zur Sicherstellung und Überprüfung von Standards. Diese Führungsaufgabe beinhaltet das Vor-Ort-Gehen, den Standard inhaltlich zu überprüfen, die Einhaltung des Standards durch die Mitarbeiter festzustellen und gegebenenfalls Maßnahmen zur Anpassung des Standards (falls sich dieser als veraltet herausstellt) oder zur Einhaltung einzuleiten.

▶ **T-Card-Board** Ein Übersichts-Board mit Papiersteckkarten. Auf diesen Karten stehen verschiedene Aufgaben, die jeweils zu verschiedenen Zeitpunkten erfüllt werden müssen. Das Board gibt somit der Führungskraft einen Überblick über die Tätigkeiten und die erfolgte Durchführung (die Karte wird dann umgedreht).

3.10   Eingeführte Prinzipien des Lean Managements

Nachfolgende Prinzipien des Lean Managements wurden im Aufnahme- und Sprechstundenzentrum umgesetzt.

Fließen
Der Prozess ist in Reihenfolge aufgebaut und der Patient wird von Prozessschritt zu Prozessschritt begleitet.

Takt
Um das Fließen zu ermöglichen, werden die einzelnen Tätigkeiten an einem gemeinsamen Takt ausgerichtet.

Glättung
Patienten werden gleichmäßig über die Öffnungszeit des ASZ einbestellt. Es werden keine Termine doppelt vergeben oder Blöcke von gleichen Patienten einbestellt. Das Prinzip der Glättung ist die wichtigste Voraussetzung für das Gelingen eines reibungslosen Ablaufs an jedem Tag.

Standardisierung

Damit der Takt von allen Beteiligten eingehalten werden kann, sind die Tätigkeiten und Abläufe standardisiert. Schwankungen sollen nur noch da auftreten, wo es in der Persönlichkeit des Patienten begründet ist. Damit wird versucht, die Probleme schon im Vorfeld präventiv zu eliminieren, beispielsweise mithilfe einer Checkliste für die Patienten oder einer Einbestellungstabelle zur gesteuerten Einbestellung. Alle müssen sich an Regeln halten, da sonst die Störungsquote steigt, der Takt nicht gehalten werden kann, die Wartezeit steigt und die Wartebereiche zu klein werden.

Shopfloor Management und Prozesskontrolle

Die Führungskraft ist Teil des Prozesses, unterstützt die Mitarbeiter vor Ort und führt kennzahlenbasiert eine kontinuierliche Prozessverbesserung durch. Prozesskontrollen sorgen dafür, dass die Standards aktuell sind und eingehalten werden.

Transparenz

Zur leichteren Steuerung und zum schnellen Erkennen von Problemen wird viel Wert auf Transparenz gelegt. Beispiele hierfür sind: zugeordnete Wartebereiche, farbige Patientenmappen, Glasausschnitte in den Bürowänden, Bodenmarkierungen und Shopfloor Management.

Zusammenarbeit und Kommunikation

Für einen reibungslosen Ablauf müssen alle Mitarbeiter als Team zusammenarbeiten und auftretende Probleme schnell und nachhaltig lösen. Hierzu findet am Tagesende eine Kurzbesprechung statt, bei der sich alle Mitarbeiter einbringen können.

3.11 Herausforderungen während der Projektarbeit

Im Laufe des Projektes gab es auch einige Herausforderungen. Anfangs war das Misstrauen der Mitarbeiter hoch. Das zeigte sich unter anderem in Aussagen wie „Das ist doch nur eine Alibi-Veranstaltung. Sie haben das Konzept doch schon in der Tasche und wir sollen nur noch abnicken". Dementsprechend musste geduldig viel Überzeugungsarbeit geleistet werden. Die Teilnahme an den Workshops und der Regelkommunikation war für die Mitarbeiter enorm schwierig, da sie kapazitativ für das Projekt nicht freigestellt werden konnten. Dadurch schrumpfte die Beteiligung an den wöchentlich stattfindenden Regelkommunikationen von anfänglich sieben auf häufig nur drei teilnehmenden Mitarbeitern. Ursächlich hierfür war jedoch nicht nur die Überlastung der Mitarbeiter, sondern auch die lange Projektdauer. Bedingt durch die Verquickung mit anderen Projekten und den Umbaumaßnahmen vergingen vom ersten Workshoptag bis zur Inbetriebnahme des Aufnahme- und Sprechstundenzentrums ein Jahr und vier Monate. Die Aufrechterhaltung der Motivation über einen so langen Zeitraum ist grundsätzlich sehr schwierig (siehe auch Abschn. 4.6, „Formen der Verbesserungsaktivitäten"). Aufgrund der langen Projektdauer war die Leitung des ASZ nicht bei der Entwicklung des Systems involviert, sondern trat erst einen Monat vor Eröffnung ihre neue Funktion an. Ihr musste zunächst alles erklärt werden, was durch die vielen Details nur schwer möglich war und zu einem erhöhten Begleitungsaufwand führte.

Das inhaltlich anspruchsvollste Thema des Projekts war und ist die Glättung. Leitende Ärzte ordneten teilweise (entgegen den vereinbarten Regeln) an, weitere Patienten einzubestellen, auch wenn die geplanten Termine an diesem Tag bereits vergeben waren. Darüber hinaus bevorzugten alle Fachabteilungen die frühen Termine eines Tages und wollten alle eigenen Patienten im Block einbestellt bekommen. Diese Personenzentrierung und blockweise Versorgung von Patienten widerspricht jedoch den Grundprinzipien von Lean und ist nicht kundenorientiert. Wären diese Wünsche im ASZ umgesetzt worden, hätte es unweigerlich zum Konflikt zwischen den Abteilungen geführt oder die Verbesserung der Durchlaufzeit wäre nicht möglich gewesen.

Auch die Informationsbeschaffung stellte eine große Herausforderung dar. Das Klinikinformationssystem (KIS) konnte nicht die zur Analyse und für das Shopfloor Management benötigen Zahlen liefern. Deshalb mussten die jeweiligen Zeiten mit hohem Aufwand manuell erfasst und ausgewertet werden. Später wurden im Projekt die Änderungsanforderungen an das KIS definiert, jedoch konnte bis Projektende keine praktikable Lösung gefunden werden. Das EDV-technische Abbilden des Gesamtprozesses, von der Sprechstunde bis hin zur Entlassung, bleibt schwierig. Hier besteht weiterhin Handlungsbedarf.

3.12 Ergebnisse

Das Projekt „Aufnahme- und Sprechstundenzentrum (ASZ)" erzielte folgende Ergebnisse:

- Reduzierung der Durchlaufzeit der AZ-Patienten von 152 min auf durchschnittlich 125 min, d. h. um 18 % (Abb. 3.14)
- Reduzierung der Standardabweichung von 56 (als Kennzahl für Schwankung) auf 42, d. h. um 25 %
- Wegfall von Wegen für die Patienten

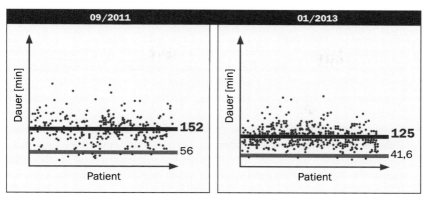

Abb. 3.14 Durchlaufzeitvergleich 09/2011 und 01/2013

- Verbesserung der Zusammenarbeit zwischen den Fachabteilungen, Rückspra-
  chen erfolgen insbesondere zwischen den Chirurgen und Anästhesisten nun viel
  schneller.
- laufende Überprüfung, Aktualisierung und Weiterentwicklung von Standards
  durch die Einführung der Prozesskontrolle
- Reduzierung der gefühlten Wartezeit: 63 % der Patienten gaben bei einer Patientenbefragung im Dezember 2012 direkt nach dem Umzug eine gefühlte Wartezeit von weniger als 30 min an (vgl. September 2011: 36 % – Abb. 3.15). Bei der

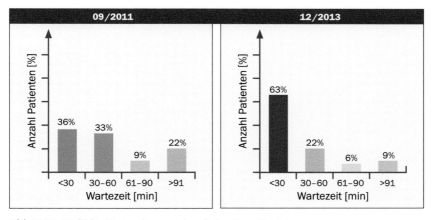

Abb. 3.15 Gefühlte Wartezeit vor und nach dem Lean-Projekt

Betrachtung der Wartezeit kleiner als 60 min hat sich der Wert in Summe von 69 % auf 85 % verbessert.

- Einhaltung des Datenschutzes durch die Raumgestaltung. Unter anderem konnte dies durch einen separaten Raum in unmittelbarer Nähe zum Empfangstresen sowie Einzelräumen für die administrative Aufnahme erreicht werden.
- Qualitätsverbesserung durch frühzeitiges MRSA-Screening (Fragebogen und Abstriche)
- Verbesserung des Komforts für die Patienten durch Raumgestaltung, Ambiente, Ruhe im Bereich und bessere Betreuung. Ferner fanden ein rollstuhlgeeigneter Empfangstresen, Gehstützenhalterungen am Empfangstresen und in allen Räumen sowie die Möglichkeit zur Gepäckaufgabe Berücksichtigung im ASZ.
- Höhere Mitarbeiterzufriedenheit durch stolze Mitarbeiter, die bei der Entwicklung der Räumlichkeiten beteiligt waren und nun in „ihrem Werk" arbeiteten.

Thesen

4

4.1 Einleitung

Im nachfolgenden Kapitel werden die inhaltlichen Widersprüche, Fragestellungen, Auseinandersetzungen, Potenziale und Stoßrichtungen bei der Implementierung von Lean thematisiert. Es handelt sich dabei um typische Probleme, die bei der konkreten Auseinandersetzung mit dem Thema Prozessverbesserung irgendwann zutage treten. Anhand von Praxisbeispielen werden jeweils gegensätzlichen Positionen aufgezeigt und die Chancen des Lean-Ansatzes verdeutlicht.

4.2 Ich oder Wir – Wer steht hier eigentlich im Mittelpunkt?

Krankenhäuser sind komplexe Organisationen. Vielleicht stellen sie sogar eine der anspruchsvollsten und komplexesten Organisationen dar, die es gibt. Um einen Patienten qualitätsgerecht, in angemessener Zeit und mit einem akzeptablen Aufwand zu behandeln, müssen sehr viele Menschen zum richtigen Zeitpunkt das Richtige tun. Gemeinsam und einzeln. Damit dies gelingen kann, braucht die Organisation eine ausreichende Anzahl qualifizierter Mitarbeiterinnen und Mitarbeiter, möglichst optimale Strukturen und Prozesse sowie eine adäquate Ausstattung an technischer Infrastruktur, Sachmitteln und sonstigen Ressourcen.

Wer aber sorgt und ist verantwortlich dafür, dass dieses Räderwerk so präzise funktioniert wie ein Uhrwerk? Wer führt eigentlich ein Krankenhaus? Diese Frage ist in der klassischen Arbeitsweise und Struktur eines Krankenhauses schwer bis oftmals gar nicht zu beantworten. Führungsaufgaben im engeren Sinne übernehmen tatsächlich zahlreiche Personen an sehr unterschiedlichen Stellen: Stationsleitungen, Leiterinnen und Leiter von Funktionseinheiten oder beispielsweise der Leiter der Technik etc.

© Springer Fachmedien Wiesbaden 2016
A. Scholz, *Die Lean-Methode im Krankenhaus*, DOI 10.1007/978-3-658-08738-8_4

Verantwortung für die Qualität und den Erfolg eines Krankenhauses wird in der öffentlichen Debatte Chefärzten, Geschäftsführern, Verwaltungsleitern und den Pflegedirektoren zugeschrieben. Diesen Personengruppen wird zugetraut, einen wesentlichen Einfluss auf die Geschicke des Unternehmens zu nehmen.

Im allgemeinen Verständnis verantworten Chefärzte die Tätigkeiten der Ärzte, Verwaltungsleiter die Verwaltungseinheiten und Pflegedirektoren die Pflege sowie zumeist nichtärztliche medizinische Berufsgruppen. Die Verantwortung von Geschäftsführern weist schon ein diffuseres Bild auf. Ihnen wird die Hoheit über das Geld zugerechnet.

Am ehesten wird dem Chefarzt eine übergreifende Verantwortung zugerechnet. Obwohl personalverantwortlich nur für „seine" Ärzte, dominiert er in der klassischen Organisation wesentliche Organisationseinheiten. Er darf Anweisungen z. B. an das Pflegepersonal geben, er trifft organisatorische Entscheidungen mit Wirkungen auf andere Berufsgruppen und steht nach außen als derjenige dar, der die gute Medizin für die Patienten gewährleistet. Dies alles geschieht, ohne dass er in der Führungs- und Organisationsstruktur eines Krankenhauses einer Organisationseinheit eineindeutig vorsteht. Aufgaben, Kompetenz und Verantwortung sind weder kongruent definiert, noch sind sie in der Regel überhaupt festgeschrieben. Der Chefarzt kann in dieser Struktur immer sagen: „Die Pflege war schuld!" Wäre er für die Pflege in seiner Organisation explizit und formal verantwortlich, so könnte er sich mit dieser Aussage nicht aus der Verantwortung ziehen.

Diese Form der faktischen Macht führt dazu, dass wesentliche Bestandteile der Arbeitsorganisation im Hinblick auf Ärzte organisiert werden. „Wenn der Arzt kommt" könnte eine geeignete Überschrift für die klassische Krankenhausorganisation sein. Was für die perfekte Selbstorganisation von Ärzten notwendig ist, führt zu Verwerfungen, Problemen und Konflikten für die Pflege und andere Berufsgruppen.

Lean-Aktivitäten beginnen üblicherweise mit einer Wertstromanalyse zur Ermittlung der Ist-Situation und der anschließenden Ableitung des Soll-Konzepts (Abb. 4.1).

Bei der Wertstromanalyse[1] werden sowohl der Behandlungs- als auch der Informationsprozess aufgezeigt und in einem gemeinsamen Bild dargestellt. Der Wertstrom beinhaltet somit alle Behandlungsschritte vom Prozessanfang (Eingang, Rettungsstelle) bis zum Prozessende (Ausgang, Entlassung). Wesentliche Informationen sind dabei: Prozessschritte, Zeiten je Prozessschritt, Anzahl Mitarbeiter, Prozessablauf, Steuerung des Prozesses, Informationssysteme, Durchlaufzeit und Wertschöpfungsanteil. Diese Darstellungsform hilft, auf einem Bild bzw. auf einer

---

[1] Wertstromanalyse: (Prozessdarstellung), vertiefende Informationen: Rother und Shook 2004.

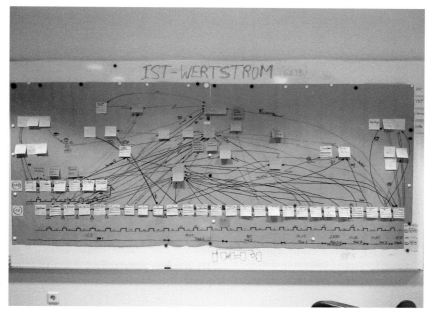

Abb. 4.1 Ist-Wertstrom am Beispiel eines Patienten

A4-Papierseite den gesamten Prozess zu visualisieren und so ein Gesamtverständnis zu erzeugen. Denn fehlt der Gesamtüberblick, besteht die Gefahr, nur Einzelverbesserungen auszulösen. Diese könnten sich unter Umständen im Gesamtsystem nicht richtig entfalten oder im schlechtesten Fall sogar widersprüchlich oder nachteilig auswirken.

Bei der Durchführung einer Wertstromanalyse gilt es als erstes, die Entscheidungsträger und Beteiligten zu gewinnen. Personen, die diese Darstellungsform noch nie gesehen haben, fragen sich häufig, was das alles soll. Ihnen ist der ein- bis dreitägige Aufwand zu hoch und der Nutzen zu unklar. Auch erschließen sich ihnen nicht sofort die aus Darstellungsgründen gemachten Vereinfachungen und die Auswahl eines Patienten als Stichprobe für die Analyse. Jeder Patient sei doch anders und die Analyse deshalb nicht aussagekräftig, so die Bedenken.

Wenn der Ist-Wertstrom jedoch erzeugt wurde und die gemeinsam gewonnenen Erkenntnisse formuliert sind, ändert sich bereits die Sicht des Einen oder Anderen. Die grundsätzlichen Erkenntnisse haben eine allgemeingültige Aussagekraft für den Prozess, unabhängig davon, ob ein paar Details bei einer anderen Stichprobe different wären. Bei dem in Abb. 4.1 dargestellten Ist-Wertstrom konnte beispielsweise Folgendes festgehalten werden:

- Der Patient war neun Tage im Krankenhaus, wovon er in Summe nur 1,2 Tage (alle Behandlungen, Zuwendungen, Untersuchungen, Mahlzeiten, Visiten, etc. addiert) etwas im Sinne der Therapie oder der sogenannten Wertschöpfung erfahren hat. Den Rest der Zeit hat er gewartet oder sich anderweitig beschäftigt. Für jede Behandlungsminute musste er demnach sieben Minuten warten. Das war eine völlig neue Information.
- Die Patienteninformationen werden in vielen verschiedenen Systemen dokumentiert. Daten werden redundant erzeugt.
- Niemand steuert den Prozess in Gänze.
- Die Pflegekräfte müssen zur Steuerung viel telefonieren, nachfragen, korrigieren, da der Status von Maßnahmen unklar ist und der Prozess nicht selbstständig abläuft.
- Die Patienten werden durch den Prozess geschoben (Push) und nicht gezogen (Pull)[2].
- Die einzelnen Maßnahmen und Tätigkeiten sind nicht synchronisiert. Jeder versucht sein Bestes, damit es irgendwie läuft.
- Dem Patienten kann nur teilweise gesagt werden, was konkret wann mit ihm passieren wird, bzw. wie der Gesamtplan für ihn aussieht.

Im Anschluss an die Ist-Analyse folgt nun der zweite, für viele ungewöhnliche, Schritt. Es geht nicht darum, was alles für die Mitarbeiter getan werden kann und muss, um die Arbeit zu erleichtern, sondern was notwendig ist, um den Patienten zufriedenzustellen. Insbesondere geht es um eine Prozessbeschleunigung durch Reduzierung der Wartezeit (in dem genannten Beispiel sind es ca. sieben Tage).

Diese unbedingte Fokussierung auf den Patienten erschreckt häufig zunächst. Er ist jedoch Grundlage des Lean-Ansatzes. Es soll bei der Verbesserungsarbeit darum gehen, den Patienten zufriedenzustellen, da dieser die Basis für den Erfolg des Krankenhauses darstellt. Die Zufriedenheit beruht auf zwei Kernelementen: Qualität (Ergebnis/Heilung, Sicherheit, Zuwendung) und Zeit. Implizit wird dabei angenommen, dass ein Patient nur zufrieden sein wird, wenn alle Prozessschritte perfekt ineinandergreifen und alle Beteiligten bestmöglich zusammenarbeiten. Dazu müssen die Mitarbeiter ihre Arbeit effizient und effektiv durchführen können, muss das Umfeld geeignet sein, die notwendige Befriedigung aus der Arbeit zu ziehen, und müssen die einzelnen Prozessschritte aufeinander abgestimmt sein.

Somit schließen sich Patienten- bzw. Prozess- und Mitarbeitersicht nicht aus, sondern ergänzen sich häufig hervorragend. Lediglich in Detailfragen driften die beiden Sichten auseinander, beispielweise, wenn einer der Mitarbeiter zum Wohle des Gesamtsystems einen persönlichen Nachteil in Kauf nehmen muss. Er muss dann das „Ich" zugunsten des „Wir" (Gesamtprozess inklusive Patient) aufgeben.

---

[2] Push und Pull: Sind ausführlich im Kap. 2 beschrieben.

Ein Beispiel

In der Rettungsstelle sollte die Durchlaufzeit (DLZ) zum Wohle des Patienten reduziert werden. Um Verbesserungen zu erzielen, wurden keine Aktivitäten zur Beschleunigung der pflegerischen und ärztlichen Maßnahmen durchgeführt. Vielmehr ging es darum, den Patienten in einen sogenannten „Fluss" zu bringen. Er sollte möglichst ohne Wartezeit und Stillstand durch die Rettungsstelle geleitet werden. Hierfür wurden neben den verschiedenen räumlichen Maßnahmen die Tätigkeits-, Transport- und Wartezeiten aufgenommen und optimiert. Die Einzelschritte (Triage, pflegerische Aufnahme, ärztliche Untersuchung etc.) wurden bestmöglich aufeinander abgestimmt. Im Ergebnis wurden Dienstzeiten angepasst, eine Anwesenheitspräsenz in der Kernzeit eingeführt (aufgrund der Kleinheit der Rettungsstelle ist nicht dauerhaft ein Arzt anwesend), Eskalationsregeln definiert (bei mehr als drei Patienten muss ein Arzt von der Station temporär in der Rettungsstelle unterstützen) und Tätigkeiten verteilt (wenn notwendig, unterstützt der Arzt die Pflege oder umgekehrt). Wartezeiten treten jetzt nur noch in Höhe der patientenspezifischen Schwankungen (Anzahl, Fallschwere, Untersuchungsaufwand und Kommunikationsfähigkeit) auf.

Für die Beteiligten änderte sich also die Arbeitsweise. Die vormalige vorrangige Berufsgruppenoptimierung wird durch die Fokussierung auf den Gesamtprozess abgelöst. Somit wurde der Patient das Maß aller Dinge.

Für den Arzt ist die Verschiebung des Fokus am stärksten wahrnehmbar. Zuvor waren alle Tätigkeiten und Maßnahmen auf ihn ausgerichtet. Diese Gewohnheit wurde unterstützt von dem Eindruck, dass die Patienten „etwas vom Arzt wollen" und somit bereit sind, viel zu ertragen. Die Prozesssicht verlangt ein Handeln, dass „der Arzt etwas vom Patienten will", nämlich dessen Zufriedenheit. Medizinisch wurde das zuvor nie infrage gestellt. Neben dem medizinischen Ergebnis ist nun auch die „Erlebnisqualität" ein Kriterium: Wie reibungslos war der Ablauf? Wie lange hat es gedauert? Musste ich warten? Hab ich mich wohlgefühlt? Fragen, die sich Patienten, wenn nicht bewusst, doch zumindest unbewusst stellen.

Natürlich ist es nicht angenehm, wenn der Arzt gegebenenfalls die Station verlassen muss, um in der Rettungsstelle temporär auszuhelfen. Auch scheint es nicht sinnvoll, als kostenintensive Arbeitskraft bei Bedarf den Patienten selbst auszuziehen oder Verbände anzulegen. Es macht jedoch durchaus Sinn, wenn der reibungslose Prozess dies aktuell aus Zeitgründen benötigt. Das Gegenteil würde die Sammlung der Patienten bedeuten, um sie gebündelt der Pflege und dem Arzt vorzustellen, die danach wieder anderen Tätigkeiten nachgehen können. Die jeweiligen Berufsgruppen würden für sich betrachtet optimal arbeiten. Aber im Krankenhaus arbeitet jedoch niemand losgelöst von anderen. Ressourcenkonflikte hinsichtlich Zeit, Material und Kapazität an den Schnittstellen zu anderen Bereichen wären die Folge. Der Verlierer dieser Vorgehensweise wäre der Patient.

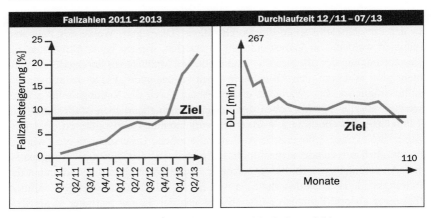

Abb. 4.2 Fallzahlentwicklung im Vergleich zur Durchlaufzeitentwicklung

Die medizinische Versorgung wäre zwar sichergestellt. Er müsste jedoch länger in seiner individuellen Not in der Rettungsstelle warten bzw. verbleiben und auf „Erlebnisqualität" verzichten.

Aus Lean-Sicht ist es also notwendig, dass sich die Prozessbeteiligten unter Umständen in ihren berufsspezifischen Wünschen zurücknehmen, um langfristig zu gewinnen: Wenn der Ablauf perfekt funktioniert, die Patienten zufrieden sind, steigt der Patientendurchsatz und damit die Wirtschaftlichkeit. Der Erfolg rechtfertigt die Arbeitsweise. Im Ergebnis konnte in der Rettungsstelle die Durchlaufzeit von 267 auf 95 (chirurgisch) bzw. 110 (internistisch) Minuten im Bestwert reduziert und bei leicht erhöhter Arbeitskräftezahl (0,5 Mitarbeiter) eine Patientensteigerung von 21 % erzielt werden (Abb. 4.2).

4.3   Schildkröte oder Hase – Wie lange dauert es, und wo geht es lang?

Wenn es gilt, ein Krankenhaus zu optimieren, geschieht dies häufig, um die Wirtschaftlichkeit zu verbessern. Das ist auch gut so, denn nur solide Unternehmen können auf Dauer im Markt bestehen. Jetzt stellt sich die Frage, wie dieses Ziel schnellstmöglich erreicht werden kann und ob es als alleiniges Unternehmensziel sinnvoll ist. Wirtschaftlichkeit ist stets das Ergebnis aus den Einsatzfaktoren des Unternehmens und dem erzielten Umsatz zu einem bestimmten Zeitpunkt. Einen Monat später kann die Sache schon wieder ganz anders aussehen. Beispielsweise, wenn direkt nebenan ein niedergelassener Arzt die Patienten abwirbt und der Um-

Abb. 4.3 Magisches Dreieck zur Verdeutlichung des Lean-Ansatzes

satz folglich einbricht. Neben den rein wirtschaftlichen Interessen eines Unternehmens spielen natürlich auch andere Aspekte eine wichtige Rolle. Dies können Qualitätsansprüche, Repräsentationsziele, Kundenorientierung, Marktmacht, Umweltziele oder speziell im Krankenhaus soziale Aspekte sein.

Die reine Wirtschaftlichkeit kann also nicht das einzige/primäre Ziel sein. Vielmehr sollte sie das Ergebnis einer auf den Kunden und Patienten ausgerichteten Unternehmensstrategie sein.

Ein Ansatz, sich dieser Ziel-Problematik bewusst zu werden, ist das häufig als „Magisches Dreieck" bezeichnete Zielbild im Kontext von Lean. Hierbei werden die drei Ziele: Qualität, Zeit und Kosten sowie das vierte Ziel „Mitarbeiter" in Beziehung gesetzt (Abb. 4.3).

Dieses Bild enthält sowohl die unternehmerische Sichtweise (Kostensenkung und Mitarbeiterbindung) als auch die Kunden- bzw. Patientensicht (Qualität).

- Qualität[3]: Qualität hat die höchste Priorität. Jeder Mitarbeiter muss sein Tun am Qualitätsgedanken ausrichten. Nur Qualität ist auf Dauer verkäuflich. Minderwertige Leistung gefährdet den Ruf und somit das Unternehmen. Das Schwierige am Thema Qualität ist, dass der Kunde, d. h. der Patient, diese für das Kran-

---

[3] Qualität nach DIN EN ISO 9000:2005 (Qualitätsmanagement) bedeutet: Grad, bis zu dem ein Satz inhärenter (d. h. innewohnender) Merkmale Anforderungen erfüllt. Dies gilt für Produkte, Dienstleistungen, Konzepte, Entwürfe, Software, Arbeitsabläufe, Verfahren und Prozesse, lat. Qualitas = Beschaffenheit, Merkmal, Eigenschaft, Zustand.

kenhaus definiert und somit vorgibt, was das Unternehmen oder Krankenhaus zu leisten hat. Das können beispielsweise eine kurze Wartezeit, eine schmerz-freie Therapie, eine voll funktionsfähige Prothese oder einfach nur Freundlich-keit der Mitarbeiter sein.

- Zeit: Das Zeitziel besteht darin, den Patientenwunsch zeitnah, pünktlich bzw. zu der von ihm erwarteten Zeit zu erfüllen. Ferner beschreibt es den Wunsch nach einer kurzen Zeitspanne von Prozessanfang (Betreten des Hauses) bis Prozes-sende (Verlassen des Hauses), der sogenannten Durchlaufzeit (DLZ, zentrale Lean-Kenngröße). Wenn der Behandlungsprozess zügig bei gleichzeitig hoher Qualität vonstattengehen soll, dann gelingt dies nur mit einem perfekten Pro-zess. Eine kurze DLZ ist also ein wichtiges Indiz für schlanke Prozesse. Im Krankenhaus wäre dies eine kurze Verweildauer bei gleichzeitig hochwertiger medizinischer und verwaltungstechnischer Versorgung.
- Kosten: Die geringen Kosten sind das Ergebnis eines erreichten Qualitäts- und Zeitziels. D. h., das Kostenziel erfüllt sich „automatisch", wenn das Unterneh-men kontinuierlich Richtung Qualität und Zeitoptimierung entwickelt wird. Hier liegt auch die Schwierigkeit bei der täglichen Optimierungsarbeit. Häufig lenken kurzfristige Kostenpotenziale von der langfristigen Optimierung ab.
- Mitarbeiter: Mit dem Mitarbeiterziel wird das magische Dreieck erst komplett. Die Mitarbeiter repräsentieren das Unternehmen. Was wäre ein Krankenhaus ohne die Ärzte, Pflegekräfte, Verwaltungskräfte etc.? Eine leere Hülle mit Ge-räten. Die Mitarbeiter müssen weiterentwickelt werden, müssen den Qualitäts-anspruch des Kunden verinnerlichen und erfüllen und müssen in Prozessen arbeiten, die der Kostbarkeit der Zeit gerecht werden. Gute Mitarbeiter sind wertvoll und müssen durch ansprechende Arbeitsbedingungen an das Unterneh-men gebunden werden.

Die vier Teilziele des magischen Dreiecks verdeutlichen sehr klar, dass es ein lang-fristig ausgerichteter Weg für das Unternehmen werden wird, wenn es sich diesem Lean-Ansatz verschreibt. Zwei Gründe sprechen dennoch dafür:

1. Der Fokus wird von reinen Kostensenkungsaktivitäten in Richtung Prozessver-besserung (Qualität, Zeit und Mitarbeiter) verschoben und damit langfristig auf solide Füße gestellt.
2. Nur wenig klassische Kostensenkungsmaßnahmen werden gleichzeitig in den Teilzielen (Qualität, Zeit und Mitarbeiter) Verbesserungen erwirken. Vielmehr habe diese häufig gegenläufige Effekte im Bereich Qualität, Zeit und Mitarbei-ter. Es werden demnach komplexere Verbesserungsaktivitäten notwendig sein, um im gesamten Magischen Dreieck erfolgreich zu werden. Genau hier setzt die Methode Lean an und kann einen sinnvollen Beitrag leisten.

Es wird also keine Revolution mit kostensenkenden Einmalmaßnahmen zur Unternehmensverbesserung gesucht, sondern eine kontinuierliche Verbesserung mit vielen kleinen Schritten in die richtige Richtung. Revolutionär hierbei ist lediglich der Ansatz, es gemeinsam mit allen Mitarbeitern täglich, dauerhaft und für immer zu tun. Eine gleichzeitige Verbesserung aller Seiten des Magischen Dreiecks ist nur Stück für Stück möglich. Die Abhängigkeiten der Teilziele untereinander sowie die einzelnen Prozessverknüpfungen der Bereiche und Aufgaben im Unternehmen oder Krankenhaus sind so vielfältig, dass nur ein gezieltes und kontinuierliches Handeln größtmögliche Erfolge verspricht.

Ein häufig verwendetes Bild hierfür sind „Schildkröte und Hase"[4]. Natürlich ist ein Hase viel schneller als eine Schildkröte. Doch sein Wesen lässt ihn hin- und her hoppeln, teils große Sprünge machen, immer wieder neue Wege einschlagen jedoch nicht unbedingt fokussiert auf ein bestimmtes Ziel agieren. Die Schildkröte dagegen läuft kontinuierlich – das Ziel vor Augen – kleine, stetige Schritte vorwärts. Diese Beharrlichkeit der kleinen Schritte ist das, was dem Unternehmen als Ganzes am meisten hilft. Wenn alle Mitarbeiter jeden Tag an der Verbesserung arbeiten und dabei ständig die Qualität und die Zeit im Auge haben, wird viel mehr erreicht als durch wenige, große Einzelverbesserungen. Gleichzeitig bewirkt dieser Ansatz ein dauerhaftes Auseinandersetzen aller Beteiligten mit dem Thema, sodass die Verbesserung nicht Aufgabe von Wenigen bleibt. Die Mitarbeiter werden im Verbessern geschult und lernen so das „Sehen".

Das Vorgehen in kleinen Schritten hat noch drei weitere Vorteile:

1. Der Verbesserungsspannungsbogen wird aufrechterhalten, d. h. zwischen Problem, Analyse, Idee, Umsetzung und Wirksamkeitskontrolle liegt jeweils nur wenig Zeit. Der Zusammenhang zwischen den einzelnen Schritten der Verbesserung ist noch deutlich und kann „gefühlt" werden.
Im Gegensatz dazu ist dies bei großen Schritten häufig nicht mehr der Fall. Die beteiligten Mitarbeiter werden über lange Zeiträume kapazitiv belastet und wissen am Ende der Umsetzung unter Umständen gar nicht mehr, wie es am Anfang war, oder verlieren auf dem Weg dahin die Lust an der Verbesserung.

---

[4] Die Schildkröte und der Hase nach Äsop: Äsop erzählt, dass der Hase und die Schildkröte einst um die Wette liefen. Der Hase verließ sich auf seine flinken Beine und legte sich am Wege schlafen; die Schildkröte, in dem Bewusstsein ihrer Langsamkeit, lief ohne Unterlass, überholte den schlafenden Hasen und gewann den Sieg, einen Sieg der Beharrlichkeit über die Nachlässigkeit. Diese Urvariante der Fabel wird häufig durch andere Eigenschaften wie Zielstrebigkeit, Ausdauer, Zielfokussierung etc. ergänzt und auf das Unternehmen übertragen. Es ist stets beeindruckend, wie die Eigenschaften der Schildkröte denen des Hasen auf Dauer überlegen sind.

2. Durch kleine Schritte werden Mitarbeiter animiert, etwas auszuprobieren und zur Not auch eine Niederlage einzustecken, sollte es nicht gleich funktionieren. Diese vermeintliche Niederlage ist jedoch ebenfalls ein Erfolg. Sie hat nämlich Wissen erzeugt, wie es nicht funktioniert. Der Unternehmer Thomas Edison soll auf eine kritische Nachfrage zu seinen zahlreichen, erfolglosen Versuchen zur Erfindung der Glühlampe gesagt haben, dass er glücklich darüber sei und nun 5000 Wege zu kennen, wie man keine Glühlampe herstellt.

3. Wenn eine Führungskraft Mitarbeitern kleine Verbesserungsaufgaben gibt, kann sie zeitnah wieder mit den Mitarbeitern über den erzielten Fortschritt sprechen. Das Managementinkrement wird klein gehalten und damit die eigene Führungsaufgabe kurzzyklisch an den Prozess gekoppelt.

▶ **Managementinkrement** Die Zeitspanne, die die Führungskraft dem Mitarbeiter für die Bearbeitung eines Themas freigibt, beispielsweise eine Woche. Am Ende dieser Zeit kann die Führungskraft sich nach dem Fortschritt erkundigen. Ein kleines Managementinkrement bedeutet enges, prozessnahes Führen.

Die gewählte „Schrittlänge" bei der Verbesserungsarbeit drückt sich dann in der Art der Organisation der Verbesserungsaktivität aus (Tab. 4.1). Hier wird zwischen Kata-Logik, der workshopbasierten Prozessverbesserung und der klassischen Projektarbeit unterschieden.[5]

▶ **Kata** Begriff aus dem Kampfsport. Eine Kata ist eine Bewegungsabfolge (von Kampftechniken gegen einen imaginären Gegner) bei der Durchführung einer Aufgabe, eine Routine und somit eine Vorgehenssequenz, d. h. ein Denk- und Verhaltensmuster. Kata betreffen im Gegensatz zu Produktionstechniken das Verhalten von Personen und sind allgemein anwendbar.

---

[5] Anmerkung: Zur weiteren Vertiefung in das Thema „kleine Schritte und Mitarbeiterentwicklung im Kontext von Lean", empfiehlt sich das Buch „Die KATA des Weltmarktführers" von Mike Rother. Dort wird der Erfolg von Toyota anhand einer Verbesserungskata und einer Coachingkata erläutert. Die Grundlogik der Verbesserungskata ist, anhand einer standardisierten Fragetechnik 1) Was ist der Zielzustand? 2) Wie ist der jetzige Zustand? 3) Welche Hindernisse halten Sie aktuell davon ab, den Zielzustand zu erreichen und welches eine davon gehen Sie jetzt an? 4) Was ist Ihr nächster Schritt? 5) Wann können wir uns vor Ort ansehen, was wir aus diesem Schritt gelernt haben?) kleine Verbesserungsschritte Richtung Zielzustand zu beschreiten und dabei gleichzeitig über ein Coaching zwischen Vorgesetzten und Mitarbeiter den Mitarbeiter zu begleiten und zu fördern.

Tab. 4.1 Übersicht: Formen der Verbesserungsarbeit

Form	Kata (Stunden bis 2 Tage)	5-Tages-Workshop (WS)	Projekt (3–12 Monate)
Beschreibung	• Kleine, kurzzyklische Schritte in Richtung eines zuvor definierten Zielzustandes mit dem Ziel der kontinuierlichen Verbesserung und der Mitarbeiterentwicklung • Es herrscht im Wesentlichen eine Zweier-Beziehung (Coach und Coachee).	• Eine klar beschriebene Verbesserungsaktivität eines Teams, um das zuvor beschriebene Workshopziel (Teilziel) innerhalb der 5 Tage inkl. Umsetzung (teilweise nur provisorisch) zu erreichen. • Anschließend wird der nächste Schritt (den Elefanten in Stücke schneiden) Richtung Ziel gegangen.	• Eine klar beschriebene Verbesserungsaktivität eines Projektteams mit dem Ziel, einen großen Schritt der Verbesserung durchzuführen. • Die Größe der Aufgabe erfordert Organisationsaufwand in Form von Regelkommunikation, regelmäßigen Berichtsgremien, Maßnahmenlisten etc.
Schritte/ Logik	1. Ziel/Vision formulieren 2. Zielzustand beschreiben 3. Verbesserungskata anhand 5 Grundfragen 4. Coachingkata durch Lehren der Verbesserungskata	1. Ziel/Vision formulieren 2. Workshopziel formulieren 3. WS durchführen 1. Tag: Ist-Zustand, 2. Tag: Soll-Zustand, 3. Tag: Simulation, 4. Tag Implementierung, 5. Tag: Standards und Präsentation	1. Ziel formulieren 2. Projektorganisation 3. Kick-off 4. Analysephase 5. Definition Soll-Zustand 6. Umsetzungsphase 7. Stabilisierungsphase 8. Entlastung Projektteam

Tab. 4.1 (Fortsetzung)

Form	Kata (Stunden bis 2 Tage)	5-Tages-Workshop (WS)	Projekt (3–12 Monate)
Vorteile	• Echte Lean-Implementierung • Höchste Erfolgswahrscheinlichkeit im Sinne einer Lean-Transformation • Hohe Wissensgenerierung • Mitarbeiterentwicklung • Führungskraft als Coach (enge Bindung) • Mitarbeiterbindung ans Unternehmen • kontinuierliche Verbesserung • Gleichzeitige Bearbeitung von Prozess/Führung/Kultur • Nachhaltigkeit • Geringer Organisationsaufwand • Schnelle Verbesserungsfolge	• Viele kleine Schritte durch WS • Der begrenzte Zeitaufwand von 5 Tagen ist kapazitiv gut zu steuern • Geringer Organisationsaufwand • Die Umsetzung erfolgt sofort • Keine langen Maßnahmenpläne • Kleiner Spannungsbogen (Mitarbeiter verlieren nicht die Lust) • Gute Themensteuerung möglich, da sowohl Einzelverbesserungen als auch große Verbesserungen (WS-Sequenzen) möglich	• Leicht in die deutsche Unternehmenskultur integrierbar • Bekannte Organisationsstruktur • Große Verbesserungsthemen möglich • Leichter durch das TOP-Management zu steuern (wenige Projektleiter mit wenigen Themen) • Hohe Reputation für Projektleiter möglich
Nachteile	• Höchste Herausforderung für ein Unternehmen, da die Führungskräfte als Coach ausgebildet werden müssen und deshalb schwer umzusetzen/durchzusetzen • Die hochgradige Standardisierung der Methode (KATA) ist nicht in jeder Unternehmenskultur zu vermitteln • Erfordert hohen Zeitanteil für Führung • Erfordert Führungskräfte, die auf Augenhöhe mit den Mitarbeitern agieren und sich selbst zum Zwecke der Mitarbeiterentwicklung zurücknehmen	• WS muss am Unternehmensziel bzw. einem Gesamtkonzept ausgerichtet sein, sonst verpuffen Ergebnisse als Einzeleffekte • Wissensgenerierung erfolgt in der Höhe der WS-Anzahl • Anspruchsvolle Aufgabe für den WS-Moderator (Lean Manager) im Bereich Vorbereitung und Durchführung durch den begrenzten Zeitraum von 5 Tagen • Erfordert Unterstützungsteam im Bereich Technik für eine schnelle Umsetzung der Ideen (1 Tag bzw. Stunden)	• Langsame Verbesserungsfolge • Hoher Organisationsaufwand • Geringe Wissensgenerierung • Verbesserung bleibt die Aufgabe von Wenigen • Langer Spannungsbogen (Mitarbeiter sind schwer bei Laune zu halten) • Kapazitiv schwer zu steuern, da über die lange Dauer kein Mitarbeiter freigestellt werden kann.

Tab. 4.1 (Fortsetzung)

Form	Kata (Stunden bis 2 Tage)	5-Tages-Workshop (WS)	Projekt (3–12 Monate)
Erfahrung im Krankenhaus	• Methode aufgrund der o. g. Nachteile im gesamten Krankenhaus schwer zu vermitteln • Im Verwaltungs- und Pflegebereich wirksam und erfolgreich einsetzbar	• Gut einsetzbare Methode • Kapazitiv die am besten realisierbare Methode (WS-Zeiten werden wie Urlaub oder Krankheit geplant) • Mitarbeiter können motiviert werden.	• Teilweise schwer einsetzbare Methode • Kapazitiv für die Bereiche schwer realisierbar, da der Projektzeitraum zu lang ist • häufiger Ausfall von Projekttagen wegen aktueller Problematik • Mitarbeiter können schwer motiviert werden • Das komplexe Krankenhausumfeld lässt häufig die Wirksamkeit der Maßnahmen nicht mehr erkennen, da diese überlagert werden

Die erfreuliche Nachricht lautet, dass nach den vielen erfolgreichen Lean-Implementierungen der verschiedenen Firmen in den verschiedensten Branchen grundsätzlich davon ausgegangen werden kann, dass alle Schrittlängen (Formen der Verbesserungsarbeit) Verbesserungen erzeugen werden. Die Auseinandersetzung mit dem Prozess und der anschließenden Optimierung im Hinblick auf Qualität, Zeit und Mitarbeiter liefert verlässlich einen Beitrag zur Wirtschaftlichkeit und zum Unternehmenserfolg. Nur die Nachhaltigkeit und die langfristige Erfolgsaussicht unterscheiden sich bei den drei Vorgehensweisen unter Umständen deutlich. Der nach derzeitigem Wissensstand wahrscheinlich erfolgversprechende Weg ist der Weg der kleinen Schritte inkl. begleitenden Coaching mithilfe der Verbesserungs- bzw. Coachingkata (oder anderen Werkzeugen zur Unterstützung der Ebenen „Führung" und „Kultur").

Ungeachtet des gewählten Weges ist es stets wichtig, durchzuhalten und nicht nach schnellen Erfolgen zu haschen. Auch hilft der bewährte Grundsatz: „Lieber 80 % jetzt als 100 % nie!". So wird Verbesserung sichtbar und versackt nicht im Projektplan. Es sind also Macher gefragt, die etwas machen.

4.4   Jogger oder Sprinter – Kann ich es schaffen?

Ein zentrales Ziel bei der der Anwendung der Lean-Methode ist es, die Schwankungen (Variabilität) im Prozess möglichst gering zu halten. Warum ist das so?

Schwankungen machen Probleme, da sie davon abhalten, sich ressourcenschonend auf einen Prozess einzustellen. Wenn die beteiligten Mitarbeiter nicht wissen, was das Ergebnis eines Prozesses sein wird, müssen sie flexibel im persönlichen Einsatz reagieren und ihre Arbeitskraft entsprechend der Situation anpassen. Es kann also sein, dass zu einem Zeitpunkt X eine eher geringe Leistung abgefragt und zu einem Zeitpunkt Y unter Umständen eine Höchstleitung erforderlich sein wird.

Eine kurzfristig geringe Leistungsabfrage stellt für viele Personen häufig kein Problem dar. Dann ist eben mal weniger zu tun, sodass die unerledigten Themen endlich angegangen werden können. Der Zustand der Höchstleistungserbringung äußert sich da schon etwas anders. Diese über das übliche Maß hinausgehende Leistungsanforderung bedeutet für den Erbringer der Leistung eine Belastungsspitze und kann aufgrund der Unvorhersehbarkeit u. U. in einer sogenannten „Feuerwehraktion" münden. Bei dieser „Feuerwehraktion" geht es darum, alles Notwendige zu tun, um den Prozess am Laufen zu halten und größere Schäden abzuwenden. Planvolles Handeln, Ruhe und Gleichmäßigkeit treten in den Hintergrund und lassen somit den Raum für diese kurzfristige Spitzenleistung. Am

Beispiel Krankenhaus bedeutet dies, die primäre Patientenversorgung aufrechtzu-
erhalten, da für mehr gerade keine Zeit ist. Das äquivalente Bild aus dem Laufsport
ist der Sprinter. Dieser agiert extrem fokussiert bei maximaler Leistungsabgabe
und will möglichst schnell das Ziel erreichen. Eine gleichmäßige und ruhige Leistungserbringung – das Joggen – ist nicht möglich, da es für den Prozess zu langsam wäre. Es geht um Schnelligkeit und nicht um Dauerleistung. Der Sprinter ist
flexibel und schnell, sein Ergebnis auf einer Langdistanz jedoch nicht planbar und
damit nicht abschätzbar. Ein Jogger kann ziemlich genau sagen, wie lange er für
welche Strecke benötigt. Er kennt seine Kilometerzeit und rechnet diese einfach
hoch. Ein Sprinter hingegen kennt nur seine Kurzfristleistung. Wie lange er für
eine Langstrecke benötigt, ist ihm unklar. Einem Sprinter eine Dauerleistung abzu-
verlangen führt zwangsläufig zu Unplanbarkeit und damit zur Unsicherheit in der
Leistungserbringung.

Neben der im Prozess aktuell notwendigen Leistungsanforderung (Jogger oder
Sprinter, Dauer- oder Spitzenleistung) kommt erschwerend noch die Persönlichkeit der einzelnen Mitarbeiter hinzu. Die Menschen sind verschieden und benötigen deshalb unterschiedliche Reize, um eine persönliche Zufriedenheit zu erfahren. Einige mögen es, in kurzen Zeitspannen viele wichtige Entscheidungen zu
treffen, unter Adrenalin stehend Höchstleistungen zu vollbringen und Probleme
jeglicher Art zu lösen. Andere wollen am liebsten vorhersehbar, gleichmäßig und
ruhig arbeiten und so ihren Teil zum Gesamterfolg des Prozesses beitragen. Das
Problem beim Sprintertyp ist, dass diese Höchstleistung nicht auf Dauer erbracht
werden kann. Der persönliche Verschleiß ist zu hoch. Andere Prozessbeteiligte
können sich deshalb nicht auf die Leistungserbringung verlassen und müssen stets
einen „Plan B" in petto haben. Das Gleiche gilt für Maschinen-Prozesse. Maschi-
nen (Röntgenapparate, Blockheizkraftwerke, Telefonanlagen, Computersysteme u.
v. m.), die immer am Anschlag betrieben werden, werden mit großer Sicherheit
schlagartig ausfallen und sich dann zu einem großen Problem aufblähen. Dieses
Problem muss dann wiederum durch Extraaufwand oder redundante Kapazitäten
ausgeglichen werden. Diese Redundanz kostet Kraft, Geld und Ressourcen.

Das Ziel von Lean ist es, möglichst viele Prozesse so zu gestalten, dass sie
durch Jogger betrieben werden können und somit eine hohe Wahrscheinlichkeit
für eine Gleichmäßigkeit und Vorhersehbarkeit besitzen. Diese Vorhersehbarkeit
ist anschließend die Voraussetzung dafür, alle Elemente des Prozesses eng miteinander zu synchronisieren und somit zu einer weitestgehenden Eliminierung von
Verschwendungen jeglicher Art beizutragen. Synchronisierte Prozesse sind das
Fernziel von Lean. Hier funktionieren die einzelnen Elemente wie Zahnrädchen
in einem Uhrwerk.

Ein Beispiel

In einer Klinik sollte der hohe Anteil an Abstimmungsaufwand reduziert und somit mehr Zeit für die Patientenversorgung generiert werden. Dafür war es notwendig, dass sich die beteiligten Berufsgruppen (Arzt, Pflege, Sozialdienst und Fallbegleitung) gemeinsam täglich kurz treffen und sich gegenseitig über die relevanten Patientendaten informierten. Ein Zeitfenster zu finden, zu dem dieser Austausch stattfinden konnte, war schier unmöglich. Es gab einfach keine gemeinsame Zeit am Tag. Ein besonders großes Problem war die Länge der Visite und die anschließende Nachbereitung. Im Ist-Prozess schafften es die Beteiligten stets, die notwendigen Informationen fließen zu lassen. Dafür erbrachten sie jedoch viel persönlichen Einsatz, indem sie den Informationen stets hinterherrannten. Sie sprinteten also, um täglich das Unmögliche möglich zu machen. Bei der Synchronisation mit anderen Funktionsabteilungen wie beispielsweise der Radiologie, dem Transportdienst oder dem Belegungsmanagement führte dieses Engagement jedoch nicht immer zum Erfolg. Das hieß, das Lösen der Herausforderungen im eigenen Bereich reichte nicht aus, sich mit anderen Bereichen zu synchronisieren. Die zeitliche Vorhersehbarkeit einzelner Maßnahmen (z. B. Visite, Blutentnahme und Untersuchung) war nicht gegeben und führte auch an den Schnittstellen zu den anderen Abteilungen zu Sprinter-Aktivitäten.

Es wurde nun ein Ansatz gesucht, die Schwankungen im Prozess zu reduzieren und somit die Möglichkeit von gleichmäßigen Abläufen zu eröffnen. Aus diesem Grund wurde ein Tagesplan (Stundenplan) erarbeitet, der die zeitliche Lage und Dauer der Visiten und nachfolgenden Aktivitäten definierte (Abb. 4.4).

Dank des Tagesplans wurde den Beteiligten nun ein klares Zeitfenster für die täglichen Routinetätigkeiten zugeteilt. So war es ihnen viel besser möglich, die anfallenden Tätigkeiten durchzuführen und den Anteil an Abstimmungsaufwand zu reduzieren.

Die Anwendung des Tagesplanes war jedoch kein Selbstläufer, sondern erforderte Disziplin. Eine Sequenz von drei zeitlich aufeinanderfolgenden Stations-Visiten verführte den Chefarzt dazu, in alte Verhaltensmuster zurückzufallen. Wenn die ersten Visiten schneller als geplant verliefen, war es das gewohnte Bestreben, die nachfolgenden Visiten direkt im Anschluss durchzuführen, und so insgesamt schneller mit der Visite fertig zu sein. Diese Vorgehensweise brachte jedoch exakt abgestimmte Prozesse bei der zuletzt terminierten Visite durcheinander und führte somit dort zu Sprinter-Einsätzen. Der gesamte Tagesplan kam auf der letzten Station erneut durcheinander und die Erledigung der Stationsarbeit erforderte einen Extraaufwand. Es musste also geübt werden, etwaig gewonnene Zeitvorteile durch andere Tätigkeiten aufzufüllen, um die angestrebte Gleichmäßigkeit der Prozesse zu erhalten. Tätigkeiten ohne Einfluss auf andere Disziplinen mussten also gefun-

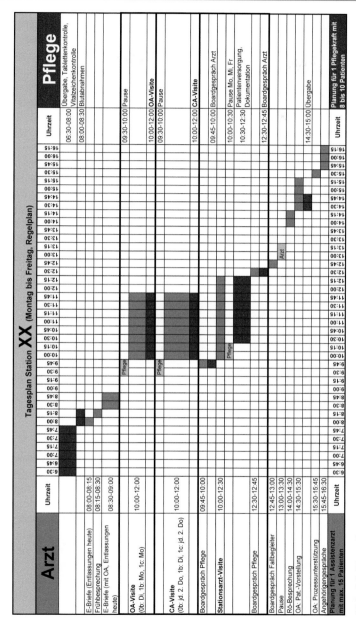

Abb. 4.4 Tagesplan

den werden. Die Antwort lautete beispielsweise: Arztbriefe unterschreiben, Patientendokumentation durchführen, E-Mails lesen oder Befunde durchschauen.

Sollte die Visite mal länger als geplant dauern, wäre die logische Konsequenz, sie an der Nahstelle zu einem Nachbarprozess (also Beginn der 2. Visite) zu unterbrechen und mit der regulären Visite fortzufahren. Selbstverständlich müssten die ausgelassenen Patienten der 1. Station darüber informiert werden, dass sie erst in einer Stunde visitiert werden würden. Das Ergebnis dieser Vorgehensweise wäre eine weitest gehende Gleichmäßigkeit an den Stellen, wo mehrere Prozesspartner aufeinandertreffen (hier Visite) und eine verzögerungsbedingte Störung an Stellen, wo nur einzelne Personen betroffen wären (z. B. die Dokumentationsarbeit im Anschluss an die Visite). Auch würden so möglichst viele Patienten eine pünktliche Visite erfahren.

Die bestmögliche Einhaltung der Zeitpläne erzeugte Ruhe für alle, Gleichmäßigkeit, Vorhersehbarkeit und somit die Möglichkeit zum Joggen. Nur dort, wo Unvorhersehbares bzw. Akutprobleme auftraten, mussten diese jeweils auch sofort gelöst und anschließend im Sinne des Gesamtprozesses wieder zur Routine zurückzukehrt werden. Es werden also in einem optimierten System viele Jogger mit Fähigkeit zum temporären Sprinten benötigt.

4.5   Erbsen oder Melonen – Wie genau muss es sein?

Jeder, der einmal einen Prozess geplant hat, weiß, dass in den unterschiedlichen Projektphasen unterschiedlich detailliert geplant werden muss. Die Frage ist nur, zu welchem Zeitpunkt welcher Detaillierungsgrad der richtige ist. Auch muss entschieden werden, was geplant werden soll, anstatt es im späteren Echtbetrieb auszuprobieren bzw. weiterzuentwickeln.

Ein Gedankenspiel
Das Schwesternzimmer (Raum, in dem die Patientendokumentation durchgeführt und die Patientenversorgung vorbereitet wird) soll optimiert werden. Das aktuelle Zimmer ist mobiliarseitig stark abgenutzt und erfüllt zum Teil die Anforderungen an einen effizienten (verschwendungsarmen) Arbeitsablauf nicht mehr. Dieses Zimmer wird von vielen verschiedenen Personen genutzt. Weiterhin werden mehrere Berufsgruppen und vielleicht sogar der Patient selbst das Zimmer insofern beeinflussen, als sie spezielle Anforderungen an die Ausstattung oder das Aussehen stellen. Um wie viele Personen handelt es sich hier wohl in Summe?

Musterrechnung am Beispiel eines realen Schwesternzimmers
Je vier Stations-Pflegekräfte arbeiten in drei Schichten, multipliziert mit dem Bruttofaktor von 1,2 ergibt 14 Personen. Hinzu kommen die verantwortlichen Stati-

ons- und Oberärzte der Klinik. Da die Ärzte zwischen den verschiedenen Stationen rotieren, handelt es sich um ca. 16 betroffene Ärzte. Das Schwesternzimmer wird weiterhin von den Fallbegleitern, dem Sozialdienst, der Physiotherapie, den Pflegehelfern, dem Transportdienst und den Konsiliarärzten anteilig genutzt. Es kommen also weitere 20 Personen hinzu. 50 Personen haben bis jetzt ein Interesse daran, dass das Schwesternzimmer gut strukturiert ist und den jeweiligen Bedürfnissen gerecht wird. Da das Schwesternzimmer nicht losgelöst vom Krankenhaus agieren kann, müssen jedoch noch weitere Interessen berücksichtigt werden. Die Pflegeleitung, andere Stationsleitungen (als Mitentscheider, wenn das Zimmer einen Modellcharakter haben soll), die Hygieneschwester, der Technikleiter (EDV und Anschlüsse), der Geschäftsführer (als Geldgeber/Entscheider), die Logistikmitarbeiter, die Möbelanbieter und die Lean Manager (als Berater). In Summe sind jetzt mindestens 60 Personen involviert.

► **Bruttofaktor** Der Multiplikator, der verwandt wird, um aus den notwendigen Mitarbeitern am Arbeitsplatz die Anzahl der einzustellenden Mitarbeiter zu bestimmen. Dieser wird durch die Anzahl der Urlaubstage, Krankentage, Fortbildungen und sonstigen Fehltagen bestimmt.

Wie kann ein gutes, funktionales und verschwendungsarmes Schwesternzimmer gestaltet werden, das 60 Personen mit ihren jeweiligen Anforderungen gerecht wird? Wie können sich alle Beteiligten vorstellen, wie es später werden wird? Wie kann möglichst weitreichend verhindert werden, dass es bei der späteren Nutzung des Zimmers zu unvorhergesehen Schwierigkeiten und Problemen kommt?
Nur zwei Lösungen erscheinen praktikabel:

1. Grobplanung mit späterer Anpassung vor Ort: Es wird nur grob vorgeplant und auf dieser Basis die Möbel beschafft. Anschließend wird alles Stück für Stück angepasst, umgebaut, ergänzt, bis die betroffenen Personen zufrieden sind. Der Fokus liegt hier nur auf die großen Themen, den „Melonen".
2. Detailplanung im Vorfeld: Es wird versucht, das zukünftige Schwesternzimmer bereits im Vorfeld möglichst genau zu beschreiben, damit die spätere Inbetriebnahme annähernd reibungslos erfolgt. Alle betroffenen Personen können und sollen mitdenken sowie ihren Beitrag leisten. Neben den großen Themen sind nun auch die kleinen Fragen interessant, da sie in Summe einen wichtigen Beitrag leisten. Es geht also auch um die „Erbsen".

Beide Wege sind möglich, wirken sich aber unterschiedlich auf den aktuellen und späteren Krankenhausbetrieb und die Mitarbeiter aus. Im ersten Fall ist der Planungsprozess kurz und aufwandsreduziert. Relativ schnell können die Möbel beschafft und das Zimmer umgebaut werden. Im zweiten Fall benötigt die Planung mehr Zeit, jedoch ist dafür die Hochlaufphase (die Zeitspanne, die vergeht, bis der neue Prozess in eine stabile Routine überführt worden ist) kurz und der Problembeseitigungsaufwand im Echtbetrieb gering. Die beiden Varianten unterscheiden sich also durch unterschiedliche Aufwände und Belastungen in den verschiedenen Projektphasen. Begleitend zu diesen beiden Vorgehensweisen kommen – unabhängig vom gewählten Ansatz – noch zwei Grundprobleme hinzu.

Problem 1: Erhöhter Zeitbedarf

50 Personen wollen und müssen täglich in dem neuen Zimmer arbeiten, erhalten jedoch keine Extrazeit oder Zusatzpersonal zur sukzessiven Gestaltung, Planung und Realisierung des Zimmers parallel zur eigentlichen Arbeit. Welches Chaos wird für die Personen entstehen, wenn das Zimmer auf Basis einer zuvor erfolgten Grobplanung Stück für Stück angepasst, umgebaut und optimiert werden wird? Auf der einen Seite müssen sie die tägliche Arbeit erledigen und auf der anderen Seite mit den unklaren, sich täglich ändernden Umsetzungsständen des neuen Schwesternzimmers klarkommen.

Problem 2: Veränderungsbelastung

Veränderung kostet Kraft, macht Angst, nimmt Routine und führt in Folge der erhöhten Belastung zu Fehlern oder Folgeproblemen. Dieser Zustand des Sich-an-den-neuen-Zustand-Anpassens ist für alle Personen ein unangenehmer Zustand. Erst wenn der neue Zustand geübt und zur Routine geworden ist, tritt die notwendige Ruhe wieder ein. Diese Ruhe wird jedoch benötigt, um dauerhaft die hohe Arbeitsleistung in einem Krankenhaus zu erbringen.

Als Folge dieser beiden Grundprobleme scheint Lösung 1 „Grobplanung mit Anpassung vor Ort" nur dann noch praktikabel zu sein, wenn im Alltagsgeschäft genügend Ressourcen und Kapazitäten zur Verfügung stehen oder das Krankenhaus gerade eine geringe Belegungszahl hat. Ist dies nicht der Fall, sollte Lösung 2 „Detailplanung im Vorfeld" angewandt werden. Es muss alles Menschenmögliche getan werden, um das neue Zimmer so schnell wie möglich wieder in den Alltagsprozess zu überführen. Dafür muss das ganze System – Arbeitsplätze sind immer mehr als ein Einzelprozess – im Vorfeld detailliert betrachtet und möglichst genau geplant werden. Selbst wenn das neue Zimmer optimal gestaltet wurde und alle Beteiligten zuvor involviert waren, bleibt das nicht zu unterschätzende Problem der Umgewöhnung für die Mitarbeiter erhalten. Das allein ist für viele Personen schon eine echte Herausforderung und kann eine Belastung für eine gute Patientenversorgung sein. Im Sinne der Mitarbeiter und Patienten werden die Prozessoptimierer zu Erbsenzählern, denn jede Erbse ist interessant und leistet ihren Beitrag.

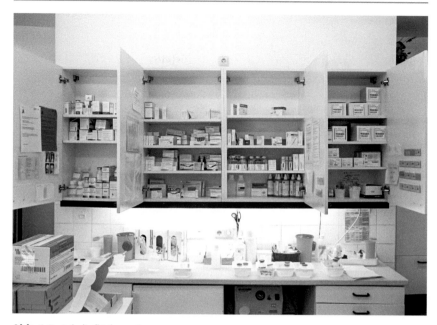

Abb. 4.5 Arbeitsfläche vorher

Eine bewährte Methode zur Verbindung und Beteiligung von vielen verschiedenen Personen und zur genauen Planung im Vorfeld – also Verfolgen des Ansatzes
„Detailplanung" – ist die sogenannte Simulation bzw. Kartonsimulation.

▶ **Simulation** Ist eine Methode zur möglichst realistischen Abbildung eines zukünftigen Prozesses, um an diesem Abbild im Vorfeld Erfahrungen sammeln zu
können.

Bei dem bereits beschriebenen Optimierungsprojekt „Schwesternzimmer" wurde
der Ansatz „Detailplanung" in zwei Schritten realisiert. Im Rahmen eines ersten
Verbesserungs-Workshops wurde das aktuelle Schwesternzimmer optimiert. Dabei
wurde die Methode „5S-Workshop" angewandt. Diese besteht aus den Schritten:
Sortieren, Systematisieren, Säubern, Standardisieren und Selbstdisziplin. Als Ergebnis dieser Methode soll ein verschwendungsarmer, optimaler Arbeitsplatz entstehen, der dann auch dauerhaft in diesem Zustand erhalten bleibt.
     Das Schwesternzimmer (Beispielschrank Abb. 4.5) wurde gemäß der Schrittfol-
ge der 5S-Methode erst von überflüssigem Material befreit (Abb. 4.7). Anschlie-

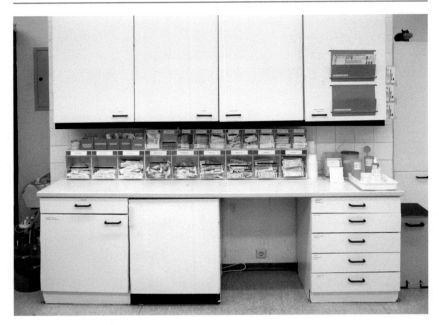

Abb. 4.6 Arbeitsfläche nachher

ßend wurden alle Arbeitsmittel gereinigt und neu angeordnet (Abb. 4.6, Arbeitsfläche ist nun strukturiert und mit Pickboxen versehen). Ferner wurden Regeln für
die Anordnung der einzelnen Arbeitsmittel vereinbart und im letzten Schritt regel-
mäßige Kontrollen (checklistenbasiert) zum Erhalt des Zustandes terminiert und
durchgeführt. Im Ergebnis konnten Verbrauchsmaterial, Schrankfläche und Wege
(Abb. 4.8) reduziert werden.

▶ **Spaghetti-Diagramm** Ist eine Laufwegedarstellung, bei der die Wege einer
Person im Prozess visualisiert werden. Ziel dieser Darstellung ist es, den Pro-
zess so zu gestalten, dass der Mitarbeiter möglichst wenig Wege hat und sich alle
Arbeitsmittel in seinem direkten Zugriff befinden.

Diese intensive Auseinandersetzung mit dem aktuellen Schwesternzimmer war
nun die Grundlage für den zweiten Optimierungsschritt. Das Mobiliar sollte be-
darfsgerecht verändert und Laufwege, Arbeitssicherheit, Ergonomie und Hygiene-
bedingungen verbessert werden.

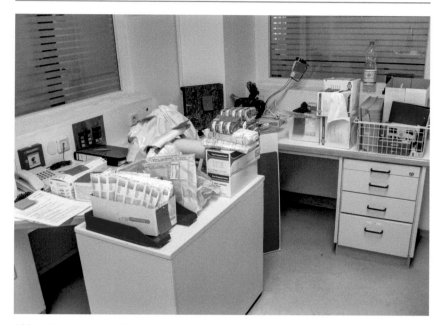

Abb. 4.7 Aussortiertes Material

Im Anschluss an eine übliche Layoutplanung auf dem Papier wurde das Schwesternzimmer im Rahmen einer Simulation aufgebaut und mit den verschiedenen Personen (ca. 30 Vertreter der oben genannten 60 Personen) durchgesprochen, erlebt, ausprobiert und optimiert (Abb. 4.9, 4.10, 4.11, 4.12, 4.13, 4.14).

Auf Basis dieser sehr genauen Planung wurde anschließend das Schwesternzimmer zielsicher realisiert und gleichzeitig die beiden Grundprobleme „erhöhter Zeitbedarf" und „Veränderungsbelastung" minimiert.

Die in der Planungsphase beteiligten Personen waren begeistert, wie klar sich das neue Zimmer für sie bereits im Vorfeld darstellte. Durch Erprobung konnten sowohl ihre Bedenken ausgeräumt als auch neue Probleme bereits im Vorfeld identifiziert und beseitigt werden. Die Hygieneschwester formulierte es so: „Es war das erste Mal, dass ich den Arbeitsplatz sehen und durchsprechen konnte, bevor er da war!" Beteiligung bedeutet Motivation und Wertschätzung, und Motivation ist die Basis eines jeden Dienstleitungsprozesses.

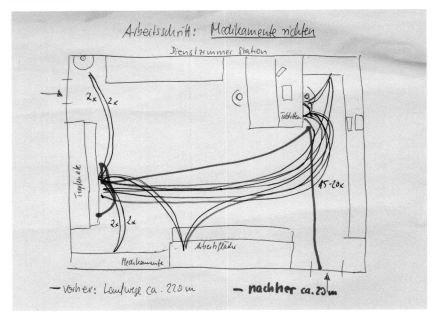

Abb. 4.8 Spaghetti-Diagramm

Zusammenfassung

Jeder neue Prozess muss erarbeitet, umgesetzt und in den betrieblichen All-
tag überführt werden (Hochlauf). Dies bedeutet für alle Beteiligten eine große
Kraftanstrengung. Um einerseits die Güte des neuen Prozesses möglichst hoch
und andererseits die Belastung für die Mitarbeiter möglichst gering zu halten,
macht es durchaus Sinn, sich detailliert mit dem Gesamtprozess auseinanderzusetzen. Es geht demnach nicht nur um die groben Schritte (die Melonen), sondern auch um die vielen kleinen Details (die Erbsen). Jede einzelne Erbse stellt
für die Mitarbeiter in der täglichen Praxis eine gewisse Wichtigkeit dar oder
kann beim Fehlen zu Problemen führen. Um einen ausreichenden Rahmen zur
Ermittlung der vielen Details zu schaffen, bietet sich die Methode Simulation
an. Dort können sowohl der Prozess genau erarbeitet als auch die Mitarbeiter
beteiligt und trainiert werden. Der neue Arbeitsablauf (Prozess) wird somit sehr
schnell zur neuen betrieblichen Praxis.

Abb. 4.9 Arbeitsfläche rein

Abb. 4.10 Büroarbeitsplatz

Abb. 4.11 Unterschrank

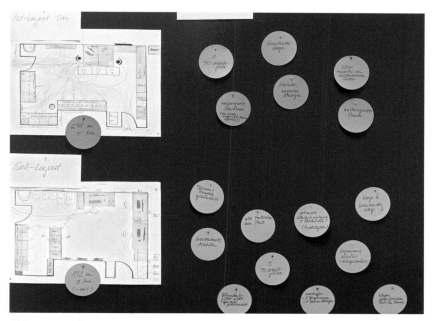

Abb. 4.12 Vorher-Nachher-Vergleich

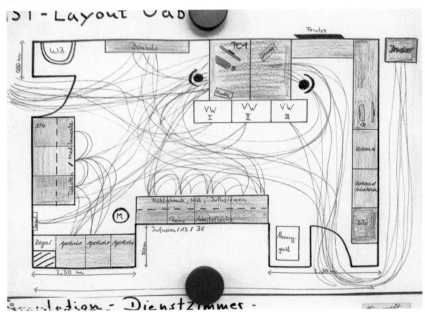

Abb. 4.13 Laufwege vorher

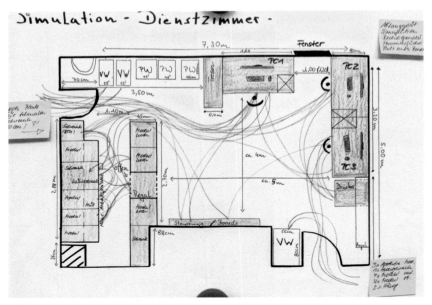

Abb. 4.14 Laufwege nachher

4.6   Kopf oder Bauch – Wonach will ich mich richten?

Ein wichtiges Bedürfnis des Kopf-Menschen ist die Transparenz bzw. das Sehen-Können. Dabei wirkt das Wort Transparenz beim ersten Lesen eher unscheinbar und wird damit seiner zentralen Bedeutung im Kontext von Lean nicht gerecht. Wann immer Prozesse verbessert werden sollen, ist die Erzeugung der Transparenz der erste und wichtigste Schritt. Sie soll die Basis für eine erfolgreiche Verbesserungsarbeit schaffen und dabei möglichst alle Prozessbeteiligten einbinden. Wie weit die erzeugte Transparenz dabei geht, ist vom jeweiligen Bereich bzw. von der jeweiligen Firma abhängig. So kann beispielsweise im Produktionswerk der Firma Smart in Hambach (Frankreich) von allen Büros aus auf den Marktplatz (zentrale Nacharbeitsfläche) der Produktion gesehen werden. Alle unterstützenden Bereiche sollen erkennen, ob zurzeit Probleme existieren oder nicht. Am Haupteingang des Mercedes-Werks in Tuscaloosa (USA) werden die aktuellen Kennzahlen „Tage ohne Unfall" und die „Anzahl der aktuell produzierten Fahrzeuge" angezeigt. Im Verwaltungsgebäude des Martin-Luther-Krankenhauses in Berlin sind direkt im Flur neben dem Aufzug aktuelle Kennzahlen der Verwaltungsbereiche (Durchlaufzeit, Vertragsquote, Bearbeitungszeit Beschwerden etc.) ablesbar. Alle drei Beispiele zeugen von einer offenen Informationskultur. Sie will zur Diskussion einladen und den jeweiligen Kunden oder Besuchern einen Einblick in die Prozessgüte gewähren.

Neben diesen Varianten der öffentlichkeitswirksamen Information stellen auch Kennzahlencharts mit Ist- und Soll-Darstellung, Problemlösungsblätter, Mitarbeiter-Übersichtsboards, Kundenzufriedenheitsbefragungen u. v. m. Maßnahmen zur Transparenz dar. Stets sollen viele Personen informiert, Abweichungen aufgezeigt und notwendige Gegenmaßnahmen ermöglicht bzw. eingeleitet werden. Transparenz ist die Basis jeglicher Verbesserungsarbeit.

Transparenz

- ermöglicht Sachlichkeit in Diskussionen aufgrund von Zahlen, Daten, Fakten,
- schafft Informationen für alle, da sie offengelegt sind,
- ermöglicht Verbesserungsarbeit, da der Ist-Zustand verdeutlicht ist und somit Handlungsfelder klar erkannt werden,
- ist eine Säule des Shopfloor Managements,
- schafft Beteiligung durch Information,
- stärkt Teamarbeit,
- schafft Offenheit durch allgemeine Verfügbarkeit von Informationen,
- ermöglicht Erfolge zu feiern, da Erreichtes erkennbar ist,
- ermöglicht Führung losgelöst vom sogenannten „Bauchgefühl",

- spart Zeit bei der Informationsbeschaffung,
- reduziert Verschwendung in Form von Such- und Wartezeiten,
- erzeugt häufig schon aus sich selbst heraus erste Erfolge bei der Verbesserungsarbeit, da die Anonymität der Information verloren geht. Zudem fühlen sich die Mitarbeiter durch die Informationsoffenheit angespornt, besser zu werden.

Transparenz ist demnach das zentrale Werkzeug bei der Prozessverbesserung und ist dem Agieren auf Basis von Bauchgefühlen oder Meinungen auf lange Sicht überlegen. Die Aussage eines Geschäftsführers nach langjähriger Auseinandersetzung mit dem Thema Lean verdeutlicht dies: „Ich wusste noch nie so viel wie heute! Die Transparenz ist zum Teil erschreckend!"

Ein Beispiel
Im Aufnahme- und Sprechstundenzentrum (ASZ) sollen die Patienten innerhalb von 140 min vom Empfang über die Stationen Administration, Pflege und Chirurg bis hin zur Anästhesie geleitet werden. Hierfür wurde der Bereich sowohl baulich als auch ablauftechnisch neu gestaltet und optimiert. Eine Überprüfung der Zielerreichung war nur durch Erzeugung der notwendigen Transparenz über den Ist-Zustand des neuen ASZ möglich. Erst in der Folge ließen sich notwendige Korrekturmaßnahmen ableiten, Erfolge feiern und sinnvolle Diskussion zu notwendigen Veränderungen mit den Mitarbeitern führen. Ohne Transparenz müssten Gefühle, Meinungen, Behauptungen und Vermutungen über die aktuelle Lage ausgetauscht werden. Die fehlende Objektivität würde eine harmonische Zusammenarbeit gefährden und Verschwendung sowohl in der Kommunikation als auch der Prozessverbesserung erzeugen. Aus diesem Grund wurde die Idee des Shopfloor Managements aufgegriffen und implementiert.

Für die Säule „Transparenz" als Teil des Shopfloor Managements bedeutet dies, dass die Durchlaufzeit der Patienten täglich verfolgt und in einem Chart vor Ort für alle sichtbar festgehalten wird (Abb. 4.15 mit Mittelwert und Standardabweichung).

Die Kennzahl Durchlaufzeit ist eine Grundlage für die Besprechung am Nachmittag zum Ende des Arbeitstages. Dabei wird gemeinsam der Tag reflektiert: Gute und schlechte Ereignisse werden besprochen, die aktuelle Durchlaufzeit im Hinblick auf das Ziel diskutiert und etwaige Maßnahmen abgeleitet, um bei Zielverfehlung den Prozess zu verbessern. Eine sachliche Diskussion wird durch die Transparenz gefördert.

Neben diesen eher organisatorisch geprägten und führungstechnischen Anteilen der Transparenz, im Vergleich zum Agieren auf Basis von Gefühlen, existiert noch eine Vielzahl von einfachen, wie prinzipiellen Elementen der Transparenz. Hierzu zählen:

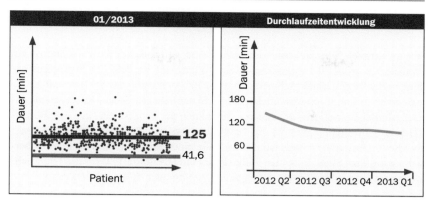

Abb. 4.15 Tägliche Durchlaufzeit und Langzeitverlauf der DLZ

- *Farben* zur Unterscheidung von Bereichen, Gruppen und Prozessen,
- *Markierungen* auf Böden, Möbeln oder Dokumenten, um Orte festzulegen,
- *Begrenzungen* von Flächen, Bereichen und Arbeitsmitteln zur Ordnung und Übersichtlichkeit,
- *Signalisierungen* von Status zur Veranlassung von Reaktionen,
- *offene Gestaltung* von Bereichen durch Glasausschnitte, fehlende Wände, offene Türen etc.

Die Intension dieser Elemente ist jeweils, den Zustand eines Prozesses sofort erkennbar zu machen und Suchaufwand, Fehler und Irritationen zu vermeiden. Wenn beispielsweise die Warteräume der verschiedenen Fachdisziplinen farblich unterschiedlich gestaltet sind, kann dem Patienten leicht erklärt werden, wohin er gehen soll. „Bitte setzen Sie sich in den grünen Wartebereich! Dort werden Sie aufgerufen!". Er wird somit nicht verloren in einem falschen Bereich sitzen und sich wundern, warum sich keiner um ihn kümmert. Er geht direkt in den grünen Bereich. Das Gleiche gilt für Markierungen am Arbeitsplatz. Wenn die Blutproben stets an einer zuvor markierten Stelle stehen, werden sich alle Prozessteilnehmer darauf verlassen können und sie nicht suchen müssen. Glasausschnitte in Türen von Büros ermöglichen eine Sicht auf die Situation im Flur vor dem Raum. Sie verhindern somit, dass der Mitarbeiter im Raum nicht mitbekommt, wenn außerhalb die Patientenanzahl steigt und wird selbst nicht durch türöffnende-Patienten gestört, die nur schauen wollten, ob das Zimmer frei ist.

Transparenz hilft allen, sich schnell und sicher zu informieren. Transparenz schafft Stabilität und Sicherheit.

4.7   Aktion oder Reaktion – Brauche ich einen Plan?

Wie im Kapitel „Was ist Lean" dargestellt, sind schwankende Prozesse immer ein Problem. Je größer die Schwankung eines Prozesses ist, desto mehr Verschwendung verbleibt dauerhaft im System. Sie tritt bei Auslegung des Systems auf Maximalbedarf in Form von Vorhaltekapazität, Sicherheitsbeständen, Reservepersonal oder Ähnlichem auf. Auf der anderen Seite kann der Prozess bezogen auf die auftretende Schwankung auch zu eng bzw. zu knapp ausgelegt worden sein (kleiner als Maximalbedarf). Dann entstünde im Falle einer auftretenden Spitze eine Überlastung des Prozesses. In beiden Fällen bleibt ein Handlungsfeld für das Unternehmen übrig, entweder Verschwendungsreduzierung oder Spitzenabsicherung.

Ein Beispiel
Im Bereich des OP treten immer wieder die folgenden Herausforderungen auf:

• Jeder Patient benötigt eine individuelle OP-Zeit.
• Es gilt eine Vielzahl von Parametern bei der OP-Planung zu beachten (Chefarztbehandlung, Patientenalter, Dringlichkeit, Keime, Verfügbarkeit der Siebe und Geräte, Ausbildungsstand der Operateure etc.).
• Notfälle unterminieren das OP-Programm.

Die resultierende Schwankung der pro Tag durchgeführten Operationen führt dazu, von den Patienten zu verlangen, sich flexibel bereit zu halten und unter Umständen mehrere OP-Verschiebungen hinzunehmen. Da sich die Patienten in einer gefühlten oder tatsächlichen Notsituation befinden, akzeptieren sie die Verschiebungen und hoffen, dass sie bald an der Reihe sind. Die ihnen gegenüber formulierte Argumentation bei OP-Verschiebungen lautet, dass Notfälle nie vorhersagbar seien und die genannte OP-Zeit stets nur geschätzt werden könne, da jeder Patient anders bzw. individuell sei. Dies klingt logisch und nachvollziehbar und so nehmen die Patienten es hin. Von den anderen Themen wie fehlende Siebe, ungenaue Planung, Chefarztprioritäten etc. wissen sie zum Glück nichts. In der Außendarstellung berichtet die Abteilung wahrscheinlich stolz von ihrer Flexibilität (Reaktionsfähigkeit), da sie doch jeden Tag das Unmögliche möglich macht und auf die täglichen Probleme stets gut regiert.

• Ist das Patientenorientierung?
• Ist das verschwendungsarm?
• Ist das auf Dauer für die Mitarbeiter erträglich?

Wahrscheinlich kostet diese reaktive Vorgehensweise bei allen Beteiligten sehr viel Kraft, führt zu Überstunden, beeinträchtigt durch Mehrarbeit das Privatleben und enttäuscht Patienten.

Für Lean-Kenner ist oben genannte Argumentation der Flexibilität zu einfach. Sie fragen: „Warum sind eventuell die Siebe nicht verfügbar? Warum stören Chefarztpatienten die geplante Reihenfolge? Warum machen Notfälle den gesamten OP-Plan kaputt?"

Es braucht viel mehr Kraft, Prozesse zu stabilisieren und verlässlich zu planen, als sich hinter den vielen Erklärungen und Problemen zu verstecken. Auch wenn jeder Patient individuell ist, stellt sich die Frage, was trotzdem bei jedem gleich ist. Also muss das Gleiche im Ungleichen, das Muster im Chaos bzw. der kleinste gemeinsame Nenner gesucht werden. Wenn dieser gefunden ist, gilt es, ihn zu regeln, zu standardisieren und anschließend als Basis für die zukünftige Planung zu verwenden.

Ein Beispiel aus der OP-Planung
Eine Analyse der Notfälle in der Chirurgie ergab folgendes Bild (Abb. 4.16). Im Mittel kommen täglich 3 Notfälle in den OP. Die Streuung beträgt acht. Lediglich an 19 Tagen im Jahr kam kein Notfall ins Haus.

An 231 Tagen im Jahr wurde also mindestens ein Notfall, im Mittel sogar drei Notfälle täglich versorgt. Ein Blick auf die OP-Kennzahl „OP-Planungsstabilität" (in wie vielen Fällen ist der OP-Plan, wie am Vortag um 15 Uhr geplant, umgesetzt worden) zeigt, dass im Mittel nur 65 % der Operationen dem am Vortag erstellten

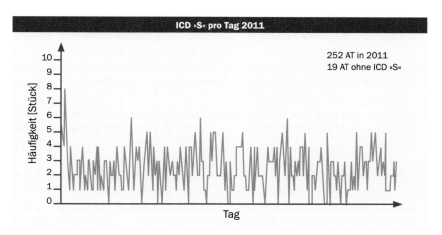

Abb. 4.16 Verlauf Notfälle 2011

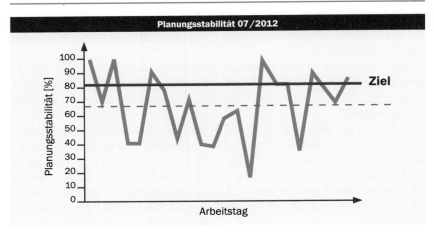

Abb. 4.17 OP-Kennzahl „Planungsstabilität" vor Projekt

Plan folgen (Abb. 4.17). Zur Verbesserung der Quote müssen also mehr vorhandene Informationen in die Planung in Form von Regeln übernommen werden.

Die vom Projektteam zuvor benannten Herausforderungen (individuelle Patientenzeit, Informationsfluss und Notfälle) wurden diskutiert und versucht, mögliche Gegenmaßnahmen zu definieren. Die individuelle Patientenbehandlungszeit wurde dabei nicht betrachtet, da diese außerhalb der Beeinflussbarkeit des Krankenhauses liegt. Die beiden übrigen Herausforderungen wurden durch die nachfolgenden Gegenmaßnahmen angegangen:

• Verbesserung des Informationsprozesses: Das Wissen über den Patienten, seine Besonderheiten und die handelnden Personen erhöhen und in die OP-Planung einfließen lassen (Patientenalter, mögliche Keime, ungewöhnliches Übergewicht, geschätzte OP-Zeit u. Ä.)
• Vorhalten von Leerslots für Notfälle: Einplanung von Leerslots an geeigneter Stelle zur Aufnahme der zu 92 % (231 von 250 Tagen) sicher anfallenden Notfallbedarfe

Die schnellste und einfachste Maßnahme war das Sammeln aller Informationen auf einem Laufzettel und deren Bereitstellung bei der OP-Planung. Dies führte sofort zu einer Erhöhung der OP-Planungsstabilität auf 75 % (Abb. 4.18). Ob dies an den Informationen selbst oder der gestiegenen Sensibilität aller Beteiligten für das The-

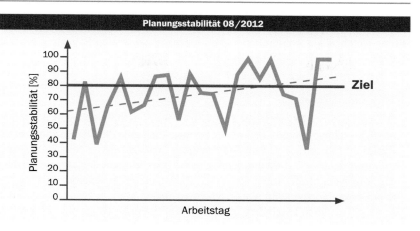

Abb. 4.18 Kennzahl „OP-Planungsstabilität" nach Einführung Laufzettel

ma lag, kann nicht sicher gesagt werden. Wichtig für den Patienten und für die Mitarbeiter war die erzielte Wirkung. Sofort wurden weniger Operationen verschoben.

Im weiteren Projektverlauf konnte die OP-Planungsstabilität auf durchschnittlich 87 % gesteigert werden.

Nach Analyse der notwendigen Notfall-OP-Zeit wurde ferner beschlossen, täglich zwei Leerslots für Notfälle im OP-Plan vorzuhalten zwei Stunden am Nachmittag (Abb. 4.19).

Dies wirkt zweifach. Notfälle führen, sofern sie nicht zufällig in der Zeit des Leerslots eintreffen, zu einer geringen zeitlichen Verschiebung, da die Kapazität

Schematischer OP-Plan					
	Mo	**Di**	**Mi**	**Do**	**Fr**
08:30	leichte OP	leichte OP	leichte OP	leichte OP	leichte OP
09:30					
10:30					
11:30					
12:30	Leerslot	Leerslot	Leerslot	Leerslot	Leerslot
13:30					
14:30					
15:30					
16:30	Reserve	Reserve	Reserve	Reserve	Reserve

Abb. 4.19 OP-Plan mit Leerslots

bereits vorhanden ist. An den wenigen Tagen im Jahr (hier 19 Tage), wo kein Notfall ins Krankenhaus kommt und keine kurzfristig abrufbaren Patienten im Haus verfügbar sind, ist das OP-Programm früher als geplant fertig.

Zusammenfassung

Die vorhandenen Informationen müssen so weit wie möglich genutzt werden, um Schwankung aus dem Prozess zu nehmen. Eine gute Planung (Aktion anstatt Reaktion) mit intensiver Problemlösung und nachgelagerter Standardisierung ist immer der erste Schritt und somit einem Flexibilitätsansatz vorzuziehen. Nur das, was nach harter Arbeit und inhaltlich intensiver Auseinandersetzung mit dem Gesamtprozess nicht planerisch eingearbeitet bzw. berücksichtigt werden kann, gilt es durch Flexibilität auszugleichen. In diesen Fällen sind Flexibilität und Notfallkompetenz gefragt und notwendig. Die Gewinner einer primär aktiven und reduzierten reaktiven Vorgehensweise sind:

3. die Patienten,
4. die Mitarbeiter und
5. im Ergebnis das Unternehmen,

also alle Beteiligten! Gleichmäßigkeit schafft Vorhersehbarkeit und verhindert Über- oder Unterforderung. Die vorhandenen Informationen wurden und werden zum Wohle der Beteiligten genutzt.

4.8   Bleistift oder PC – Wie modern soll es sein?

Wer Prozesse verbessern will, stößt mit hundertprozentiger Sicherheit auf die EDV. Dies ist klar und nachvollziehbar, da sich unsere gesamte Gesellschaft innerhalb der vergangenen 20 Jahre von Papier- und Von-Hand-Prozessen Richtung elektronischer Prozesse entwickelt hat. Briefe besitzen schon fast nostalgischen Charakter, die elektronische Verifizierung über akkreditierte Mailprozesse, der Echtzeitzugriff auf alle persönlichen Daten über Smartphones oder die sogenannte Cloud revolutionieren sowohl den Handels- als auch Kommunikationsprozess. Informationen sind überall jederzeit abrufbar. Wissen ist nicht mehr Teil der Erfahrung oder das Ergebnis einer langjährigen Ausbildung, sondern zum Teil das Ergebnis einer geschickten Suchanfrage im Internet.

Diese Revolution ist jedoch im Bereich der Arbeitswelt noch bei Weitem nicht so weit vorangeschritten. Dort ticken die Uhren ein wenig langsamer. Es kann durchaus vorkommen, dass zu Hause bereits Windows 8 auf den Rechnern läuft und am Arbeitsplatz noch Windows XP seinen Dienst verrichtet. Unternehmen sind da im Allgemeinen sehr sehr konservativ.

Die verantwortlichen IT-Betreuer denken dienstlich anders als privat, denn:

- Die Unternehmenssystemwelt hat eine große Auswirkung auf die Kosten und die Sicherheit.
- Ausfälle können das gesamte Unternehmen gefährden.
- Das falsche Zusammenspiel der Systeme birgt stets eine Gefahr.
- Die Software ist häufig so komplex, dass eine IT-Betreuung vor Ort nur aus Störungsaufnahme und Weiterleitung besteht und lediglich in einfachen Fällen Störungen auch selbst behoben werden können.
- Jede Systemänderung, Neubeschaffung oder Softwareaktualisierung erfordert eine Schulung der Mitarbeiter und erhöht den Betreuungsaufwand merklich.
- „Never change a running system" und „Eigentlich müsste es funktionieren" sind häufig formulierte Aussagen im Bereich der EDV. Nicht, weil irgendjemand nicht will oder darf, sondern weil die gesamte EDV darauf beruht, dass sich jemand im Vorfeld überlegt hat, was es für mögliche Fälle geben kann, was dann passieren soll und wo was gebraucht wird. Alles ist vorgedacht und funktioniert auch nur genau in diesen Fällen. Die EDV ist nicht adaptiv oder selbstreflektierend.

Diese Diskrepanz zwischen Privatleben und Arbeitswelt erzeugt bei den Mitarbeitern den Wunsch nach einer besseren EDV. Egal, worum es sich bei der aktuell durchgeführten Verbesserungsaktivität handelt, irgendwann bringt ein Mitarbeiter die Idee ein, die EDV zu verbessern, ein Programm zu kaufen, sich eine Anwendung programmieren zu lassen oder einfach bessere Hardware anzuschaffen. Ideen, die auf Papier, Bleistift, Flipcharts, Boards, Magneten etc. basieren, werden belächelt und aufgrund des zu hohen Arbeitsaufwandes von den Mitarbeitern abgelehnt. Gleichzeitig regt sich jedoch jeder über die aktuelle EDV auf, gleich, welchen Standes sie ist: Sie ist zu langsam, sie ist falsch, sie fehlt, sie funktioniert nicht oder sie kann die eigenen Wünsche nicht erfüllen. Die Hardware dagegen hat das falsche Format oder ist veraltet. Im Störungsfall kommt keine oder zu späte Hilfe, und die Mitarbeiter fühlen sich alleine gelassen. Ferner können die Daten nicht zu Hause genutzt werden, weil die Systeme nicht kompatibel sind: „… die EDV ist eine Katastrophe, so kann man nicht arbeiten."

Bei der aktuellen Verbesserungsaktivität geht es den Beteiligten nun darum, den Arbeitsaufwand zu reduzieren (Papier, Bleistift, Flipcharts, Boards, Magneten etc.). Vermeintlich wird die EDV-unterstützte Variante selbstverständlich besser sein als jegliche manuelle Variante (wie gesagt, der Arbeitsaufwand ist zu hoch). Und natürlich wird es in diesem Fall ausnahmsweise funktionieren, und alle werden zufrieden sein, so die Hoffnung. Das ist unlogisch. Alle anderen EDV-Lösungen sind genau mit demselben Bedürfnis entstanden.

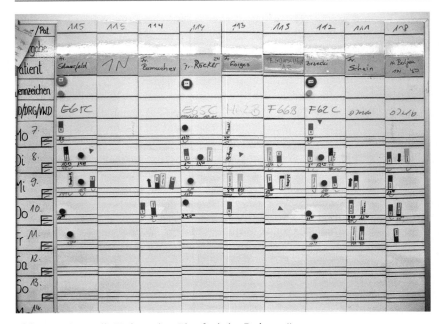

Abb. 4.20 Manuelle Variante des „Plan für jeden Patienten"

Wie auch in anderen Kapiteln beschrieben, ist die Verbesserungsarbeit von
schnellen, kleinen, günstigen und einfachen Schritten geprägt. Es soll sofort etwas
probiert, bestätigt oder verworfen und anschließend verbindlich für alle Mitarbeiter festgeschrieben werden. Die Mitarbeiter sollen bei der Lösung beteiligt werden
und später als Multiplikator für die Kollegen fungieren. Die EDV hat hierbei ihre
Grenzen. Sie ist nicht schnell umsetzbar, kann meist keine kleinen Schritte voll-
ziehen, ist schwer auszuprobieren und hemmt den kontinuierlichen Verbesserungsprozess (KVP), da sie entweder zu teuer bei Änderungen ist oder auf Experten-
wissen basiert. Aus diesem Grund muss bei der Verbesserungsarbeit erst einmal
vorsichtig mit ihr umgegangen werden.

Eine stark vereinfachte Beispielrechnung zum Thema Arbeitsaufwand
Das bereits im Abschn. 2.2 beschriebene Stationsboard („Plan für jeden Patienten") wurde in einem Workshop inhaltlich erdacht und anhand von Whiteboard und
Klebezetteln entworfen und ausprobiert. Die Zeit für den konzeptionellen Prozess
wird in der nachfolgenden Rechnung nicht betrachtet, da sie sowohl bei der manuellen als auch EDV-Lösung der erste Schritt war bzw. sein sollte. Abbildung 4.20
zeigt diese manuelle Variante.

Im Anschluss an die Konzeptionsphase wurde der Prototyp des Stationsboards (Whiteboard mit Klebezetteln) professionalisiert. Hierfür wurden Magnetschilder für die Untersuchungen erstellt, das Whiteboard mit einem Raster versehen, Symbolmagnete und Patientenschilder beschafft, auswechselbare Streifen für die Zimmer erstellt, und vieles mehr. In Summe bedeutete dies etwa 20 h Fleißarbeit für das Lean-Team. Annähernd dieselbe Zeit wurde für das zweite Board der Nachbarstation aufgewandt. Als Schulungsaufwand kamen acht Stunden (16 mal 30 min pro Mitarbeiter) je Board hinzu. Der tägliche Pflegeaufwand der Patientendaten betrug 1,5 h je Board. Der Betreuungsaufwand für Verschleiß und Reparatur beträgt ca. 20 h im Jahr. Bei einer angenommenen Lebensdauer von fünf Jahren kommen in Summe 2865 h je Board zusammen. Die Materialkosten je Board beliefen sich auf ca. 1500 €.

Die Mitarbeiter beschwerten sich schnell über den Pflegeaufwand der Patientendaten und verlangten nach einer EDV-Lösung (siehe Abb. 4.21).

Das Lean-Team musste also ein Lastenheft erstellen (drei Stunden), Firmen recherchieren (drei Stunden), Angebote einholen (eine Stunde), diese vergleichen und zur Entscheidung bringen (vier Stunden) und die Zimmer mit Strom und Datenleitung versorgen lassen (acht Stunden). Die Schulung der Mitarbeiter dauerte acht Stunden (16 mal 30 min pro Mitarbeiter). Der tägliche Pflegeaufwand betrug 30 min je Board. Der Betreuungsaufwand für Verschleiß, Reparatur oder Softwareproblemen beträgt zehn Stunden im Jahr. Bei einer angenommenen Lebensdauer von fünf Jahren kommen in Summe 989 h je Board zusammen. Dazu addieren sich Investitionskosten von 80.000 € Programmierung und 20.000 € Anschaffung je Board.

Bei angenommenen 20 € Lohnkosten pro Stunde der Mitarbeiter entspricht die Investitionssumme 4000 und die Boardkosten 1000 Mitarbeiterstunden.

Vergleich bei Anschaffung von sechs Boards (Anzahl der Stationen):

6×2865 h Pflegeaufwand $+ 75$ h Investitionsäquivalent $= 17.265$ h für die manuelle Variante

6×989 h Pflegeaufwand $+ 10.000$ h ($4000 + 6$ mal 1000) Investitionsäquivalent $= 15.934$ h für die EDV-Lösung

Differenz $= 1.331$ h

Im Ergebnis hat demnach die EDV-Lösung eine Ersparnis von ca. einem Mitarbeiterjahr erwirtschaftet, und die Entscheidung war deshalb richtig.

Was bei dieser Rechnung jedoch nicht betrachtet wurde, ist die hemmende Wirkung der EDV-Variante. Mit dem Wissen der hohen Programmierungskosten war die Erwartungshaltung der Geschäftsführung klar, dass auf allen Stationen dieselbe Lösung umgesetzt wird. Nur so kann die ausgewiesene Ersparnis erwirtschaftet werden.

Abb. 4.21 EDV-Variante des „Plan für jeden Patienten"

Bei der weiteren Projektarbeit ergab sich folgendes Bild: Die drei internistischen Stationen können alle mit derselben Lösung gut arbeiten. Die zwei chirurgischen Stationen wären mit einer einfacheren Lösung auch zufrieden, könnten den Standard jedoch übernehmen. Die gynäkologische Station benötigt eine viel einfachere und abgewandelte Lösung. Sowohl die chirurgischen als auch die gynäkologischen Stationsmitarbeiter lehnen den Standard jedoch insofern ab, als sie bei der Erstellung nicht dabei waren und ihn deshalb nicht als die eigene Lösung ansehen. Es gab viel Diskussionen, Ablehnung und Unsicherheit. Die Grundanforderung der Beteiligung beim KVP war somit nicht erfüllt.

Auch trat der Effekt ein, dass mit der Realisierung der EDV-Lösung alle weiteren individuellen Anstrengungen der Stationen zur Veränderung und Verbesserung durch den EDV-Standard unterbunden wurden. Dieser typische Effekt tritt fast immer bei einer technischen Lösung ein. Alle wissen um die hohen Änderungskosten, die lange Umsetzungsphase und das Risiko. Somit wird das System in der bestehenden Variante weiter betrieben und etwaiges Verbesserungspotenzial nicht realisiert. Der KVP ermüdet bzw. wird gestoppt.

Zusammenfassung

Die EDV nimmt einen wichtigen und stets steigenden Stellenwert in unserem Leben ein. Viele Dinge haben sich enorm vereinfacht und gehen erheblich schneller als früher. Dies ist wichtig, notwendig und nicht aufzuhalten. Leider hat sich in diesem Zusammenhang auch die Komplexität erhöht, sodass an vielen Stellen die Zusammenhänge und Auswirkungen gar nicht mehr überblickt werden können. Im Verbesserungsprozess werden schnelle, einfache und beherrschbare Lösungen benötigt. Diese können in den meisten Fällen nicht durch die EDV bereitgestellt werden. Der Start in der Verbesserungsarbeit ist also stets manuell, das heißt mit Papier, Stift, Magneten etc. Nachdem ausreichend Wissen über den Prozess erlangt wurde und sich der neue Prozess stabilisiert hat, können EDV-Lösungen interessant sein. In den meisten Fällen muss jedoch damit gerechnet werden, dass der KVP-Prozess durch sie gebremst wird. Eine saubere Prüfung und Abwägung der Vor-und Nachteile ist im Vorfeld zwingend erforderlich. Im Zweifel scheint ein zurückhaltender Einsatz angebracht.

Ergänzung: Praxisbeispiel aus der Industrie

In einem Produktionsbereich A wird die Nachbestellung von Produktionsteilen mittels elektronischem Kanban realisiert. Die Entnahme einer Materialkiste mit den Produktionsteilen wird über Sensoren detektiert und mittels Funktechnik an den Versorger weitergeleitet. Dieser liefert das Nachschubmaterial an den Arbeitsplatz. Kein Papier- oder Karteneinsammelprozess ist notwendig und spart somit diese Tätigkeitszeit für die Mitarbeiter.

▶ **Kanban** Ist Japanisch und bedeutet Karte. Diese Karte gehört zu einem Teil und repräsentiert damit genau ein Stück dieses Teils. Wird das Teil verbraucht, signalisiert das gezielte „Abwerfen" der Karte dem Versorger/Logistiker, dass er das Teil nachliefern muss.

Bei einem Erstbesuch in einem Produktionsbereich B mit manuellen Kanban (Papier-Karten) stellt der Besucher fest, dass sich viele Kanban an einem Arbeitsplatz sammelten und teilweise schon auf dem Boden lagen. Ohne den Prozess zu kennen oder den Ablauf zu verstehen, ging er auf einen Produktionsmitarbeiter zu und fragte nach, was die Karten auf dem Boden zu bedeuten hätten. Dieser rannte sofort los und organisierte das durch die Karten repräsentierte fehlende Nachschubmaterial. Die manuelle (Papier) Variante war demnach so visuell, dass ein Fremder dem Prozess helfen konnte und somit einen Produktionsstillstand verhinderte. Im Falle der EDV-Variante wäre es in diesem Beispiel viel unwahrscheinlicher gewesen, dass ein Sensorausfall rechtzeitig bemerkt worden wäre. In der EDV-Variante erfolgt die Einsparung der Tätigkeitszeit zulasten der Transparenz und der Handlungsmacht der Mitarbeiter. Nur Software oder IT-Spezialisten können Probleme aufzeigen und Handlungen ableiten. Einen Bleistift kann jeder in die Hand nehmen, den PC nicht alle, aber immer mehr.

4.9   Schauen oder Anfassen – Wo stehe ich als Führungskraft?

Sich angemessen im Spannungsfeld zwischen „Agieren als Führungskraft bzw. Manager" und „selbst Bestandteil des Arbeitsprozesses sein" zu bewegen, bedeutet Führen versus Mitmachen oder Schauen oder Anfassen. Besonders beim Thema Führung[6] ist der Unterschied zwischen Industrie und Krankenhaus sehr groß. Jedoch ist gleichzeitig das Problem in beiden Unternehmensarten identisch. Jeweils gilt es zur Sicherstellung des Erfolgs das richtige Maß zwischen Führen und Mitmachen (Prozessnähe) zu finden. Sowohl in der Industrie als auch im Krankenhaus besteht hier häufig ein Handlungsfeld. Der Industriemanager (besonders in Groß-

---

[6] Führung: „Unter Führung versteht man die ziel- und ergebnisorientierte Beeinflussung des Verhaltens eines Individuums oder einer Gruppe zur Erfüllung gemeinsamer Aufgaben", vgl. Niermeyer und Postall 2003; S. 15. Im Bereich der Fachkompetenz gehören Organisation und Planung, Analysevermögen, Entscheidungsverhalten und strategisches Denken dazu.

unternehmen) ist nicht nah genug am Prozess. Er managt zwar die Ressourcen, d. h. die Inputfaktoren des Unternehmens, die zur Leistungserbringung eingesetzt werden (Mitarbeiter, Material, Energie, Geld etc.), ist jedoch gleichzeitig weit weg vom eigentlichen Prozess. Seine Managerrolle und das inhärente Führungsverständnis lassen ihm keine Zeit für den Prozess vor Ort. Der Krankenhausmanager (speziell leitende Ärzte) füllt dagegen seine Rolle als Führungskraft nicht stark genug aus. Er ist vollumfänglich in die Patientenversorgung integriert und damit nur anteilig Manager im Sinne von Führung. In der Mitte aus beiden Verhaltensweisen liegt wahrscheinlich wie so häufig die Wahrheit.

Besonders innerhalb der Berufsgruppe der Ärzte stellt sich die Frage, wer sie im eigentlichen Sinn von Führung leitet. Die Chefarzt-Position im Krankenhaus ist (medizinisch und bezogen auf das ärztliche Personal) ihrer Stellung nach vergleichbar mit dem Abteilungsleiter/Bereichsleiter eines Industrieunternehmens. Im Gegensatz zu Abteilungsleitern sind Chefärzte stark in den operativen Betrieb involviert. Sie sind eingebunden in die Patientenbetreuung, den Stationsbetrieb. Sie operieren, dokumentieren und sind hauptverantwortlich für alle Phasen der ärztlichen Weiterbildung innerhalb einer Abteilung zuständig. Aktivitäten im Bereich Marketing, Strategie, Administration und ggf. Publikation binden weitere Zeit. Chefärzte kennen demnach die einzelnen Tätigkeiten aus eigener Erfahrung, können sie selbst ausführen und arbeiten täglich bei der Leistungserbringung mit. Für die eigentliche Führungsaufgabe besteht kaum Zeit. Wer zu 80 % und mehr in die tägliche Arbeit eingebunden ist, kann in der wenigen verbleibenden Zeit schwerlich zum Manager mit echter Führung werden. Während in Industrieunternehmen Abteilungsleiter praktisch vollständig für Führungsaufgaben (Strategie, Leitung, Organisation, Innovation, Zielerreichung, Kontrolle etc.) zuständig sind, reduziert sich der Führungsanteil von Chefärzten auf einen Bruchteil dessen.

Zudem stellt sich die Frage, wann während ihrer Ausbildung und beruflichen Tätigkeit beispielsweise die Ärzte „Führung" erlernen konnten. Die gleiche Frage könnte vermutlich auch der Pflege gestellt werden, aber auch jeder anderen Berufsgruppe des Krankenhauses. Wurde Führen theoretisch[7] und praktisch vermittelt? Wurde sie vorgelebt und konnte dadurch nachgeahmt werden? Hat das berufliche Umfeld ein Agieren als Führungskraft verlangt und somit intrinsisch zur Ausbildung und Stärkung geführt?

Neben der fehlenden Führungserfahrung bzw. -ausbildung und der fehlenden Zeit für die Führungsaufgabe kommt im Kontext von Lean noch eine dritte Kompo-

---

[7] Theoretisch meint hier in Form von Seminaren etc. Die großen Firmen haben sogenannte LEAD-Programme o. ä. für die Nachwuchs-Führungskräfte. Dort werden die Grundlagen der Führung vermittelt. Auch existieren häufig Patenmodelle, sodass die „Neulinge" in der ersten Zeit begleitet werden.

nente hinzu – die prozessorientierte Organisation und damit die prozessorientierte Führung. Die Veränderungen sind zum Teil gravierend: Klar geregelte Strukturen und Prozesse, gelebte und eingeforderte Standards, Organisationsregeln, Unterordnung des Einzelnen zugunsten des Gesamten und vollständige Transparenz durch Visualisierung, Kennzahlen vor Ort und sonstigen Hilfsmitteln führen in vielen Bereichen zu einer Einschränkung der Individualität. Das wird in der Regel von den Betroffenen als ungewohnte Gängelung bzw. Bedrohung empfunden. Hinzu kommt, dass die Prozessorientierung gleichzeitig einer personenzentrierten (Arzt im Allgemeinen und Chefarzt in der Steigerung) Vorgehensweise entgegensteht. Wer bislang in seinem Berufsleben personenzentriert agiert hat und sich in diesem Kontext hierarchisch entwickelt hat, steht vor einer großen Herausforderung.

Ein Beispiel

Im Bereich der Technikabteilung des Krankenhauses sollten die Auftragsbearbeitungszeit und die Produktivität verbessert werden. Eine funktionierende Technik ist im Krankenhaus ein wichtiger Faktor für die Patientenzufriedenheit und gleichzeitig für die Zufriedenheit der Mitarbeiter. Die Führungskräfte der Technikabteilung zeichnen sich durch eine engagierte Unterstützung bei der täglich anfallenden Arbeit sowie der verlässlichen Abwicklung der allgemeinen Abteilungsorganisation aus. Kapazitäten werden geplant, Materialien disponiert und der Bereich nach außen vertreten. Sie sind es gewohnt, selbst mitzuarbeiten und besitzen hierdurch eine hohe Prozessnähe und Beteiligungsquote. Diese Situation ist typisch für die Berufsgruppen im Krankenhaus.

Nachdem die prozessualen Verbesserungen zur Zielerreichung im Anschluss an eine Ist-Analyse erarbeitet und umgesetzt wurden, zeigte sich schnell, dass auch die beiden anderen Ebenen einer erfolgreichen Lean-Implementierung, „Management" und „Kultur" (einschließlich Einstellung und Verhalten der Mitarbeiter) ebenfalls der Bearbeitung bedurften (siehe Kap. 2). Die alleinige Verbesserung des Auftragssteuerungssystems, der Arbeitsaufteilung und des Auftragsdokumentationssystems war nicht geeignet, dauerhaft und nachhaltig die erarbeiteten Verbesserungen zu unterstützen. Was fehlte, waren eine Stärkung der Managementfunktion und eine Verbesserung der Abteilungskultur.

Im Bereich Management galt es, sich den Themen Zielerreichungskontrolle, Qualifizierungsplanung, Einbindung/Begleitung der Mitarbeiter zur Gewährleistung der Nachhaltigkeit und Standardkontrolle zu stellen. Standardkontrolle bedeutet im Lean-Kontext, dass die in dem Bereich geltenden Standards kurzzyklisch (z. B. täglich jeweils ein Standard) auf Aktualität und Einhaltung überprüft werden. Bei Abweichungen werden die notwendigen Gegenmaßnahmen eingeleitet (z. B. Anpassung des Standards oder Qualifizierung des Mitarbeiters).

Im Bereich Kultur sollte das Umfeld, das Miteinander und die Kommunikation thematisiert werden. Die eingeführte Verbesserung sollte kein durch die Führungskräfte aufgesetztes bzw. übergestülptes System sein, sondern vom Team getragen und weiterentwickelt werden. Hierfür mussten die Führungskräfte stärker die Rolle eines Coaches (Begleiter) einnehmen. Zwei unterstützende Maßnahmen wurden umgesetzt:

- Kommunikationstraining für die Führungskräfte (Grundlagen der Kommunikation, Wirkung von Stimme/Worten/Körpersprache, Verbindlichkeit und Aufmerksamkeit),
- Einführung eines Shopfloor Managements.

▶ **Coach** Speziell im Professionscoaching geht es darum, die Selbststeuerung des Mitarbeiters in Bezug auf seine Arbeit zu verbessern. Der Coach hilft der Person bei der Weiterentwicklung in Form von Begleitung, hinführenden Fragen und Reflektieren.

Das Shopfloor-Management-System ist das Bindeglied zwischen „Führen" und „Mitmachen". Es soll ein prozessnahes Führen erzeugen und damit die schnelle und nachhaltige Verbesserung gewährleisten.

- Die Führungskraft soll den Prozess vor Ort unterstützen.
- Informationen stehen am Shopfloor, d. h. am Ort des Geschehens (je nach Bereich: Station, Werkstatt, etc.) zeitnah und aktuell bereit.
- Gegenseitiges und hierarchieübergreifendes Unterstützen sichert und verbessert die Prozesse.

Transparenz, Verbindlichkeit und Nachhaltigkeit sind die dahinter stehenden Prinzipien.

Shopfloor Management basiert auf fünf Säulen, die sich je nach Unternehmen und Branche in Anzahl und Bezeichnung jedoch unterscheiden können. Das Grundprinzip ist jedoch immer dasselbe:

- Visualisierung und Transparenz: Wie und wo werden die relevanten Informationen visualisiert und allen zugänglich gemacht? Dies erfolgt üblicherweise an einsehbaren Info-Tafeln vor Ort (Abb. 4.22).
- Kommunikation und Beteiligung: Wann, wie oft kommuniziert wer mit wem, um den Prozess zu unterstützen? Dies erfolgt üblicherweise mindestens einmal morgens (und einmal nachmittags) an der Info-Tafel anhand zuvor definierter Besprechungszeitfenster und harmonisierter Terminpläne. Basis für das Ge-

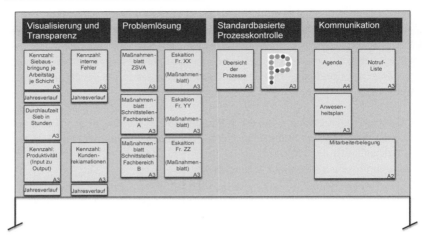

Abb. 4.22 Info-Tafel Shopfloor Management

spräch ist eine Gesprächsagenda mit genauer Zeitfestlegung. Die Gespräche sollen nur kurz und präzise sein (fünf bis fünfzehn Minuten).

- Problemlösung: Wie werden die Probleme nachhaltig gelöst? Die Problemlösung erfolgt üblicherweise mit Maßnahmenblättern und spezifischen Problemlösungsblättern in Verbindung mit vorherigen Methoden-Schulungen.
- Standardbasierte Prozesskontrolle: Welche Standards werden wie oft durch die Führungskraft überprüft, damit das Erreichte abgesichert wird? Dies erfolgt üblicherweise durch tägliche Kontrollen, bei denen ein Standard ausgewählt und kontrolliert wird. Zuvor erfolgt die Erstellung einer Qualifikationsmatrix, um sicherzustellen, dass alle Mitarbeiter die Standards beherrschen.
- Vor-Ort-Sein: Wer muss in welchen Zeitanteilen, wann vor Ort sein, um eine ausreichende Prozessnähe zu erzeugen? Das ist im Krankenhaus per Aufgabe häufig schon erreicht. Hier gilt es eher Freiraum für die Erfüllung der anderen Säulen zu schaffen und die Rolle des Coaches einzunehmen.

▶ **Qualifikationsmatrix** Tabellarische Übersicht aller Standards in Bezug zum Mitarbeiter. Ziel ist eine Visualisierung der jeweiligen Qualifizierungsstufen und des aktuellen Qualifizierungsbedarfs. Es handelt sich hierbei nicht um einen Schulungsplan in Sinne einer Ausbildungsrichtlinie, sondern um die aktuell gültigen Regeln des Bereichs, die von allen Mitarbeitern beherrscht werden müssen, um die Arbeit gemäß Anforderung erbringen zu können. Beispiele hierfür sind: Pflegeleitlinien, Hygienevorschriften, Behandlungsstandards, Dokumentationsstandards, Sicherheitsvorschriften etc.

Die Umsetzung des Shopfloor-Management-Prinzips bedeutet für die Technik-abteilung, dass sich die Mitarbeiter allmorgendlich zur Frühbesprechung an der Info-Tafel für zehn Minuten treffen und den Tag, die Aufträge, die aktuellen Kenn-zahlen, Probleme und ggf. Maßnahmen besprechen. Dabei soll die Führungskraft alle Mitarbeiter aktiv beteiligen und unterstützen. Im Laufe des Tages erfolgt dann eine Prozesskontrolle, nachdem im Vorfeld die Qualifikationsmatrix erstellt und die Qualifizierung der Mitarbeiter sichergestellt wurde. Am Nachmittag werden im Rahmen einer zweiten Gesprächsrunde die erfolgte Auftragsabarbeitung und etwaige Probleme thematisiert.

Zusammenfassung

Die Führungskräfte der Technikabteilung erhielten durch das Kommunikations-training und das Shopfloor-Management-System die Rüstwerkzeuge für ein ausgewogenes Agieren im Spannungsfeld zwischen „Führen (Schauen)" und „Mitmachen (Anfassen)". Speziell im Krankenhaus liegt das Handlungsfeld häufig eher beim Thema „Führen", da „Mitmachen" bereits sehr stark ausge-prägt ist. Die oben genannten Rüstwerkzeuge stellen alleine jedoch keinen Ga-rant für die erfolgreiche Verbesserungsarbeit dar. „Management" und „Kultur" sind schwierige Themenfelder auf der Reise der Lean-Implementierung. Sie benötigen Zeit und professionelle Begleitung. Durch eine aktive Einbeziehung des Themas Change Management (siehe Kap. 5) kann eine Erträglichkeit für die Mitarbeiter und die Nachhaltigkeit für das Unternehmen sichergestellt wer-den. Der sich einstellende Erfolg durch gleichzeitige Umsetzung von Prozess-verbesserungsmaßnahmen und Maßnahmen zur Stärkung und Qualifizierung der verantwortlichen Führungskräfte macht Spaß und Hunger auf mehr. Füh-rungskräfte, die im Prozess stehen, den Prozess kennen und gleichzeitig die Mitarbeiter als Coach führen und begleiten, erzeugen Motivation und Nach-haltigkeit. Besonders die Prozessnähe der Führungskräfte im Krankenhaus ist schon ein guter erster Schritt.

▶ **Change Management** Change Management ist ein Prozess der kontinuier-lichen Planung und Umsetzung von Veränderungen, die von zentralem Interesse für den Erfolg von Organisationen sind. Das Handlungsfeld erstreckt sich auf alle Phasen eines Veränderungsprozesses, beginnend mit der vorbereitenden Analyse und Planung (Diagnose) von Vorhaben über die Einleitung und Ausweitung ent-sprechender Maßnahmen (Implementierung) bis hin zu Stabilisierung der herbei-geführten Veränderungen. Jedes Verbesserungsprojekt zielt auf Veränderung ab und bedarf deshalb Veränderungsmanagement-Aktivitäten.

4.10 Neu oder Secondhand – Was kann ich mir leisten?

Zu Beginn der Gestaltung eines neuen Prozesses stehen ein paar einfache Fragen im Vordergrund. Wie lauten die Ziele? Wie viel Zeit und Budget stehen zur Verfügung? Welche Unterstützung wird bereitgestellt? Welche Restriktionen gilt es zu beachten?

Beim letzten Punkt wird es interessant. Besteht die Freiheit, einen komplett neuen Prozess zu planen (auch Greenfield genannt), oder müssen vorhandene Restriktionen beachtet werden (Brownfield genannt)? Je nachdem, wie die Antwort ausfällt, muss eine andere Herangehensweise gewählt werden. Analog zum Privatbereich gilt es selten, ein neues Haus zu bauen, sondern eher, das alte zu renovieren bzw. zu modernisieren. Die Brownfield-Planung kommt in der Praxis deshalb am häufigsten vor.

Die Varianten Greenfield (Neu) und Brownfield (Secondhand) sind besonders im Bereich der Gebäudeplanung sehr plastisch wahrnehmbar. Es macht einen großen Unterschied, ob ein Neubau geplant wird oder ob an der vorhandenen Gebäudesubstanz etwas verändert werden soll. Im ersten Fall dominiert häufig die Freude über die planerische Freiheit. Dem gegenüber muss die Eingrenzung möglicher Szenarien und Varianten aufgrund der Zeit oder des Budgets einschränkend hingenommen werden. Im zweiten Fall dominiert die Unzufriedenheit über die häufig vielen Restriktionen gegenüber der klaren Eingrenzung des Themas durch die aktuellen Gegebenheiten.

Da in der Praxis kein Gestaltungsprozess ohne Restriktion existiert, ist eine echte Greenfield-Planung nur ein theoretisches Modell. Entstanden ist der Begriff aus der Planung und Umsetzung eines Neubaus auf einer ehemaligen Wiese oder Weidefläche. Diese ist groß, flach, eben und verursacht wahrscheinlich keine Einschränkungen für den geplanten Bau. Der Begriff wird deshalb immer dann angewandt, wenn es gilt, etwas Neues zu schaffen, statt nur das Bestehende zu verbessern. Beispiele hierfür sind ein Krankenhausneubau bzw. -anbau, die erstmalige Einführung einer Auftragssteuerung im Bereich der Instandhaltung oder der Aufbau eines Lean-Management-Teams im Krankenhaus. Die Anzahl der zu beachtenden Restriktionen wären jeweils so klein, dass die Aufgabe als Neuplanung verstanden würde.

Ein Beispiel aus der Praxis

In einer Rettungsstelle sollte die Durchlaufzeit (DLZ) zum Wohle des Patienten reduziert werden. Diese betrug im Mittel 267 min pro Patient und war eindeutig zu hoch. Um die DLZ in Richtung des Ziels von 95 min (chirurgisch) und 110 min (internistisch) pro Patient zu verbessern, war eine Vielzahl von Maßnahmen nötig.

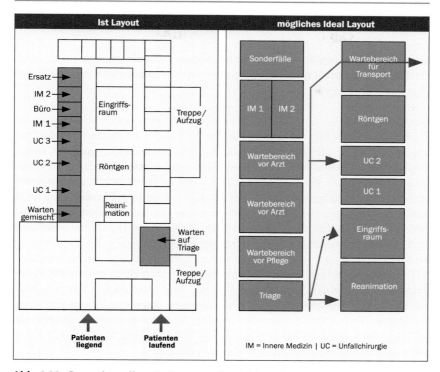

Abb. 4.23 Gegenüberstellung Ist-Layout und mögliches Ideallayout

Unter anderem wurde das Rettungsstellenlayout schnell Gegenstand der Betrachtung. Da der Projektrahmen nur ein Handeln innerhalb der vorhandenen Gebäude-
struktur zuließ, handelte es sich also um eine Brownfield-Planung.

Die Ist-Situation
Der aktuelle Grundriss (Abb. 4.23, links) der Rettungsstelle ist geprägt von einer
sehr lang gestreckten Struktur. Die zugeordneten Räume beginnen nicht direkt
am Gebäudeeingang, sondern etwa 20 m weiter im Inneren. Die sich ergebenden
Wege sind weder für die Feuerwehr noch für das Rettungsstellenpersonal optimal. Hinzu kommt ein weit entfernter Wartebereich, der alle Patienten inklusive
Patienten eines angegliederten Aufnahmezentrums vereint. Die Übersichtlichkeit
für die Mitarbeiter und Patienten ist eher gering. Das gemeinsame Warten von
verschiedenen Patientengruppen in ein und demselben Wartebereich verursacht
Unzufriedenheit. Die jeweilige Zuordnung ist ihnen unklar. Immer dann, wenn

ein später erschienener Patient früher versorgt wird, entsteht das Gefühl der Un-
gerechtigkeit. Dass dieser jedoch nur zu einem anderen Prozess gehört und deshalb
nichts mit der eigenen Wartezeit zu tun hat, können sie nicht erkennen. Auch steigt
durch die große Anzahl der gleichzeitig anwesenden Patienten im Wartebereich der
allgemeine Stresspegel.

Das Ideallayout
Zur Ermittlung des Soll-Layouts wurde eine im Bereich der Prozessverbesserung
häufig eingesetzte Methode angewandt: die intensive Beschäftigung mit einem
möglichen Ideallayout (Abb. 4.23, rechts). Dies soll den beteiligten Projektmitglie-
dern die Richtung für die nachfolgenden Layoutgestaltungsprozesse aufzeigen und
vorgeben. Gleichzeitig soll mithilfe des Ideals verhindert werden, dass zu schnell
nach einem Kompromiss gestrebt wird oder dass das Gesamtpotenzial bzw. die
beste Lösung nicht die Basis aller weiteren Bemühungen ist. Dieses Ideal wird
auch Nordstern genannt und ist der richtungsgebenden Wirkung des Nordsterns in
der Seefahrt entlehnt.

Die Patienten sollten in der Nähe der Behandlungsräume in getrennten Warte-
räumen warten und die Wege für das Personal kurz sein. Darüber hinaus sollten
die Funktionsräume (Röntgen, Reanimationsraum und Eingriffsraum) sinnvoll
den Untersuchungsräumen zugeordnet werden. Jeweils zwei Untersuchungsräume
sollten je Fachdisziplin Chirurgie und Innere nebeneinander liegen. Das Layout
sollte dem Patientenfluss entsprechend aufgebaut sein.

Das endgültige Layout
Nachdem das Ideallayout gestaltet und verstanden wurde, entstand das Soll-Layout
bzw. endgültige Layout (Abb. 4.24, links) durch stückchenweises Anpassen des
Ideals an die örtlichen Gegebenheiten und die finanziellen Mittel des Projekts.
Hierbei erlebten die Mitarbeiter die beschriebene Unzufriedenheit über die vielen
Restriktionen. Es wurde schnell klar, dass die Funktionsräume aufgrund etwaig
hoher Umbaukosten nicht verändert werden konnten. Somit musste das Layout um
diese Räume herum gestaltet werden. Als Folge verlängerten sich die Wege sowohl
für die Patienten als auch die Mitarbeiter. Zudem nahm die Übersichtlichkeit ab.
Vor Fertigstellung des endgültigen Layouts musste erst das noch angrenzende Aufnahmezentrum umziehen (siehe Kap. 3).

Das provisorische Layout
Da Umbauten stets sehr lange dauern, wurde ein provisorisches Layout erdacht.
Dieses sollte möglichst viele Elemente des endgültigen Zustandes beinhalten und
die Zeit bis zur Fertigstellung überbrücken.

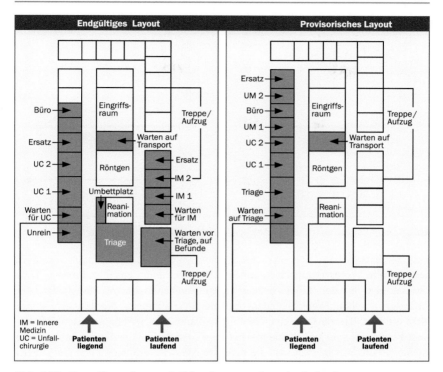

Abb. 4.24 Gegenüberstellung endgültiges Layout und provisorisches Layout

Parallel erfolgte die Umsetzung der weiteren durch das Projektteam erdachten Verbesserungsmaßnahmen zur Durchlaufzeitreduzierung. Diese waren beispielsweise: Standardisierung von Behandlungsschritten, Teambildung von Arzt und Schwester, 5S-Workshops, Qualifizierung des Personals und Einführung einer Rohrpost zur Verbindung der Rettungsstelle mit dem Labor. Auch wurde sofort ein Triagezimmer (Raum, in dem die Patienten erstbegutachtet werden, um die weitere Behandlungspriorität festzulegen) eingeführt und ein dazugehöriger Wartebereich definiert (Abb. 4.24, rechts). Diese Maßnahmen – in Verbindung mit der Einführung des provisorischen Layouts – führten zu einer Absenkung der Durchlaufzeit auf durchschnittlich 120 min pro Patient. Für die weitere Optimierung musste jedoch auf den Umzug in das endgültige Layout gewartet werden (Abb. 4.24, links).

Die beschriebene Brownfield-Planung dauerte in ihrer Gesamtumsetzung zwei Jahre. In dieser Zeit wurde viel Kraft und Anstrengung in die Kompromisssuche, die Gestaltung von Varianten und temporären Lösungen und dem Aufrechterhalten der Team-Motivation gesteckt. Dennoch konnte im Ergebnis kein Prozess entste-

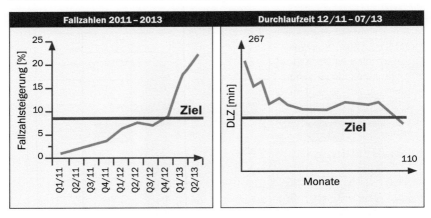

Abb. 4.25 Fallzahlentwicklung im Vergleich zur Durchlaufzeitentwicklung

hen, der alle Verbesserungsideen aufgreift. Das Optimum aus dem Prozess- bzw. Lean-Wissen und den aufgabenspezifischen Gegebenheiten wie Patientenanzahl, Patientenverteilung, Verschiedenartigkeit der Erkrankungen, Notfälle etc. wurde nicht erreicht. Hierfür wäre eine Greenfield-Planung notwendig gewesen. Brownfield-Planungen sind jedoch nun mal die Regel und deshalb häufig die Basis für die eigene Arbeit. Schaut man sich die beeindruckenden Verbesserungen der Durchlaufzeit und der Fallzahlentwicklung im beschriebenen Projekt an, kann mit gutem Gewissen gesagt werden, dass es sich trotzdem gelohnt hat. Es wurden viele Verbesserungen sowohl für die Patienten als auch die Mitarbeiter erzielt (Abb. 4.25).

Zusammenfassung

Das Thema „Neu oder Secondhand bzw. Greenfield- oder Brownfield-Planung" wird bei jeder Verbesserungsarbeit auftreten. Häufig ist die Entscheidung über die gewählte Variante keine echte Entscheidung, sondern ein Arbeiten mit den Möglichkeiten. Wenn weder Zeit, Geld noch Ressourcen eine Greenfield-Planung zulassen, dann muss eben das Bestehende optimiert und verbessert werden. Diese Verbesserungsaktivitäten sind trotzdem sinnvoll und wichtig. „Secondhand" ist eine echte Alternative, wenn für „Neu" kein Geld ist.

Sollten jedoch für „Neu" die Ressourcen vorhanden sein, gilt es die Chance zu nutzen und das Maximum aus dem Prozess herauszuholen. In vielen Fällen amortisiert sich die höhere Investition sehr schnell, da nun größere Effekte und

auch Nebeneffekte erzielt werden können. Dies liegt zum einen an der größeren Anzahl der Möglichkeiten und zum anderen an der Kraft des Neuen. Jeder
kennt die positive Dynamik von neu eingestellten Mitarbeitern, neuen Arbeits-
prozessen oder das schöne Gefühl, eine Wohnung neu einzurichten oder in ein
neues Gebäude zu gehen. Die beteiligten Personen werden mitgerissen und re-
gen sich gegenseitig zu neuen Ideen an. Ferner treten Effekte ein und können
Chancen genutzt werden, die vorher keiner gesehen oder für möglich gehalten
hat. Die am Beispiel der Rettungsstelle beschriebene Fallzahlsteigerung von
21 % ist letztlich nicht komplett erklärlich jedoch Fakt. Manchmal benötigt es
eine Revolution bzw. einen Leuchtturm[8].

4.11   Sehen oder Glauben – Gilt nur, was ich beweisen kann?

Controlling stellt eine feste Größe in allen Formen und Größen von Unternehmen
dar. Planung, Steuerung und Kontrolle von Unternehmen erfolgen faktenbasiert.
Im Controlling spiegeln sich die Absichten und die Abweichungen von den Absichten wider. Controlling schafft Transparenz und gibt den Handelnden Sicherheit. Es geht darum, Fakten zu sehen und nicht glauben zu müssen. Controlling
ist in seiner zunehmenden Komplexität unverzichtbar geworden (vgl. Schumann
et al. 2004).

Controlling zielt darauf ab, sich mithilfe von Zahlen und Fakten der vermeintlichen Realität anzunähern, diese vornehmlich ex post zu analysieren, zu bewerten
und im Hinblick auf die künftige Entwicklung des Unternehmens in seiner jeweiligen Umwelt zu prognostizieren bzw. diese Entwicklung zu planen.

Ein gutes Controlling gestaltet seine Daten in der Weise, dass es Auffälligkeiten
und Probleme jedweder Art möglichst zeitnah erkennen kann. Dies erfolgt zumeist
als Abweichung der Ist-Situation zum Vorjahr, zum Plan oder zu einem Bench-
mark. Nicht nur die Verfügbarkeit von Daten steigt mit zunehmender IT-Durch-
dringung und Integration aller Unternehmensbereiche, sondern auch die Methoden

---

[8] Ein Beispiel hierfür ist der mit Fördergeldern finanzierte Neubau der Rettungsstelle in
Hamburg-Altona. Deren Neubau hatte und hat eine enorm positive Wirkung für das gesamte
Krankenhaus. Die Rettungsstelle sieht optisch sehr gut aus, ist modern eingerichtet, hat eine
engagierte Führung und realisiert viele der eigenen (Lean)-Planungsziele. Im Ergebnis stieg
die Zahl der Patienten, da nun mehr als nur die Bewohner des Bezirks Hamburg-Altona dort
versorgt werden wollen. Die Belegungszahlen des Krankenhauses wurden verbessert (die
Rettungsstelle fungiert als Akquisiteur für das Krankenhaus) und ein Imagegewinn unter der
Bevölkerung konnte ebenfalls erreicht werden.

und Techniken der Analyse-, Auswertungs- und Präsentationstools. Die Controlling-Komplexität steigt, ebenso wie die Anforderungen an das Controlling. Die Abbildung der vermeintlichen Realität in der Welt des Controllings wird selbst zu einer komplexen Wissenschaft.

Wer sich so sehr mit dieser Welt der Zahlen, Analysen und Bewertungen beschäftigt, der möchte diese Welt auch gerne in diesen Zahlen wiedererkennen. Dass allein aufgrund der Komplexität des Controllings selbst und der dazu notwendigen Annahmen, Abgrenzungen und Verrechnungen oft eine kritische Scheingenauigkeit entsteht, bleibt vielen verborgen.

Je mehr Führung aber auf der Basis vermeintlich rationaler, quantifizierter Daten und Informationen entscheidet, desto stärkeren Einfluss gewinnt das Controlling auf die Gesamtentwicklung des Unternehmens. Controlling-Affinität von Führungskräften gepaart mit Informations-Komplexität und Schein-Faktizität des Controllings selbst führen dazu, dass sich die Verzögerung zwischen Problementstehung und Problemlösung vergrößert. Es dauert zu lange, bis das Problem im Controlling ankommt, erkannt wird und Maßnahmen ergriffen werden. Das Controlling koppelt sich dabei zunehmend von der Organisationswirklichkeit ab. Controlling gestaltet nicht, Controlling reagiert.

Lean Management ist – ähnlich wie das Unternehmenscontrolling – im Kern faktenbasiert. Ziele, Maßnahmen und deren Effekte werden systematisch und kontinuierlich prozessnah erhoben und gemonitort, kurzzyklisch bewertet und wieder neue Maßnahmen zur Steuerung des Prozesses abgeleitet. Dabei zeigt sich das Problem der Entkopplung von Controlling gravierend. Beinahe alle, für ein Lean-Projekt in einem Krankenhaus relevanten Kennzahlen müssen von Hand erhoben werden. Viele im Prozess vorhandene Probleme, wie lange Wartezeiten der Patienten auf Untersuchungen oder eine insuffiziente Planung im OP, werden gar nicht in den klassischen Controllingdaten abgebildet und deren Ursachen nicht transparent. So mussten zum Beispiel die tagesaktuelle mittlere Verweildauer, die Durchlaufzeit in der Rettungsstelle, Wartezeiten im Aufnahmezentrum oder in der Sprechstunde der Gynäkologie manuell per Aufschreibung erhoben werden. Einfache, schnelle und für alle transparente Prozesskennzahlen, die an der Quelle des Geschehens ansetzen und in enger Zusammenarbeit mit der Organisationsentwicklung sowie dem Qualitätsmanagement erarbeitet und gemonitort werden, sind nicht oder nicht in adäquater Form Bestandteil des Controllings. Das überrascht Lean-Projektteams – vor allem, wenn im Konzern ein allumfassendes Controllingsystem existiert.

Neben der fehlenden Prozesssicht des Controllings besteht ein weiteres Problem. Es entsteht der Eindruck, dass das Controlling zum Verhinderer der Unternehmensentwicklung wird.

Im Lean Management geht es im Kern darum, zugunsten des Gesamtsystems Zeit einzusparen, um diese gewonnene Zeit wiederum an die Stellen in der Organisation zurückzugeben, wo diese Zeit zugunsten des Patienten und des Mitarbeiters sinnvoller (wertschöpfend) eingesetzt wird. Verschwendung wird also an einer Stelle herausgenommen und in Form produktiver Zeit an anderer Stelle wieder hineingegeben. Verschwendete Zeit wird durch produktive Zeit ersetzt. Es verbessert sich die Qualität der Leistung und die Qualität der Arbeitsbedingungen. In den gängigen Controllingkategorien aber sind diese Effekte oftmals schwer darzustellen.

Dazu einige Beispiele: Wenn die Reduzierung des Lauf- und Suchaufwands für eine Mitarbeitergruppe zu einer Gesamteinsparung von 2 Arbeitsstunden pro 8-Stunden-Arbeitstag/-Schicht führt (zum Beispiel in der Pflege), so können diese 2 Arbeitsstunden sinnvoll eingesetzt werden. Das ökonomische Ergebnis bleibt bis zu diesem Zeitpunkt identisch. Im Normalfall kann die Mitarbeiteranzahl aufgrund relevanter Mindestbesetzungen – selbst wenn man dies beabsichtigen würde – nicht einmal mittelfristig gesenkt werden. Das Ergebnis: Die Patienten bekommen 2 Arbeitsstunden mehr Zuwendung, die Mitarbeiter entledigen sich des nervigen Suchens und des anstrengenden Laufens. Nur der Controller wird nichts erkennen. Die Patientenanzahl sowie der Umsatz sind zunächst identisch, die Kosten bleiben konstant und das Ergebnis weist keinen Unterschied aus. Zu diesem Zeitpunkt würde vermutlich eine rein controllingbasierte Entscheidung *zuungunsten* des Projektes führen, solange nicht nachweisbar ist, dass diese Zeit einen nachweisbaren Ergebniseffekt bewirkt. Der Effekt wäre allein deshalb nicht nachweisbar, weil die Zuwendungszeit im Zeitraum vor der Umstellung nicht gemessen wurde. Auch unterliegt die Annahme einer höheren Zuwendungszeit der Prämisse, dass diese Zeit nicht allein durch vermehrte Ruhezeiten bzw. verlangsamte Ausübung der sonstigen Tätigkeit kompensiert wird und somit nicht in produktive Zeit überführt wird.

Im Lean-Projekt „Technik" war das Ergebnis, dass durch den Einsatz einer zusätzlichen Hilfskraft für nicht fachliche/sekundäre Aufgaben, die Reorganisation der Werkstätten, die völlige Neugestaltung der Auftragsverwaltung sowie durch neue und standardisierte mobile Werkstattwagen die neun technischen Fachkräfte um mehr als 30 % entlastet werden können. Diese 30 % Zeitentlastung führten zu einer signifikant erhöhten Abarbeitungsquote eingehender Reparatur- und Wartungsaufträge. Aufträge wurden deutlich schneller abgearbeitet und somit Störungen im Betrieb schneller behoben. So hat sich der Auftragsstau innerhalb von wenigen Wochen von 100 Aufträgen auf 10 Aufträge reduziert.

Der Zustand des Gebäudes und der Technik, die Zufriedenheit der Mitarbeiter und der Patienten erhöhten sich kontinuierlich. Darüber hinaus wäre es möglich, bei einer gezielten Spezialisierung von Technikmitarbeitern den externen Wartungs- und Reparaturaufwand zu senken.

In der internen Bewertung standen ca. 25.000 € Personalkostensteigerungen (Hilfskraft) 1900 h zusätzlich verfügbare Handwerkerleistungen gegenüber. Diese freigesetzten Handwerkerstunden wurden nicht unmittelbar in ein verbessertes Ergebnis investiert, sondern dienten z. B. der Optimierung der Abarbeitungsquote interner Wartungs- und Reparaturaufträge. Aufträge, die bisher nicht oder nur verzögert ausgeführt wurden, wurden nun schneller und effizienter abgearbeitet. Der Wert dieses Effektes ist monetär nicht sinnvoll darstellbar. Was wird dadurch alles nicht passieren oder ausfallen?

Ein in Ergebniskategorien bewertbarer unmittelbarer Effekt würde eintreten, wenn durch die Optimierung im Projekt eine Reduktion externer Wartungs- und Reparaturkosten realisiert würde, z. B. in Höhe von 100.000 €. Es ist absehbar, dass dieser Effekt eintreten wird, allerdings mit einem Zeitverzug von zwei bis drei Jahren. Während des laufenden Projektes sind die möglichen positiven Effekte des Projektes deutlich sichtbar bzw. logisch und intuitiv ableitbar, sie wären jedoch in Ergebniskategorien nicht zweifelsfrei darstellbar. Die langfristigen Auswirkungen erhöhter Gebäude- und Technikverfügbarkeit, die daraus resultierende Zunahme der Patienten- und Mitarbeiterzufriedenheit, die Ausfallsicherheit in den Prozessen und daraus insgesamt langfristige Wirkung auf den Markterfolg sind zwar evident, jedoch nicht sicher plan- oder messbar. Sie könnten auch von anderen Faktoren im Effekt überlagert werden oder Zeitspannen umfassen, die bei einer kurzfristigen Bewertung der Ergebnisentwicklung außerhalb des Betrachtungshorizontes liegen.

Ein letztes Beispiel: Im Rahmen der Neukonzeption des Aufnahme- und Sprechstundenzentrums wurde u. a. der Prozess der administrativen Aufnahme bearbeitet. Im Ergebnis wurden an dieser Stelle ein Viertel der Mitarbeiter bzw. eine Vollkraft eingespart. Dank der gewonnenen Zeit konnte die „freigesetzte" Arbeitszeit der administrativen Aufnahmekräfte zusätzlich in der Rettungsstelle eingesetzt werden. Das Ziel für diese Maßnahme lautete, eine Erhöhung der Vertragsquote der über die Rettungsstelle stationär aufgenommen Patienten zu erreichen. In Zukunft sollten 80 % der Patienten am Tag der Aufnahme und 100 % der Patienten am darauffolgenden Arbeitstag einen Behandlungsvertrag unterzeichnet haben. Beide Quoten lagen in der Vergangenheit selten über 30 %, was allein aus haftungsrechtlichen Gründen inakzeptabel war, obwohl daraus bisher keine rechtlichen oder finanziellen Nachteile für das Krankenhaus entstanden sind.

Eine absolut sinnvolle Entwicklung mit gravierenden Effekten wie Risikominimierung und trotzdem ließ sich das erzielte Ergebnis im Controlling nicht sinnvoll darstellen.

▶ **Vertragsquote** Prozentsatz der Verträge, die innerhalb von 24 h nach Aufnahme des Patienten geschlossen wurden. Diese hängt u. a. von der Tageszeit, der Arbeitsbelastung und dem Patientenzustand ab.

Zusammenfassung

Alle Beispiele tragen dazu bei, dass das Krankenhaus insgesamt besser, effizienter und effektiver wird. Die Patientenzufriedenheit steigt, es können mehr Patienten gut behandelt werden. Die Mitarbeiterzufriedenheit steigt, die Fluktuationsrate sinkt. Der Zustand des Gebäudes und der technischen Ausstattung verbessert sich, die Rechtssicherheit nimmt deutlich zu. Die beschriebenen Sachverhalte können in Prozesskategorien transparent dargestellt und bewertet werden, selten aber in stark controlling- und ergebnisorientierten Erklärungsmustern. Es entsteht ein Argumentationsdefizit, quasi ein Beweisnotstand. Für den Erfolg des Lean Managements ist es deshalb von entscheidender Bedeutung, ob sich die Führung aus Überzeugung vor das Projekt stellt und an die Sinnhaftigkeit der Verbesserung glaubt oder es faktenbasiert (Zahlen, Daten, Fakten) sehen will. Sehen oder glauben lautet also die Frage.

4.12 Bund oder Länder – Wie souverän will ich sein?

Der Prozess der Zentralisierung von Funktionen und Teilbereichen hat in den letzten Jahren auch die Krankenhauslandschaft erfasst. Ähnlich wie in der Industrie ist die nachvollziehbare Annahme, dass durch die Bündelung von Ressourcen und Know-how Synergien erzielt werden können, die zu Einsparungen und Qualitätsverbesserungen führen.

In unterschiedlichen Gestaltungsformen wurden und werden die Bereiche:

- Finanz- und Rechnungswesen
- Personaladministration und Personalentwicklung
- Marketing
- Informationsverarbeitung (IT/EDV)
- Technik und Bau
- Medizintechnik
- Sterilisation
- Einkauf- und Logistik

zentralisiert.

Es ist intuitiv nachzuvollziehen, dass die Konzentration und Bündelung von fachlich anspruchsvollen Aufgaben an einem Standort und in einer Organisationseinheit zu Synergien führen kann. Gerade in einem so fragmentierten Markt wie im Gesundheitsmarkt mit kleinen Organisationen und Krankenhäusern sind Fachleute für alle Wissensgebiete nur schwer zu finden. Dies gilt in Städten beinahe ebenso wie in ländlichen Regionen. Aufgrund der geringen Größe mancher Abteilungen kann allein aus Kostengründen keine Stellvertretung gewährleistet werden. Diese Problematik betrifft aber nicht nur kleine Häuser mit bis zu 200 Betten, sondern in einigen Themenfeldern durchaus auch Häuser mit bis zu 500 Betten oder mehr.

Was rational Vorteile schafft, stellt die dezentral Verantwortlichen oft nicht zufrieden. Generell werden zentrale Einrichtungen als zu langsam, zu unflexibel und letztendlich als zu teuer wahrgenommen. Zentrale Institutionen sind zumeist machtvoll, weil sie führungstechnisch häufig in zentralen Verantwortungsbereichen angesiedelt werden, z. B. in der Konzernzentrale oder oftmals direkt am zentralen Vorstand bzw. der zentralen Geschäftsführung. So schafft organisatorische Zugehörigkeit Nähe und Macht zugleich. Diese grundlegende machtpolitische Situation kennt jeder aus der Diskussion zwischen dem Bund und den Ländern. Auch existiert das Spannungsfeld zwischen Zentralisierungsbemühungen und Autonomiewunsch der Länder.

Überlagert von Machtungleichgewichten zwischen zentralen und dezentralen Organisationseinheiten finden oftmals falsche Zuschreibungen statt. So wird verhindert, dass die wahren Ursachen für Probleme und Unzufriedenheit analytisch und somit sachlich diskutiert und gelöst werden. Ein Gewirr aus Machtausübung und Reflex entsteht.

In einem professionell gemanagten Zentralisierungsprozess werden die fachlichen Anforderungen des Fachgebietes und die fachlichen, prozessualen und damit standortbezogenen Bedarfe analysiert und im Idealfall optimal umgesetzt. Soweit möglich und notwendig, werden Prozesse standardisiert und zentral auch personell neu strukturiert. Im ersten Schritt findet eine optimierte Abbildung des Status quo statt. Die Summe der vormals dezentralen Kosten dient zumeist als Obergrenze für die akzeptierten Kosten der zentralen Einheit. Nach einer Phase der Konsolidierung werden in professionellen Organisationen Synergien und Qualitätsverbesserungen sicht- und spürbar.

Dann beginnen in der Regel folgende Entwicklungen:

- Zentrale Einheiten optimieren ihr Leistungsspektrum, bieten also mehr Leistungen und Funktionen an. Sie professionalisieren sich, oftmals zuungunsten der dezentralen Einheiten. Zumeist führt dies zu einem Kostenanstieg. Der Anstieg von Kosten wird unmittelbar sichtbar, das umfassendere und überwiegend notwendige Leistungsspektrum wird dagegen weniger wahrgenommen. Dieses empfundene Missverhältnis führt zu Verdruss bei den dezentral Verantwortlichen.

- In der Regel werden die Kosten der zentralen Einheiten über Umlagesysteme vergütet, die einem Kostenerstattungsprinzip ähneln. Diese entziehen sich jeglichem Markt- und Preismechanismus. Der permanente Kostendruck dezentraler Einheiten verliert sich im Ungefähren, der Einfluss der „Beitragszahler" auf die Kostenentwicklung sinkt quasi auf null. Es braucht schon starke und ergebnisorientierte Führungskräfte in den Zentralen, um trotz Kostenerstattungsprinzip auf eine permanente Kostenoptimierung und Leistungseffizienz einzuwirken.

Diese führt dann zu einem Phänomen, das diametral den Interessen der Standorte entgegensteht: Die Zentralen beschäftigen sich primär mit ihrer eigenen Optimierung und verlieren dabei die individuellen Anforderungen und Prozessanforderungen der Standorte aus dem Blick. Standardisierung ist das Stichwort. Im Gegensatz zur dezentralen Standardisierung setzt eine zentral initiierte Standardisierung auf eine organisationsübergreifende Vereinheitlichung von Strukturen, Prozessen und Gütern ein. Die dezentralen Einheiten sollen Systeme, Abläufe oder Strategien übernehmen. Gerade im Krankenhaus existiert aber nachvollziehbar ein hoher Individualisierungsanspruch. Im Gegensatz zu Discounter-Filialen im Einzelhandel können die Rahmenbedingungen hier jeweils sehr unterschiedlich sein: das Bundesland, der Standort, die Größe, das Leistungsspektrum, das Gebäude und die Logistik, die Organisationsprofessionalität insgesamt und natürlich das handelnde (Führungs-)Personal. Wenn die Zentrale ihre Kosten optimiert, führt das in vielen Fällen zu Organisationsnachteilen und Kostensteigerungen in den Standorten, oftmals sogar zu Parallelstrukturen. Die einzelnen Einheiten fangen an, sich selbst zu helfen, eigene Fachkräfte aufzubauen oder für sie ungünstige Zentralelemente einfach nicht zu übernehmen. Selten sind diese dezentralen versteckten Kostensteigerungen explizit und sichtbar. Besonders deutlich wird dieser Sachverhalt am Beispiel der Informations- und Kommunikationssysteme. Aufgrund der hohen Komplexität des heutigen Informationsmanagements (Hardware, Netze, Server, kaufmännische und administrative Anwendungen, Integration der Medizintechnik und der Telefonie etc.) gibt es zu einer zentralen IT kaum eine sinnvolle Alternative. Kein anderes Segment übt aber gleichzeitig mehr unmittelbaren Einfluss auf die Prozesse im Unternehmen und damit auch auf deren Effizienz aus. An der Oberfläche sind alle Krankenhäuser praktisch gleich (Funktionalität), im Detail aber verschieden (Individualität und Flexibilität). Kaum ein anderes Segment verlangt eine so klare Zentralisierung bei der Verankerung in den dezentralen Einheiten. Alle müssen die gleichen Programme verwenden und am Beispiel von SAP[9] oder Krankenhaus-Informations-Systemen die gleichen impliziten Prozessflüsse umsetzen, da sonst die Software nicht sinnvoll genutzt werden kann.

---

[9] SAP: Systeme, Anwendungen und Produkte in der Datenverarbeitung, Standardsoftwareanbieter für Unternehmen.

Wenn die IT-Zentrale beginnt, ausschließlich ihre Kosten zu minimieren, wird es in den Standorten teuer. Der Blick wird primär auf sich selbst geworfen (Prinzip der Selbstreferenzialität). Das Ziel darf nicht darin bestehen, die (zentralen) IT-Kosten zu senken, sondern die Organisationskosten insgesamt. Dies bezieht die Organisationskosten der dezentralen Einheiten explizit mit ein. Der Hebel kann enorm sein, ohne dass er sich im Einzelnen nachweisen lässt.

Ein weiterer Sachverhalt kommt hinzu. Ein Kernelement von Lean-Projekten besteht darin, dass kontinuierlich in kleinen Schritten schnelle Ergebnisse erzielt werden. In den Projektgruppen erarbeitete Lösungsansätze im Detail sollen sofort umgesetzt und in ihrer Wirkung transparent nachvollzogen werden. Alle umgesetzten Maßnahmen werden kontinuierlich gemonitort, im Rahmen der installierten Regelkommunikation diskutiert und Verbesserungen analysiert und beschlossen. Und dann sofort umgesetzt. Nicht alles ist direkt machbar, aber sehr vieles.

Die größte Hürde aber stellen die zentralisierten Einheiten dar. Es ist praktisch immer festzustellen, dass diese schnelle und flexible Entwicklung vor Ort den Interessen der zentralen Einheit diametral entgegensteht. Und zwar meistens nicht aus Unvermögen oder Unwillen. Der Zwang zu übergreifender Standardisierung von Funktionen und Prozessen der Zentrale, die ja für alle Einrichtungen zuständig ist, widerspricht der Notwendigkeit zur Individualisierung und Beschleunigung von Veränderungsprozessen vor Ort. Einmal entspricht die Lösung selbst nicht den Möglichkeiten der zentralen Funktionalität, ein anderes Mal stellt eine unterschiedliche Veränderungsgeschwindigkeit im Konzernzusammenhang eine unüberwindliche Hürde dar. Soll eine gute Lösung in Haus A umgesetzt werden, bedarf es zahlreicher Abstimmungsprozesse mit Haus B, C etc. Selbst wenn eine gemeinsame Lösung gefunden wird: Es kostet Zeit und Ressourcen. In Abhängigkeit von der konkreten organisatorischen Ausgestaltung können dann auch kleine Themen zu Langläufern werden, schnelle Hilfe vor Ort findet kaum statt, aufwendige Ticketsysteme schaffen eine ungewollte Distanz zum Anwender mit zeitaufwendigen Meldewegen, das hauseigene und spezifische Know-how geht verloren. Die IT-Kompetenzen im Haus sinken. Damit steigt die Fehleranfälligkeit bzw. das Risiko einer unprofessionellen Nutzung der Systeme. Zusätzliche Kosten entstehen durch eingesetzte Koordinatoren vor Ort. Vor allem aber geht die enge und notwendige Verzahnung von Organisations- und IT-Entwicklung verloren oder wird zumindest stark eingeschränkt. Wüsste die Organisation mehr über die Möglichkeiten der IT und umgekehrt, würden wichtige Potenziale erkannt und umgesetzt.

Die IT wird damit inhaltlich und zeitlich zum Hemmschuh für die Organisationsentwicklung, weil sie übergeordnete Interessen vertreten muss, vor Ort nicht schnell reagieren kann und das Organisationentwicklungspotenzial ohne verfügbare IT-Kenntnisse vor Ort nicht ausgeschöpft wird.

Zusammenfassung

Eine sinnvolle und sachliche Diskussion um Vor- und Nachteile bzw. um optimierte Gestaltungsalternativen der Zentralisierung setzt voraus, dass in der gesamten Führung klare Führungsprinzipien verankert sind. Wenn die Führung eines Konzerns oder Unternehmens die Prinzipien des Lean Managements systematisch und umfänglich umsetzen möchte und davon überzeugt ist, dass dies kontinuierlich und dauerhaft zu Ergebnis- und Qualitätsverbesserungen führt, so müssen die Prinzipien der kontinuierlichen und schnellen Veränderung von Prozessverbesserungen in den „Zielen und Köpfen" der zentralen Einheiten fest verankert sein. Ebenso muss verankert sein, dass eine klare Priorisierung für dezentrale, schnelle und individuelle Prozessverbesserungen besteht und zentrale Einheiten auch in diesem Sinne Service-Dienstleister für ihre „Kunden", dem lokalen Standort, sind.

In diesem Zusammenhang wird nochmals deutlich, dass Lean Management nicht nur eine Organisationsmethode, sondern vor allem ein Führungsmodell darstellt.

4.13   Hart oder weich – Wofür gebe ich das Geld aus?

Oft stellt sich im Rahmen von Optimierungsprojekten die Frage, was die sinnvollste Maßnahme zur wirksamen Prozessverbesserung ist. Die eine Fraktion argumentiert schnell mit neuen Geräten, Umbauten oder gar Neubauten. Die andere Fraktion interessiert sich mehr für die prozessualen Verbesserungen, die häufig Manpower, d. h. Arbeitszeit in Form von Workshops oder Beratungsleistung, erfordern. In diesem Spannungsfeld fallen Aussagen wie: „In dem vorhandenem Grundriss sind strukturelle Verbesserungen nicht möglich! Alle Maßnahmen haben nur kosmetischen Charakter und sind deshalb sinnlos. Echte Verbesserungen bedürfen einer völligen Umgestaltung oder gar eines Neubaus." oder „Lassen Sie uns doch versuchen, mit den eigenen Mitteln möglichst schnell erste Verbesserungen zu erzielen. Bis ein Neubau beziehungsweise die elektronische Patientenakte kommt, bin ich schon auf Rente." Wer hat Recht? Grundsätzlich haben beide Argumentationen ihre Berechtigung. Investitionen sind in vielen Fällen der Schlüssel für echte Verbesserungssprünge. An den Beispielen „Aufnahme- und Sprechstundenzentrum" (siehe Kap. 3) oder „neue Rettungsstelle in Hamburg-Altona" (siehe Abschn. 4.10, Fußnote) kann dieser Ansatz deutlich nachempfunden werden. Die erzielten Ergebnisse sind in ihrer Größenordnung zum Teil überwältigend und spornen an. Jedoch: Wie viele solcher Projekte inklusive der dazugehörigen Budgets (im Hamburg im zweistelligen Millionenbereich) befinden sich im eigenen Zugriff? Wahrscheinlich wird die Antwort „sehr wenige" lauten. Zu der Seltenheit kommen noch zwei weitere Aspekte hinzu:

1. Wie fest soll Investition in der Kostenaufstellung des Krankenhauses manifestiert sein?
2. Wann kann/will/muss mit der Verbesserung begonnen werden?

Bei der ersten Frage geht es schlicht und einfach darum, wie stark Investitionen das Ergebnis des Hauses belasten werden. Ein investierter Euro muss drei Voraussetzungen erfüllen. Er muss erstens vorhanden sein, zweitens beplant, beauftragt und umgesetzt werden und drittens einen hohen ROI[10] haben, da das Geld nicht mehr umgewidmet oder bei Umfeldänderungen verändert eingesetzt werden kann. Besonders das Vorhandensein von Investitionsmitteln wird bei dem aktuellen Investitionsstau im Krankenhaussektor in vielen Fällen schon in Frage stellen zu sein. Doch selbst, wenn die Finanzierung geklärt ist, stellt sich die Frage, ob das Geld in Form von Beton, Stahl oder sonstiger Hardware verbaut und damit manifestiert werden sollte. Jeder Euro kann nur einmal ausgegeben werden. Wenn er im Gebäude fixiert wurde, belastet er die Bilanz auf viele Jahre mit seinen Folgekosten. Er senkt so gleichzeitig den Spielraum für die Zukunft. Es wurden harte Fakten geschaffen.

Der zweite Aspekt – die Zeit – hat ebenfalls einen großen Einfluss auf die mögliche Entscheidung. Investitionen dauern lange, zum Teil sogar sehr lange. Jeder kennt diverse Beispiele, wo mehrere Jahre von der ersten Idee bis zur späteren Umsetzung vergangen sind. Während dieser Planungszeit kommen unter Umständen noch weitere Anforderungen, neue Ideen oder neue Verantwortungsträger hinzu. All dies verlängert die Umsetzungszeit weiter. Selbst wenn alles schnell und perfekt funktioniert, bedeutet das für den betroffenen Bereich, dass in der Zwischenzeit nichts mehr verändert wird. Sämtliche Aktivitäten werden auf „hold" gesetzt (siehe Abschn. 4.8). Die Investition nimmt demzufolge Flexibilität und kostet Geschwindigkeit. Viele Lean-Unternehmen versuchen deshalb Investitionen klein, schnell und flexibel zu halten. Sie wollen flexible Gebäude schaffen, einfache Anlagen, Einrichtungen und Geräte beschaffen und Abteilungsstrukturen nicht in entsprechenden Gebäudestrukturen manifestieren. Die Notwendigkeit des Wandels ist beständig, weshalb die Beständigkeit von Strukturen, Gebäuden und Einrichtungen den Wandel gefährden würde. Hier setzt die Fraktion, die sich für prozessuale Verbesserungen interessiert, an. Mit ihrem Argument, umzusetzen, was derzeit

---

[10] ROI – Return on Investment, meint die Rentabilität des Investments.

geht, lösen sie genau den Konflikt der Zeit und des Geldes auf. Sie arbeiten einfach an dem Möglichen und trennen sich von der Gedankenschleife „was wäre wenn". Diese Flexibilität und die Geschwindigkeit erzeugen schneller Ergebnisse. In den meisten Prozessen können mehr als 20 % erreicht werden, was sicherlich eine hoch interessante Größenordnung ist. Die getätigten Ausgaben sind somit in Form von „weichem" Geld umgesetzt. Sie wurden in Arbeitszeit, Beratungsleistung, Schulung oder kleinen Maßnahmen und Materialien ausgegeben. Auch dieses Geld ist erst einmal weg. Der Euro ist ausgegeben und belastet die Bilanz. Doch was ist der Unterschied? Diese Ausgaben haben weniger Folgekosten und zudem wurde das Humankapital des Krankenhauses erhöht. Die Mitarbeiter haben aktiv in dem vorhandenen System Verbesserung erzeugt. Darüber hinaus blieb die Flexibilität bewahrt. Können und Kompetenzen der Mitarbeiter können weiterhin zur Lösung anderer und zukünftiger Probleme eingesetzt werden. Kleine Ausgaben für Hilfsmittel wie Boards, Mappen, Visualisierungen, Schilder etc. sind unter Umständen anderweitig einsetzbar. Erfahrungsgemäß ist das Ergebnis der Verbesserung sofort sichtbar, auch wenn es nur „klein" ist.

Ein Beispiel

In einer Rettungsstelle sollten mithilfe eines Lean-Projektes Verbesserungen erzielt werden. Es galt die Durchlaufzeit (Verweildauer von Ankunft bis Aufnahme beziehungsweise Verabschiedung des Patienten) zu reduzieren, die Patientenanzahl zu erhöhen und die Patientenzufriedenheit zu verbessern. Es wurde ein Projekt mit Projektteam, unterstützt von einem externen Berater, aufgesetzt. Damit waren die ersten Euro „weich" ausgegeben. Da die Leitung von Anfang an das Ziel verfolgte, „Hilfe zur Selbsthilfe" zu betreiben, waren begleitende Schulungen sowie echte Workshoparbeit (gemeinsame Erarbeitung von Lösungen) vorgegeben.

Bei der Analyse der Ist-Situation wurden schnell folgende Handlungsfelder erkannt:

1. Raumknappheit: Patienten liegen im Flur.
2. Hoher Dokumentationsaufwand: zwei bis drei Stunden täglich je Arzt.
3. Schlechter Patientenabfluss ins Haus: Die Patienten werden nicht zeitnah von den Stationen aufgenommen und blockieren die Rettungsstelle.
4. Vereinzelt lang andauernde Untersuchungen und Diagnostikmaßnahmen, die die Durchlaufzeit verlängern: beispielsweise Labor und Sonographien.
5. Keine Behandlungsstandards: Behandlungen variieren deshalb stark.

Vom ersten Workshoptag an dominierten die Punkte eins und zwei. Die Mitarbeiter benannten sofort den Bedarf an einer neuen EDV mit elektronischer Patientenakte und an mehr Räumen. Die Rettungsstelle war ursprünglich für viel weniger Patienten geplant und gebaut worden. Die Projektgruppe arbeitete also direkt im Spannungsfeld der „harten" oder „weichen" Ausgaben. Besonders die gefühlte Ohnmacht bezüglich der fehlenden Investitionen und den daraus resultierenden Herausforderungen war für einzelne Projektmitarbeiter extrem demotivierend: „Wenn endlich mal die notwendigen Investitionen getätigt würden, lösten sich eine Vielzahl von Problemen in Luft auf und wir müssten uns nicht um die Krümel kümmern", so eine beispielhafte Aussage. Doch welchen Auftrag und welche Erfolgsaussicht hätte die Projektgruppe mit der Fokussierung auf diese Themen/ Strategie? Die Situation vor Ort würde sich sicher die nächsten zwei Jahre nicht ändern. Vorher könnte keine der Maßnahmen realisiert werden, selbst wenn die Finanzierung bereits geklärt wäre. Gleichzeitig versprach das Bearbeiten jeder dieser fünf Handlungsfelder große Verbesserungssprünge und war für alle Beteiligten sehr interessant.

Aufgrund des fehlenden Budgets und der langen Umsetzungszeit erfolge die Vereinbarung, zunächst organisatorische Punkte anzupacken. Es wurden Regeln für den „Patientenabfluss" erarbeitet, Präsenz- und Reaktionszeiten von Ärzten vereinbart und Behandlungsstandards erzeugt. Wie bei jeder Prozessänderung konfrontierten auch diese Maßnahmen die Projektmitglieder mit allen Schwierigkeiten des Veränderungsprozesses wie überzeugen, verstehen, zulassen, akzeptieren, ausprobieren, führen und nachjustieren.

Da im aktuellen Wirtschaftsplan Mittel für den Bau eines zusätzlichen Untersuchungszimmers bewilligt und dieser bereits in Planung war, galt es zu entscheiden, wofür das Geld ausgegeben werden sollte. Der Raum sollte schnell die größte Raumnot lindern. Es zeigte sich jedoch, dass der zusätzliche Raum zwar relativ zeitnah (frühestens in 5 Monaten) Entspannung bringen könnte, gleichzeitig jedoch einen weiteren Fixpunkt im Grundriss erzeugen würde. Dieser Fixpunkt würde bei zukünftigen Optimierungsbemühungen nicht ohne weiteres zu ändern sein. Zudem lag das Gesamtraumkonzept (Umbau oder Neubau der Rettungsstelle) noch nicht vor, sodass keine Aussage über die Richtigkeit bzw. die Notwendigkeit des neuen Raumes getroffen werden konnte. Also wurde folgende Vorgehensweise beschlossen:

1. Umsetzung der organisatorischen Maßnahmen wie oben beschrieben.
2. Parallele Erarbeitung eines Raum-Umnutzungskonzepts als Sofortmaßnahme zur kurzfristigen Entlastung vor Ort: Das Konzept sollte zum einen weniger Kosten als der zusätzliche Raum und zum anderen mehr Wirkung im Hinblick auf die Projektzielstellung erreichen.
3. Erstellung eines Gesamtraumkonzeptes mit nötigenfalls größeren Investitionsoptionen zur langfristigen Sicherstellung der Projektzielsetzung.

Mit der Raum-Umnutzung gelang es der Projektgruppe, einen kostengünstigen Vorschlag zu erarbeiten und ohne den Bau eines zusätzlichen Raumes die aktuelle Raumnot zu lindern. Da die Maßnahmen keine größeren baulichen Änderungen beinhalteten, konnte eine Entspannung der Situation innerhalb von drei Monaten erreicht werden. Durch die aufgezeigte Vorgehensweise wurden:

* kurzfristig Verbesserungen erzielt,
* bereits geplante Investitionen reduziert und in Kombination mit organisatorischen Maßnahmen zu größerer Wirkung gebracht,
* Verschwendung aus dem vorhandenen Prozess eliminiert und
* Prozessverständnis und Kompetenzen bei den Mitarbeitern erzeugt sowie gestärkt.

Zusammenfassung

Baugeld ist „hart" und fix. Zudem belastet es das Krankenhaus langfristig mit Folgekosten. Jedes Bauprojekt war mal toll, neu und genau richtig. Diese Richtigkeit war kontext- und zeitbezogen. Prozesse und Anforderungen ändern sich jedoch stetig. Deshalb steht heute schon fest, dass die geplante Investition in Zukunft nicht mehr hundert Prozent passen wird. Diese wesentliche Entscheidungsgröße ist in vielen Fällen die Amortisationszeit. Wenn sich die Investition schnell rechnet und die Mittel vorhanden sind, wird umgesetzt.

Prozessgeld ist „weich" und damit flexibel, kann jedoch nicht immer die gleichen Verbesserungssprünge wie größere Investitionen erzeugen. Es muss also genau überlegt werden, wofür der kostbare Euro ausgegeben werden soll. Investitionen in die Fähigkeiten der Mitarbeiter erhöhen die Chance auf zukünftige Optimierung und eigenständiger Verbesserungsarbeit bei etwaig notwendigen Änderungen. Wenn in der alten Struktur beziehungsweise mit den alten Gebäuden keine echte Verbesserung möglich ist, muss „hartes Geld" eingesetzt werden.

4.14   Von oben oder unten – Wie führt hier wer?

Ein Krankenhaus besteht aus vielen Abteilungen, Stationen, Berufsgruppen und Prozessen. Es bedarf Koordination und Ausrichtung, um den dauerhaften Bestand des Unternehmens sicherzustellen. Niemand wird infrage stellen, dass Führung diese Aufgabe leisten muss. Was unter dem Begriff Führung genau zu verstehen ist, wird von den Beteiligten differenziert gesehen. Soll die Führungskraft strikt vorgeben, was wer wann zu tun hat? Ist das Schaffen eines Rahmens ausreichend? Besonders in der sehr hierarchischen Struktur eines Krankenhauses sind Aspekte der Macht (Durchsetzung des eigenen Willens aufgrund von Position) und der Einflussnahme (eher beratende und freundliche Willensbekundung) gleichzeitig anzutreffen. Die ärztliche Seite tendiert zur Machtausübung, die Pflege praktiziert tendenziell eher die Einflussnahme.

Im Kontext von Prozesssteuerung kann eine Unterscheidung zwischen vorgesetzt sein (Headship) und Führung (Leadership) interessant sein. Ein Vorgesetzter wird von der Leitung eingesetzt und mit bestimmten Befugnissen wie Sanktion, Anordnung und Entscheidung ausgestattet. Hintergrund hierfür ist die Durchsetzung der Unternehmensziele zum Wohle und Erhalt des Unternehmens. Der Vorgesetzte bleibt in der Regel über längere Zeit in dieser Position, sodass sich Strukturen und Verhaltensweisen verfestigen können.

Führung hingegen funktioniert anders. Sie kann durch alle Mitarbeiter und Führungskräfte des Unternehmens erfolgen. Nimmt eine Person in einer bestimmten Situation das Zepter in die Hand und wird dabei von der Gruppe akzeptiert, hat sie geführt. Die Führungsrolle wurde bestätigt. Dies kann sich in der nächsten Situation ändern oder erneut bestätigen. Führung (Leadership) kann sich jederzeit ändern und ist somit flexibel bei der Interaktion von Menschen. Vorgesetzte werden formell von oben etabliert, während Führer informell durch die Handelnden ernannt werden. Selbstverständlich kann ein Vorgesetzter auch selbst der anerkannte Führer im Sinne von Leadership sein oder die spontane Führung seiner Mitarbeiter fördern und dann seine Positionsmacht nur im Notfall heranziehen.

Wie in Abb. 4.26 dargestellt können noch weitere Vergleichsmerkmale unterschieden werden.

Führen	Vergleichsmerkmal	Vorgesetztsein
nein	legale [Positions]macht	ja
nötig	Zustimmung der Geführten	nicht nötig
weicher	Machtgrundlagen	restriktiver
Chance für alle, nicht gesichert	Koordinationsfunktionen	Pflicht für einen, eher gesichert
die Handelnden, informell	Auswahl der Person	die Oberen, formell
Beitrag zur Aufgabe	wichtiges Auswahlkriterium	Beitrag zu Organisation
problembezogen	Dauer	unbefristet
überall	Anwendbarkeit	nur in Hierarchie
kulturabhängig	Führungsqualität	kulturabhängig

Abb. 4.26 Vergleich Führen versus vorgesetzt sein, Scholl, 2014

Welchen Einfluss hat diese Unterscheidung auf die Verbesserungsarbeit? Bei der Prozessverbesserung im Kontext von Lean gilt es stets, die Mitarbeiter bei der Problembeseitigung beziehungsweise der Generierung von Ideen zur Weiterentwicklung des Unternehmens Richtung Nordstern zu unterstützen. Somit sind reine Vorgesetztenfunktionen – gar in Kombination mit häufiger Machtausübung – zu hinterfragen. Wie soll das Mitarbeiterwissen genutzt werden, wenn die Führungskraft nur als Vorgesetzter agiert beziehungsweise nicht führt? Wenn sie im Sinne von Leadership durch die Mitarbeiter nicht bestätigt wird? Wie kann die Interaktion im Team verbessert werden, wenn Führung als Macht-, Anordnungs- oder Anweisungsinstrument verstanden wird? Häufig wissen die Mitarbeiter über den eigentlichen Leistungserbringungsprozess viel mehr als der Vorgesetzte. Sie haben die Erfahrung, stehen dem Kunden näher und erhalten dessen Feedback direkt. So kann es nur das Ziel der Führungskraft sein, dieses Wissen zu nutzen, unterstützend den Rahmen für die Verbesserungsarbeit zu schaffen, zu fördern, zu fordern und als Einflussnehmer die Richtung der Aktivitäten zu gewährleisten. Die Mitarbeiter wollen echte Führung und benötigen die Ausrichtung auf den Nordstern. Die tägliche Auseinandersetzung mit Verbesserungsarbeit schafft Unsicherheit, erzeugt auch mal Fehler oder Rückschläge und muss ständig am Laufen gehalten werden. Verbesserungsarbeit ist anstrengend für alle Beteiligten. Ohne anerkannte Führung wird das Durchhalten schwer. Bei der Machtausübung aus der Position des reinen Vorgesetzten (mit einer restriktiven Wertvorstellung) werden die Vorschläge der Mitarbeiter missachtet und bleiben so ungenutzt. Wissen und Interessen verlieren ihren Zugang zum Prozess. Weiterhin verursacht derartiges Verhalten bei den Betroffenen Gegenwehr oder bei Hilflosigkeit Abkehr oder Aufgabe. Führungskräfte in Form von Führern sind unerlässlich für die dauerhafte Prozessverbesserung. Sie stellen das Bindeglied zwischen der Verbesserungsarbeit und der neuen Arbeitsweise dar. Sie stärken die Mitarbeiter und werden durch ihr Verhalten neben der inhärenten Vorgesetztenposition zu Führungskräften (Leadership).

4.15   Autos oder Menschen – Wie groß ist die Schnittmenge?

Unternehmen aus der Industrie und Krankenhäuser unterscheiden sich. Diese Aussage zweifelt wohl niemand an. Der Leser aus dem medizinischen und pflegerischen Bereich freut sich gar darüber, dass es hier so klar formuliert wird. In der erwähnten Aussage: „Wir bauen hier keine Autos! Bei uns geht es um Menschen" steckt viel Kraft und Wahrheit, sie ist aber leider häufig auch eine Art Ausrede. Natürlich ist es etwas anderes, ein Auto zu bauen als einen Patienten zu heilen. Aber allein der Unterschied des Unternehmenszwecks erklärt nicht die Wirksamkeit der Verbesserung nach den Lean-Prinzipien.

Ein Fahrzeug besteht aus weit mehr als 10.000 Teilen. Um den Qualitätsanspruch des Kunden gerecht zu werden, muss das Fahrzeug hundertprozentig funktionstüchtig sein und vielen Erwartungen entsprechen. Wenn das Auto mit einer Wahrscheinlichkeit von größer als 90 % funktionstüchtig sein soll, müssen alle Teile mit einer Fehlerrate von kleiner als 1:100.000 erzeugt werden. Das heißt, der Produktions- bzw. Fügeprozess jedes Einzelschritts darf nur alle 100.000 Teile nicht funktionieren, damit in Summe noch ein Ergebnis von 90 % erzielt werden kann. Das ist eine enorme Herausforderung. Aus diesem Grund werden die Fehlerraten in der Industrie nicht in Prozent, sondern in parts per million (ppm) gemessen. Eine derart hohe Prozessgüte kann nur durch absolut hochwertige Prozesse gelingen. Unter diesem Druck stehend hat sich speziell die Automobilindustrie in den letzten 60 Jahren stark mit dem Thema Prozessverbesserung auseinandergesetzt. Die hohen Produktionskosten, die vielen beteiligten Mitarbeiter, die meist große Konkurrenz und die hohen Kostenrisiken bei schlechten Produkten machen eine intensive Beschäftigung mit der Prozessverbesserung unabdingbar. Standards, Problemlösungstechniken, Prozessdenken (der Einzelne tritt zugunsten des Gesamtsystems in den Hintergrund), Transparenz und Regelkommunikation sind beispielsweise Usus und werden nicht infrage gestellt.

Die aktuell in den meisten Krankenhäusern vorhandenen Strukturen und Prozesse würden die Herstellung eines bezahlbaren und fehlerfreien Fahrzeuges unmöglich machen. Glücklicherweise greifen hier derzeit andere Mechanismen wie Erfahrung und Intuition der Mitarbeiter, Flexibilität der Patienten, Förderung und Subventionierung durch die Politik, hohe Privatpatientenquoten etc., sodass Krankenhäuser noch wirtschaftlich betrieben werden können.

Ein unklarer Qualitätsbegriff (Wann entspricht eine Leistung hundert Prozent?) und ein häufig nicht nachweisbares Fehlverhalten der Beteiligten bzw. Abweichen vom Soll „unterstützen" den Prozess im Krankenhaus ebenfalls. Die Unklarheit wird zu einer Nichtmessbarkeit und führt somit zu einer Gegenstandslosigkeit. Was nicht messbar oder nachweisbar ist, existiert praktisch nicht.

In Tab. 4.2 werden die bei der Verbesserungsarbeit der letzten drei Jahre erkannten Unterschiede zwischen Industrie und Krankenhaus beschrieben. Sie sollen helfen, die ungleich schwierigere Lean-Implementierung im Krankenhaus besser zu verstehen, dabei gleichzeitig den eigenen Erkenntnisprozess unterstützen und Anregungen für die eigene Verbesserungsarbeit geben. Vereinfacht wird dabei angenommen, dass alle Industrieunternehmen und Krankenhäuser gleich agieren, wohl wissend, dass dies in der Praxis nicht der Fall ist. Sowohl in der Industrie also auch im Krankenhausbereich existieren sowohl extrem erfolgreiche, schlanke und schlagkräftige Unternehmen als auch weniger strukturierte und eher schwach

Tab. 4.2 Bei der Verbesserungsarbeit erlebte Unterschiede zwischen Industrie und Krankenhaus

Nr.	Merkmal	Industrie	Krankenhaus	Lean-Wirkung	Lösungsmöglichkeit im Krankenhaus
1	Gesamtprozessverantwortung	Zum Teil vorhanden	Nicht vorhanden	Hoch	Verantwortung auf Basis Commitment
2	Struktur (Aufbauorganisation)	Häufig: Linienstruktur	Häufig: Matrixstruktur	Hoch	Keine Lösung außer Umstrukturierung
3	Zeitanteil für Führung (Organisation und Mitarbeiter)	ca. 100 %	Häufig kleiner als 20 %, da die Führungskraft selbst mitarbeitet	Sehr hoch	Organisationsmanager einsetzen, der Führung und Organisation übernimmt, alternativ Führungszeit mit einplanen
4	Denken und Handeln	Kooperativ bis hierarchisch, häufig Prozessdenken	Stark hierarchisch, Berufsgruppen-denken (Ärzte, Pflegende etc.)	Mittel	Nach und nach Veränderung der Einstellung durch Vorleben, Coaching der Führungskraft
5	Rollenverständnis der Führungskraft	Manager	Häufig fachlicher Spezialist	Hoch	Führungskraft führt fachlich, Organisationsmanager führt die Organisation
6	Kundenverständnis	Klar: der Käufer der Ware, der nächste Prozessschritt	Unklar: Krankenkasse, Patient, wird häufig nicht thematisiert	Klein	Patient als Kunden festlegen und Krankenkassen als Rahmengeber verstehen
7	Qualitätsbegriff	Qualität = alle definierten Merkmale sind vorhanden	Qualität häufig *objektiv* nicht messbar (Wenn das medizinisch Notwendige getan wurde?)	Mittel	Versuch einer Qualitätsdefinition je Bereich, jedoch nicht gänzlich lösbar.
8	Tätigkeitszeitbausteine (Wie viel Zeit benötigt welche Tätigkeit?)	Vorhanden: als Basis für Planung/ Arbeitszuteilung	Nur eingeschränkt vorhanden, keine Basis für Planung/ Arbeitszuteilung	Klein	Schätzzeiten verwenden, Auslastungsgrad planerisch auf 80 % reduzieren

Tab. 4.2 (Fortsetzung)

Nr.	Merkmal	Industrie	Krankenhaus	Lean-Wirkung	Lösungsmöglichkeit im Krankenhaus
9	Veränderungs-bereitschaft der Führungskraft	Häufig vorhanden, da das Selbstverständnis von einem Systemge-danken geprägt ist.	Häufig nur vorhanden, wenn die Veränderung für die Führungskraft gut ist (stark berufsgruppen- und persönlichkeitsorientiert)	Sehr hoch	Einbindung über Kick-Off-Workshops mit Einschwören der Mannschaft und anschließendem Coaching der Führungskraft
10	Coaching Topmanagement	Erlaubt und angewandt	Eher nicht erlaubt: abhängig vom Selbstverständnis des Chefarztes	Sehr hoch	Anbieten und durchführen, wo erwünscht
11	Pull (ziehende Prozesse, d. h. verbrauchs- statt bedarfsorientiert)	Funktioniert und angewandt	Nicht immer möglich (z. B. Rettungsstelle)	Mittel	Reservekapazitäten, Eskalationsme-chanismen einführen
12	Mitarbeiter-flexibilität (Einstellung, Ein-satzbereitschaft, Einsatzgebiete)	Eher gering, keine Leidensfähigkeit	Eher hoch, Leidensfähigkeit (MA besitzen häufig eine hohe Hilfsbereitschaft und ertragen deshalb mehr)	Klein	Keine Lösung notwendig
13	Interessenkonflikt Privatperson vs. Unternehmen (z. B. Chefarzt)	Kein Konflikt vor-handen, da privatwirt-schaftl. Aktivitäten im Unternehmen verboten sind	Vorhanden (Privatliquidation und Privatsprechstunde wäh-rend der Arbeitszeit)	Sehr hoch	Privatsprechstunde außerhalb der Kernarbeitszeit (16:00–18:00 Uhr)
14	Anordnungs- und Durchsetzungs-kompetenz Geschäftsführer (GF)	Hoch, GF-Wunsch wird 100 % umgesetzt	Mittel, GF setzt Rahmen und stellt Ressourcen bereit, auf Goodwill der Chefärzte angewiesen, da diese die Ein-nahmen erwirtschaften	Sehr hoch	Arbeiten auf Basis Commitment, Ziel-vereinbarungen nutzen

Tab. 4.2 (Fortsetzung)

Nr.	Merkmal	Industrie	Krankenhaus	Lean-Wirkung	Lösungsmöglichkeit im Krankenhaus
15	Verfügbarkeit Fachkräfte	Meist hoch	Gering (Ärztemangel, Mangel an examinierten Pflegekräften)	Mittel	Keine direkte Lösung, Mitarbeiterbindung durch gute Rahmenbedingungen
16	Anzahl der Standards pro Arbeitsplatz	1–50	50–200 (Pflegestandards, Behandlungsstandards, Qualitätsstandards etc.)	Mittel	Anlernkapazität bereitstellen, wenig häufige Themen in einem Standardordner bereitstellen
17	Standardakzeptanz	Eher hoch und trotzdem ungeliebt	Begrenzt akzeptiert, da der Mediziner jeweils selbst das Maß vorgibt und jeder Patient anders ist	Mittel	Erstellen, Anwendung vorleben, einfordern
18	Mitarbeiterqualifizierung	Häufig anhand von Standards und Training (Vormachen/ Nachmachen)	Ins kalte Wasser schmeißen, Eigenstudium, begleiten, Übergabe von Dokumenten wie Leitlinien etc.	Sehr hoch	Wichtigster Punkt: Anlernkapazität bereitstellen
19	Prozessnähe Topmanagement	Prozessfern: über Hierarchie kommen die gefilterten Informationen.	Prozessnah, da Chefärzte selbst mitarbeiten.	Hoch	Keine Lösung notwendig, da gute Ausgangssituation
20	Informationsweitergabe innerhalb der Organisation	Üblich und über Regelkommunikation geregelt	Nicht regelhaft, da Zeit fehlt und Chef-und Oberärzte Führungsverantwortung nicht ausfüllen können	Mittel	Zeiten zentral vorgeben und einfordern

Tab. 4.2 (Fortsetzung)

Nr.	Merkmal	Industrie	Krankenhaus	Lean- Wirkung	Lösungsmöglichkeit im Krankenhaus
21	Informationsoffenheit (Transparenz)	Mittel: Transparenz ist häufig betriebliche Praxis, Detaillierung entscheidend (spez. Shopfloor Management macht Angst)	Eher gering: Transparenz häufig ungewohnt und wird eher als bedrohlich empfunden, teilweise auch persönlich genommen	Hoch	Vorleben, Kommunikationstraining
22	Stundenplan als Basis für die tägliche Arbeit	Üblich und anerkannt	Nicht akzeptiert, da persönliche Entscheidungskompetenz eingeschränkt wird	Hoch	Zentral vorgeben und einfordern
23	Besprechungs- und Handykultur	Meist vorhanden und gelebt	Nicht vorhanden, nicht gelebt	Mittel	Regeln zentral vorgeben, vorleben und einfordern
24	Feedbackkultur	Vorhanden und gelebt	Eher nicht vorhanden, Chef- und Oberärzte sind es nicht gewohnt, echtes Feedback zu geben und zu erhalten.	Mittel	Kommunikationsmodul einführen (Kurs)
25	Kundenbeziehung	„Wir wollen etwas vom Kunden" (Produktkauf)	„Der Patient will etwas von uns" (Heilung)	Mittel	Sichtweisenänderung in der Verbesserungsarbeit thematisieren
26	Leistungsentscheidung	Kunde sagt, was er will und bezahlt dafür	Arzt ähnelt einem Vormund, der mit der Kasse über die Leistung entscheidet, der Patient ist kein souveräner Entscheider	Gering	Keine Lösung

agierende Vertreter. Diese Unternehmen unterscheiden sich positiv bzw. negativ von der aufgezeigten Grundtendenz.

Erklärung: Mit dem Wort „Lean-Wirkung" ist gemeint, wie stark sich das Merkmal auf eine Lean-Management-Implementierung auswirkt. Die Spalte „Lösungsmöglichkeit" soll erste Ideen mit dem Umgang dieses Merkmals aufzeigen. Bei der Durchsicht der 26 Unterschiedsmerkmale fällt auf, dass bis auf die Merkmale „Mitarbeiterflexibilität" (Nr. 12) und „Prozessnähe Topmanagement" (Nr. 19) alle Merkmale die Ausgangssituation für eine erfolgreiche Lean-Implementierung im Krankenhaus eher erschweren. Nichtsdestotrotz haben die vielen Beispiele im Buch das Potenzial des Lean-Ansatzes hinreichend klar aufgezeigt.

Einige Merkmale sind in ihrer Bedeutung sehr groß und müssen deshalb sorgsam thematisiert und bedacht werden – wie zum Beispiel die Merkmale „Interessenkonflikt Privatperson vs. Unternehmen (z. B. Chefarzt)" (Nr. 13) und „Anordnungs- und Durchsetzungskompetenz Geschäftsführer (GF)" (Nr. 14).

Gerade in DAX-Unternehmen hat das Thema Compliance eine sehr starke Bedeutung. Bei der Daimler AG existiert beispielsweise ein eigener Vorstandbereich „Integrität und Recht" zur Wahrung einer strikten Trennung von Privatperson und Unternehmen. Eine Annahme von Provisionen von Pharmafirmen oder Firmen des medizinischen Sachbedarfs sowie die Erwirtschaftung von über das Gehalt hinausgehenden Umsätzen während der Arbeitszeit wären undenkbar und nicht akzeptiert. Jede während der Arbeitszeit im Haus erbrachte Leistung soll ausschließlich dem Wohl des Unternehmens dienen.

▶ **Compliance** Sinngemäß Einhaltung bestimmter Gesetze und Regeln. Der Bereich Compliance umfasst dabei auch die Einhaltung eigener ethischer Verhaltenskodizes und anderer nicht-gesetzlicher Regelungen. Der Begriff stammt ursprünglich aus der Finanzwirtschaft (nach Springer Gabler Verlag 2013).

Auch die Rolle des Geschäftsführers im Krankenhaus ist für Industrieunternehmen sehr ungewöhnlich und würde deren Schlagkraft erheblich reduzieren. Der Geschäftsführer (bzw. vergleichbare Position) ist juristisch, moralisch, ökonomisch, und personell für das Unternehmen verantwortlich. In dieser Rolle trifft er die notwendigen Entscheidungen und trägt gegebenenfalls die Konsequenzen. Der Geschäftsführer in der Industrie hat die sogenannte Macht und übt diese auch aus. Was er anordnet, wird mit dem üblichen Schlupf ausgeführt.

In der häufig verwendeten Struktur des Krankenhausdirektoriums (Geschäftsführer, ärztlicher Direktor und Pflegedirektor) ist dies nicht der Fall. Der Geschäftsführer nimmt hier eher die Rolle des Gruppensprechers, des Geldgebers oder des Strategen ein. Seine Anordnungsbefugnis gegenüber den Chefärzten ist häufig begrenzt. Diese werden beispielsweise durch den Vorstand bestellt und agieren weitestgehend selbstständig. Eine direkte Einflussnahme ist dem Geschäftsführer häufig nur auf Basis von Commitment möglich. Hier können Zielvereinbarung (zur Prozessverbesserung) und Beteiligung oder Gewinnung mögliche Abhilfestrategien sein. Der Punkt 26 deutet das Dreiecksverhältnis Arzt-Krankenkasse-Patient an. Der Patient beschreibt lediglich sein Leiden bzw. seinen Heilungswunsch. Der Arzt setzt Untersuchungen und Behandlungen an, die der Patient häufig nicht beurteilen oder bewerten kann. Die Krankenkasse entscheidet schlussendlich anhand ihrer Regularien über die Abrechenbarkeit der Leistungen und schränkt dadurch die Handlungsmacht der Ärzte zusätzlich ein. Der Patient erhält somit eine Leistung, die durch zwei weitere Instanzen festgelegt, erweitert, verändert oder beschränkt wurde. Er kann nicht souverän entscheiden.

Diese Konstellation wäre im Konsumgüterbereich undenkbar. Auf den Autokauf übertragen würde dies bedeuten: Der Kunde beschreibt dem Verkäufer seinen Mobilitätswunsch, der Verkäufer bestimmt das Modell und die Ausstattung nach seinen persönlichen Erfahrungen und die Bank als Verwalter des Sparguthabens geht am Ende der Verkaufsplanung die gewünschte Bestellung noch einmal durch und entscheidet final, ob beispielsweise das Navigationsgerät und die Sitzheizung unbedingt notwendig sind und finanziert nur den Rest mit dem Hinweis, dass aktuell sehr viele andere Autokäufe aus den Spareinlagen zu finanzieren seien und die Sicherheitswirkung eines Navigationsgerätes nicht belegt sei. Wer würde das beim Autokauf akzeptieren?

Zusammenfassung

Die Unterschiede zwischen Industrie und Krankenhaus sind groß und vielfältig. Besonders die nachträgliche Lean-Implementierung in bestehende Krankenhausstrukturen wird in den meisten Häusern sicherlich nicht das gleiche Potenzial entfalten können wie in vielen Unternehmen der Industrie. Es sei jedoch darauf hingewiesen, dass auch dort für viele Unternehmen eine nachhaltige Lean-Implementierung eine echte Herausforderung darstellt. Auch in der Industrie verhalten sich Mitarbeiter und Führungskräfte nicht immer so, wie es benötigt wird. Auch dort existieren verkrustete Strukturen, fehlt der lange Atem und wird zu häufig auf kurzfristige Erfolge anstatt auf langfristige und damit nachhaltige Verbesserung gesetzt. Deshalb ist die Liste derer lang, die von sich behaupten, ein Lean-Management-System implementiert zu haben. Gleichzeitig wird die Liste schnell kürzer, wenn man nach jahrelanger und kontinuierlicher Verbesserung sucht, die nicht von Einzelaktivitäten geprägt ist.

Die Methode Lean funktioniert sowohl in der Industrie als auch im Krankenhaus. Was an Verbesserung jeweils zu erzielen ist, kann im Vorfeld schwer

abgeschätzt werden. Jedes Unternehmen ist individuell und damit nicht vergleichbar, außer mit sich selbst: Stand vor Lean, Stand nach einem Jahr, Stand
nach zwei Jahren etc. Alle anderen Betrachtungen sind sinnlos, da sie nur Kraft
kosten und den Fokus von sich selbst wegführen.

4.16   Hopp oder Top – Was ist hier passiert?

Das Lean-Management-Konzept stammt ursprünglich aus der Automobilindustrie,
also der Arbeit mit Produkten (siehe Abschn. 2.1). Wegen des großen Erfolges
wurde es im Laufe der Jahre auf weitere Branchen übertragen. Dabei war und
ist jeweils eine gewisse Übersetzungsarbeit zu leisten. Nichtsdestotrotz sind sowohl Erfolge als auch Misserfolge vor Ort normal und gleichzeitig Begleiter einer
jeglichen Verbesserungsarbeit beziehungsweise sind Veränderung. Ausprobieren,
Erfahrungen sammeln, erneut ausprobieren sind integraler Bestandteil von Lean
Management. Nachfolgend werden ein paar aufgetretene Schwierigkeiten aufgezeigt, um die abgeleiteten Erfahrungen zu teilen. Es ist zu beachten, dass diese Erfahrungen nicht universell gelten, sondern jeweils kontextbezogen erlebt wurden.

Beispiel 1: Erfolg oder Misserfolg?
Lean Management will dauerhaft Verbesserungsarbeit leisten. Die Prozesse sollen
durch die Mitarbeiter optimiert werden. Die Führungskräfte übernehmen dabei die
Rolle des Begleiters, des Forderers, des Förderers, des Unterstützers. Am Ende soll
eine neue Kultur mit integrierter kontinuierlicher Verbesserung entstehen.

In einem Fachbereich mit drei Stationen, einem Chefarzt und sechs Oberärzten
sollte die Verweildauer reduziert werden. Aufgrund der erheblichen Überschreitung
der Katalogverweildauer stimmte der Chefarzt dem Optimierungsprojekt zu. Er
benannte einen Oberarzt als Teilprojektleiter im Pilotbereich zur Erarbeitung und
Überprüfung der Ideen und ließ die Projektgruppe arbeiten. In monatlichen Steuer-
kreisen berichtete er als Projektleiter gegenüber der Geschäftsführung. Die Projektgruppe konnte mit einfachen Mitteln wie Visualisierung des Patientenfahrplans auf
einem Board, tägliche Kurzbesprechung mit allen Beteiligten an dem Board und
einem strukturiertem Tagesplan/Stundenplan die Verweildauer um 28 Prozentpunkte auf der Modellstation reduzieren (siehe Abschn. 2.2). Nach einigen Monaten stieg
die Verweildauer erneut auf den alten Wert. U. a. wurden folgende Gründe benannt:

- Die Visiten des Chefarztes durchbrechen den Tagesplan und machen eine Ein-
  haltung des Stationsplanes unmöglich.
- Häufig wechselnde Stationsärzte führen zur Nichteinhaltung des erarbeiteten
  Konzepts auf der Modellstation.

- Das Konzept der Modellstation harmoniert nicht mit dem Gesamtstationsablauf des Fachbereichs. Es muss erst ein Mastertagesplan, der alle Stationen mit allen Terminen beinhalten soll, erstellt werden.
- Urlaube und Krankheiten unterminieren den Plan.

Im Rahmen diverser Workshops wurden die Stationsbesetzung und die Visitenzeiten optimiert, ein Masterplan gemeinsam mit allen Oberärzten unter Leitung des Chefarztes erarbeitet, die Stationsärzte den Oberärzten zugeordnet und geschult, mit dem Chefarzt ein optimiertes Stationsmodell sowie diverse Vorschläge zur Strukturierung und Unterstützung des Tagesgeschäfts (Visitensignal, Standardvisitenablauf, Handyverbot während der Visite, Einarbeitungsplan für neue Mitarbeiter etc.) erarbeitet. Alle Maßnahmen scheiterten letztlich am Durchhalten der Oberärzte beziehungsweise am Einfordern und Vorleben des Chefarztes.

Erkenntnis
- Eine Beteiligung des Chefarztes in Form einer adäquaten Rolle (Projektleiter), des regelmäßigen Berichtes gegenüber der Geschäftsführung, der aktiven Workshopmitarbeit und des persönlichen Begleitens durch Prozessexperten sichern *nicht* den Erfolg.
- Die Rolle des Chefarztes ist nicht vergleichbar mit der Abteilungsleiterfunktion in der Industrie. Der Chefarzt agiert autonom und kann im Vergleich zur Industrie weniger durch die Geschäftsführung beeinflusst werden. Es spielen hier noch andere Themen wie Patientenakquisition durch den Chefarzt, Ärztemangel, Macht, Unterschied zwischen medizinischer und disziplinarischer Führung etc. eine Rolle.
- Ein gesundes Grundinteresse an Standards, eigene Disziplin zum Durchhalten von Standards und aktives Vorleben beziehungsweise Einfordern von Standards durch die oberste Führung sind die Erfolgsfaktoren von Prozessstrukturierungsmaßnahmen.

Beispiel 2: Erfolg oder Misserfolg?
In einem Fachbereich mit drei Stationen, einem Chefarzt und fünf Oberärzten sollte ebenfalls die Verweildauer reduziert werden. Auch hier stimmte der Chefarzt dem Optimierungsprojekt zu, da die Katalogverweildauer überschritten wurde und eine Situationsverbesserung nur durch zusätzliches Personal realistisch erschien. Er benannte einen Oberarzt als Teilprojektleiter im Pilotbereich zur Erarbeitung und Überprüfung der Ideen und wirkte bei dem Aufsetzen des Projektes (Mitarbei-

terinfo, Analyseworkshop, Ableitung der Handlungsfelder) mit. Die Projektgruppe belegte die Handlungsfelder durch Messungen und erarbeitete Maßnahmen für den Verantwortungsbereich des Oberarztes. Trotz sehr guter Projektarbeit innerhalb des Projektteams, ersten Erfolgen in dem Oberarztbereich und einer erhöhten Zufriedenheit der beteiligten Mitarbeiter kam es zu Spannungen im Verhältnis zu den anderen Oberärzten beziehungsweise dem Chefarzt. Ein nachfolgender „Zielbestimmungsworkshop" mit allen Oberärzten und dem Chefarzt brachte nur eine leichte Verbesserung. Folgende Punkte wurden beklagt:

- Die erarbeiteten Lösungen sind nicht universell und funktionieren deshalb nicht in den anderen Oberarzt-Bereichen.
- Die definierten Maßnahmen sind nicht die eigentliche Lösung. Es fehlt Personal.
- Die aufgezeigten Potenziale sind nicht realistisch.
- Die spezielle Arbeitsweise des Oberarztes führt zu dem positiven Effekt in seinem Bereich.
- Der betroffene Oberarzt fühlt sich nicht akzeptiert und machtlos. Er sieht sich außerstande, eine Übertragung auf die anderen Bereiche vorzunehmen.
- Die Geschäftsführung blockiert sinnvolle Maßnahmen.

Erkenntnis
- Eine saubere Einführung des Projektes bei allen Führungskräften ist notwendig. Selbst wenn der Chefarzt am Anfang dabei ist und den Oberarzt in dessen Verantwortungsbereich unterstützt, ist eine Akzeptanz bei den anderen Führungskräften nicht sichergestellt. Es handelt sich häufig um starke Persönlichkeiten, die einen erheblichen Einfluss haben.
- Es muss am Anfang eine explizite Rollenklärung erfolgen. Der Oberarzt war der Meinung, er müsse die Übertragung auf die anderen Oberarztbereiche durchführen. Dies kann nur auf Veranlassung des Chefarztes erfolgen. Eine kollegiale Beratung und Optimierung ist im hierarchischen System Krankenhaus nicht realistisch.
- Zur Sicherstellung eines Abteilungserfolges ist die Implementierung einer konstruktiven Kommunikationsstruktur notwendig. Die gesamte Abteilung muss sich bei der jeweiligen Verbesserungsarbeit einig sein. Erfolgreiche Verbesserung bedarf demnach der Zusammenarbeit und des intensiven Austauschs.

Beispiel 3: Erfolg oder Misserfolg?

In einem Verwaltungsbereich sollte die Abrechnungszeit (Informationseingang bis Rechnungsstellung) auf zwei Tage reduziert werden. Es lag ein erheblicher Auftragsstau vor und die Mitarbeiter hatten diverse Überstunden. Mit der Bereichsleitung wurde eine Auftragsklärung inklusive Zieldefinition durchgeführt. Da softwareseitig keine Auswertungsmöglichkeit bestand, erhielt ein Mitarbeiter die Aufgabe, eine praktikable Abrechnungszeitmessung zu erarbeiten. Parallel wurden Verbesserungsworkshops, Teamqualifizierungen, 5S-Aktionen und eine Regelkommunikation eingeführt. Die Umsetzung der verschiedenen Maßnahmen dauerte ziemlich lange, da sie neben der eigentlichen Arbeit ausgeführt werden mussten. Nach einem halben Jahr kam die Frage auf, wie sich der Bereich verbessert habe. Folgende Verbesserungen wurden benannt:

- Die Zusammenarbeit hat sich verbessert.
- Der Anteil der offenen Rechnungen wurde um 97 % reduziert.
- Diverse Standards wurden erstellt.
- Die Mitarbeiter haben einen Qualifizierungsplan erstellt, der aktuell noch abgearbeitet wird.
- Eine Regelkommunikation wurde eingeführt, sodass nun Probleme viel schneller gelöst werden können.

Folgende Fragen der Geschäftsführung blieben unbeantwortet: „Wie hat sich die Abrechnungszeit entwickelt? Wurde das Ziel von zwei Tagen erreicht?"

Erkenntnis
- Um den Erfolg/Misserfolg der Verbesserungen und Maßnahmen belegen zu können, braucht es ein Messsystem. Nur was gemessen werden kann, kann verbessert werden. Ansonsten besteht die Gefahr, dass die Ist-Situation nicht verstanden ist, Maßnahmen nicht zielgerichtet sind und der Erfolg nicht belegt werden kann. Ferner wird das Verbesserungsteam aufgrund von Unklarheit seines Erfolges beraubt.
- Das Messsystem muss *vor* Projektbeginn installiert werden, da sonst nicht alle Verbesserungen erfasst werden und die Messung unter Umständen bei der täglichen Verbesserungsarbeit untergeht.

Beispiel 4: Erfolg oder Misserfolg?

In einer internistischen Klinik sollte die Patientenaufnahme optimiert werden. Die Patienten mussten während der Prozedur erhebliche Wartezeiten, lange Wege und eine geringe Erlebnisqualität in Kauf nehmen. Die Ärzte mussten für die einzelnen Aufnahmen ihre Stationsarbeit unterbrechen und die Untersuchungsräume waren räumlich nicht konzentriert und zeitweise anderweitig blockiert. Es wurde von der Geschäftsführung beschlossen, ein Aufnahmezentrum zu installieren. Das Konzept für das Aufnahmezentrum wurde unter Begleitung der Pflegedirektion, eines Oberarztes, eines Stationsarztes, einer Pflegekraft und des internen Lean Managers im Rahmen eines Workshops erarbeitet. Im Anschluss an den Workshop erfolgte die Vorstellung vor dem Krankenhausdirektorium und dem betroffenen Chefarzt. Diese stimmten dem Konzept zu, wobei der Chefarzt in einigen Punkten noch skeptisch war. Das Aufnahmezentrum wurde umgesetzt. Während der gesamten Umsetzungsphase galt es, die Schnittstellen zu informieren, die Wünsche des Chefarztes und anderer Mitarbeiter aufzunehmen, Erklärungen für die Maßnahmen zu liefern, Anpassungen aufgrund von Restriktionen vorzunehmen und ständig den Erfolg mithilfe des installierten Messsystems zu kontrollieren. Der Lean Manager begleitete das Aufnahmezentrum über zwei Jahre.

Nachdem der Lean Manger seinen Job wechselte, verfielen alle Beteiligten wieder in den alten Modus und die Patientenaufnahme erfolgte in der alten Manier.

Erkenntnis
- Eine dauerhafte Begleitung durch einen internen Berater kann und darf nicht sinnvoll sein. Sie ist ein untrügliches Zeichen dafür, dass der Bereich die „Ownership" (Eigenverantwortung) nicht übernommen hat. Es ist bei der Projektplanung auf eine begrenzte Rolloutphase und ausreichende Qualifizierung der Bereichsmitarbeiter zu achten. Der Bereich muss die Verbesserung eigenverantwortlich vorantreiben. Der Lean Manager fungiert nur als Unterstützer.
- Ein Verbesserungsprojekt kann nicht ohne Weiteres einem Bereich auferlegt werden. Für den Bereich, insbesondere für den verantwortlichen Chefarzt, muss in verständlicher Weise der persönliche Nutzen klar, nachvollziehbar und erstrebenswert sein.

Beispiel 5: Erfolg oder Misserfolg?
Zu Beginn eines jeden Optimierungsprojektes gilt es, den Rahmen für die Verbesserung zu schaffen. Neben der formalen Auftragsklärung, der Benennung der Projektteilnehmer und der sonstigen Ressourcen ist das „In-Kontakt-kommen"

eine wichtige Aufgabe für den Berater (Verbesserungsmanager). Eine häufig an-
gewandte Methode ist das Interview/die Befragung (siehe Abschn. 5.1). Hierbei
werden beispielsweise in einem einstündigen Interview Fragen zu verschiedenen
Themenbereichen wie Zusammenarbeit, Zufriedenheit, Arbeitsweise, Unterstützung, Qualifikation usw. gestellt. Ferner wird den Mitarbeitern und Führungskräften Raum für eigene Themen geben. Man nennt diese Befragungsform „Teilstrukturiertes Interview". Es handelt sich also um ein Analyseinstrument zum Kennen-
lernen der Organisation und zur Identifikation von das Projekt beeinflussenden
Zusatzthemen (siehe Abschn. 5.1). Das Ergebnis der Befragung wird anschließend
verdichtet, anonymisiert und sowohl der Führung als auch den Mitarbeitern des
betroffenen Bereichs vorgestellt.

Diese Form des Einstiegs wurde in drei verschiedenen Projekten durchgeführt.
Alle Mitarbeiter und Führungskräfte wurden befragt, das Ergebnis zusammengefasst, den Führungskräften als Erstes vorgestellt und nach deren Freigabe – es
sollte verhindert werden, dass sich die Führungskraft unter Umständen vorgeführt
fühlt – der gesamten Mannschaft präsentiert. Das Interesse war jeweils sehr groß.
Folgende Reaktionen (gemischte Darstellung aus den drei Projektbereichen) traten
auf:

- Die Mitarbeiter waren allgemein erfreut, einmal konkret zu ihren Problemen
  und Themen befragt zu werden.
- Ein Chefarzt war von dem Thema „Führung" stark irritiert. Dieses wurde explizit von den Mitarbeitern benannt. Nach Erläuterung war er zufrieden und
  stimmte einer inhaltlichen Arbeit zu.
- Ein Chefarzt hörte sich das Ergebnis ruhig an (es ging u. a. um die demotivie-
  rende Morgenrunde) und hatte lediglich ein paar Verständnisfragen. Auch er
  stimmte einer Präsentation vor den Mitarbeitern zu. Am nächsten Tag verlautete
  er jedoch in der Morgenrunde, dass er enttäuscht von den Mitarbeitern sei und
  sich verraten fühle. Ferner würde er wissen wollen, wer diese Statements ab-
  gegeben habe. Im Ergebnis waren die Mitarbeiter erschreckt und verängstigt.
  Gleichzeitig war nach einiger Zeit eine Veränderung im Verhalten des Chefarztes zu spüren.
- Eine Gruppe benannte der Geschäftsführung explizit Themen wie fehlende
  Informationen, das Nichtgewähren von benötigten Arbeitsmitteln, das Einmi-
  schen in Abteilungsthemen usw. Diese konkreten Formulierungen erzeugten
  jedoch keine konkrete Handlung bei der Geschäftsführung. Im Ergebnis waren
  die Mitarbeiter unzufrieden und enttäuscht.

Erkenntnis

- Eine Frage zu stellen, ist das Versprechen, sich mit der Antwort auseinanderzusetzen. Befragungen erzeugen die Erwartungshaltung, dass die angesprochenen Themen inhaltlich bearbeitet werden. Die Erwartung entsteht selbst dann, wenn bei der Befragung darauf hingewiesen wurde, dass dies nicht gewährleistet werden kann. Eine saubere inhaltliche Einbettung der Befragung in die Projektarbeit ist zwingend notwendig. Um Demotivation zu vermeiden, muss sich die Führung darüber im Klaren sein, dass eine eigene intensive Auseinandersetzung mit dem Ergebnis der Befragung erforderlich ist, sei es auch nur in Form von Kommunikation.
- Das „Teilstrukturierte Interview" erzeugt immer eine Wirkung, häufig stärker als vermutet. Es verdeutlicht Themen, die sich in jedem Fall durch das gesamte Projekt durchziehen werden.
- Insbesondere Chefärzte sind es nicht gewohnt, Feedback zu erhalten. Eine Befragung stellt eine enorme Herausforderung für sie dar. Es muss vorher abgewogen werden, ob die Befragung eine positive Irritation oder eher eine negative Intervention darstellt.

Zusammenfassung

Der Erfolg der Verbesserungsarbeit ist stets von den individuellen Bereichsspezifika abhängig. Die Mitarbeiter, die Führungskräfte, die Themen und die Bereichskultur sind jeweils unterschiedlich. Was in dem einen Projekt hervorragend funktioniert hat, kann in einem anderen Projekt zu Problemen führen. Trotz allem verspricht das Einhalten bestimmter Grundregeln wie installiertes Messsystem vor Projektbeginn, anfängliche Rollenklärung, Schaffung einer konstruktiven Projektkommunikation im gesamten Team, Verdeutlichung des Projektnutzens sowie Erzeugung einer Eigenverantwortung (Ownership) im Bereich eine größere Erfolgsaussicht. Gleichzeitig stellen nicht überzeugte leitende Führungskräfte, das Konzept der kollegialen Beratung und das Fehlen von Disziplin und dem Vorleben von Standards eher Projektrisiken dar.

Prozessverbesserung mit Change Management und Kommunikationstraining

5

5.1 Change Management

Change Management (auch Veränderungsmanagement genannt) umfasst alle Aufgaben, Maßnahmen und Tätigkeiten zur strukturierten Veränderung einer Organisation hinsichtlich Strategie, Struktur und Kultur. Die Veränderungen sollen im Bereich von Verhaltensmustern und von Fähigkeiten auf organisationaler und personaler Ebene erreicht werden. Das Handlungsfeld erstreckt sich dabei auf alle Phasen eines Veränderungsprozesses, beginnend mit der vorbereitenden Analyse und Planung (Diagnose) von Vorhaben über die Einleitung und Ausweitung entsprechender Maßnahmen (Implementierung) bis hin zu Stabilisierung der herbeigeführten Veränderungen.

Die Einführung von Lean Management ist also *immer* auch eine Form von Change Management (siehe hierzu auch Abschn. 2.2). Die Prozessverbesserung ist nur eine Säule des Lean Managements. Die beiden anderen Säulen „Führung" und „Kultur inklusive Einstellung und Verhalten der Mitarbeiter" stellen die Schnittmenge zum Change Management dar. Lean Management bedeutet inhaltlich demnach, Prozessverbesserung zu betreiben und in unmittelbarer Verbindung Change-Management-Aktivitäten durchzuführen. Diese unterstützen dann die beiden anderen Säulen des Lean Managements.

Noch deutlicher wird die Aufgabe des Change Managements, wenn es als Umfeld bzw. Rahmen der Prozessverbesserungsaktivitäten vorgestellt wird (Abb. 5.1).

Der Verbesserungsprozess im Rahmen von Lean Management läuft stets nach dem folgenden Muster ab. Ein Istzustand (alter Zustand) soll gezielt in einen neuen Zustand (Sollzustand) überführt werden. Dieser neue Zustand wird gemeinsam mit den Mitarbeitern entwickelt und anhand des Ideals (Nordstern) abgeleitet. D. h. der Leanansatz gibt die Richtung der Verbesserung insofern vor, als das klar ist, dass die Entwicklung des Prozesses die 5 Prinzipien: Wert, Wertstrom, Fließen, Ziehen,

© Springer Fachmedien Wiesbaden 2016
A. Scholz, *Die Lean-Methode im Krankenhaus,* DOI 10.1007/978-3-658-08738-8_5

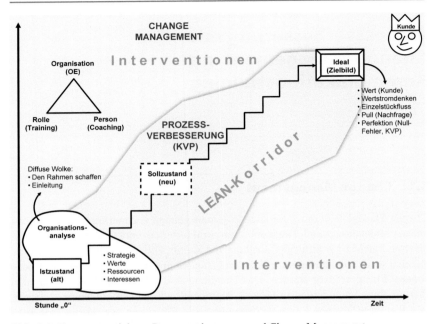

Abb. 5.1 Zusammenspiel von Prozessverbesserung und Change Management

und Perfektion als Zielbild hat. Auf dem Weg zu diesem Ideal existiert ein Korridor der möglichen Ausprägungen. Dieser Korridor hat in den jeweiligen Unternehmen unterschiedliche Breiten, da unterschiedliche Bedingungen herrschen. Das Change Management stellt in dem o. g. Bild das Umfeld der Prozessverbesserungsarbeit (Istzustand mit Korridor über Sollzustand zum Ideal) dar. Konkret bedeutet dies, dass jegliche Veränderung sich automatisch im Umfeld von Change Management bewegt und dieses bedarf. Im Rahmen der Change-Management-Aktivitäten muss also geklärt werden, wie und mit welchen Maßnahmen (Interventionen) die einzelnen Verbesserungsschritte begleitet oder durchgeführt werden.

Lean Management bedeutet, Change Management mit einem gewissen Grad an Vorbestimmtheit (Korridor) durchzuführen.

Zur Unterstützung der Prozessverbesserung werden verschiedene Stellhebel im Change Management bearbeitet. Hierbei handelt es sich unter anderem um:

- Veränderungseinstellung: „Wollen wir es tun?"
- Veränderungsfähigkeit: „Können wir es tun?"
- Führungsunterstützung: „Das Management steht dahinter und unterstützt."
- Organisationsrahmen: „Wird es von uns eingefordert?"

Tab. 5.1 Übersicht der Ansätze des Change Managements nach Wippermann 2012

	Expertenberatung	Organisationsent-wicklung	Systemische Beratung	Iterative Beratung
Bild der Organisa-tion als …	… kausal wir-kendes System	… bedürfnis-orientiertes System	… selbsterzeu-gendes System	… komplexes System
Fokus	Messbare Fakten	Beteiligung	Eigenlogik	Aushandlung
Typisches Vorgehen	Strukturen und Prozesse analysieren und strategiekonform optimieren	Eigeninitiative und Motivation der Mitarbeiter zu einem stimmigen Ganzen fügen	Das Spezifische einer Organisa-tion durch die Organisation finden/bestim-men lassen	Planvoll-flexibles Vortasten entlang verknüpften Zwe-cken, Interessen und Machtkonstel-lationen
Verände-rung ist erfolgreich, wenn …	… Entscheidun-gen unter ratio-nalen Aspekten zu einer höheren Effizienz führen	… Strukturen so verändert sind, dass sie den Bedürfnissen der Mitarbeiter entsprechen	… das Sys-tem eine ihm eigene Stabilität gefunden oder beibehalten hat	… Unklarheit abgebaut, Akzep-tanz erreicht, Wirkung erzeugt und Routine etab-liert ist
Stärke des Ansatzes bei …	… Risiken in stabilem Umfeld	… hoher Mit-arbeiterbetroffen-heit	… kulturell selbstständigen Einheiten	… Ungewissheit in komplexen Situationen

Alle vier Punkte werden deshalb bei Veränderungsprozessen inhaltlich bearbeitet und der Prozess somit flankierend unterstützt.

Wesentlich für den Erfolg bei der Einführung von Lean Management ist eine re-flektierte Kenntnis aktueller Ansätze von Change Management, ihrer Stärken und Risiken des Scheiterns. In der Tab. 5.1 sind verschiedene Ansätze der Beratung im Rahmen von Change Management dargestellt.

Die klare Darstellung des eigenen Beratungsansatzes ist wesentlicher Bestand-teil der Contractphase mit dem Auftraggeber. Damit wird das Berater-Auftrag-geber-Verhältnis geklärt: Was soll von den Beratern, den Auftraggebern und den betroffenen Mitarbeitern in den Veränderungsprozess eingebracht werden, welche Beteiligungsmöglichkeiten, Interventionen und Unterstützungen sind hilfreich und notwendig?

Weiterhin sind für die Beraterrolle innerhalb eines Veränderungsprojektes, sowohl als externer als auch interner Berater, ein ausgewogenes Verhältnis von Nähe und Distanz zur Klienten-Organisation sowie ein umfangreiches Wissen über diese nötig. Ähnlichkeiten in fachlichen Kenntnissen und im sozialen Status bzw. im Verhalten ermöglichen ferner eine gute Anschlussfähigkeit. Kritische Distanz, Unabhängigkeit und fundierte Kenntnisse aus anderen Branchen bewahren da-bei die nötige Verschiedenheit und ermöglichen dem Berater (auch irritierende)

Veränderungsimpulse zu geben. Gerade diese Veränderungsimpulse sind häufig der Anstoß zur eigenen Verbesserung. In allen Beratungsansätzen finden sich Phasenmodelle der Veränderung. Im hier vertretenen Ansatz der iterativen Beratung hat sich folgendes 4-Phasenmodell als hilfreich erwiesen:

- „Konzipieren" (Planen),
- „Initiieren" (Starten),
- „Implementieren" (Umsetzen) und
- „Etablieren" (Nachhaltigkeit)

Je nach Kultur der Organisation und maßgeblich beeinflusst von Machtinteressen, Ressourcen und Werten, können diese Phasen in unterschiedlicher Reihenfolge und Intensität durchlaufen werden.

Unabdingbar für den Erfolg eines Veränderungsprojektes ist die für alle Beteiligte befriedigende Beantwortung der Fragen zu den einzelnen Phasen und das damit verbundene Absolvieren aller Phasen bis zum Etablieren.

Im Unterschied zum konventionellen Projektmanagement kann und muss oft zwischen Phasen hin und her gesprungen werden: Immer wieder treten neue Fragestellungen, unvorhergesehene Wirkungen und Entwicklungen auf, die eine Präzisierung, Korrektur der Vorgehensweise oder auch neue Entscheidungen nötig machen.

Wesentliche Fragestellungen bei den einzelnen Phasen sind:

Konzipieren

- Wo liegen derzeit die Stärken des Unternehmens, wo die Schwächen?
- Welche Chancen bieten sich dem Unternehmen mittel- und langfristig?
- Wo liegen Risiken?
- Wie sieht das Konzept für die Veränderung aus?
- Wie lautet das Ziel der Veränderung?
- Welche Rahmenbedingungen müssen beachtet bzw. geschaffen werden?
- Wie planen wir die Ressourcen?
- Welche Auswirkungen erwarten wir durch die Veränderungen? Welche Interessen und Werte werden berührt?

Initiieren

- Wie erblickt das Vorhaben am besten das Licht der Organisation?
- Wie informieren wir am besten über die Veränderungen?
- Wer muss wann einbezogen werden?

- Wie sieht das geeignete Kommunikationskonzept aus?
- Muss das ursprüngliche Konzept aufgrund von unerwarteten Reaktionen/neuen Sichtweisen ergänzt/verändert werden?
- In welche bestehenden Abläufe und Strukturen soll die Veränderung zuerst einfließen?

Implementieren

- Was sind erste Erfolge, und woran machen wir sie fest?
- Wie kann das „Neue" erlernt und unterstützt werden?
- Wie wird auf Unsicherheit und Widerstand eingegangen?
- Wie werden unerwartete Ereignisse integriert?
- Wie wird auf die zusätzlichen Anstrengungen der Mitarbeiter in dieser Phase reagiert?
- Wie werden nicht direkt in die Veränderung einbezogene Bereiche integriert?
- Wie werden die Ressourcen eingesetzt und kontrolliert?
- Wie sieht das Controlling des Veränderungsprozesses aus?

Etablieren

- Wie können wir Einmalerfolge sichern und ausbauen?
- Wie erreichen wir, dass die Veränderung alltäglich wird?
- Wie entwickeln wir neue Routinen?
- Wie unterstützen wir die, die bisher noch nicht integriert sind?
- Wie können wir Erfolge auf andere Bereiche ausdehnen?
- Wie festigen wir das Erreichte?

Stellen die oben beschriebenen Schrittfolgen eine logische Vorgehensweise in Veränderungsprozessen sicher, können den Angehörigen einer Organisation zentrale Rollen zugeordnet werden. Diese sind in den Phasen der Verbesserungsarbeit unterschiedlich aktiv und verfolgen jeweils bestimmte Interessen bzw. zeigen unter Umständen verschiedene Formen des Widerstands (Tab. 5.2).

Hauptgründe für etwaige Widerstände in den Veränderungsprozessen sind beispielsweise mangelnde oder späte Information, autoritäre Führung, das Gefühl, übergangen worden zu sein, Machteinbußen hinnehmen zu müssen oder fertige oder inkompetent eingestufte Vorgehensweisen. In Summe heißt das, die Kompetenzen oder das Wissen der Mitarbeiter nicht zu nutzen.

Wichtige Elemente der Veränderungsarbeit sind deshalb Beteiligung, Kulturanalysen, akzeptierte Beteiligungsformen, Kommunikation sowie Coaching, Teambildungsmaßnahmen, Stimmungsbarometer (Abb. 5.2) und Reflexionsge-

Tab. 5.2 Rollen bei Verbesserungsprozessen

Rolle	Merkmale
Entscheider	Trifft in letzter Konsequenz die Entscheidung, ob Veränderungen durchgeführt werden
	Bestimmt Ressourcen, die für die Veränderung zur Verfügung stehen
	Beschließt das Veränderungsziel
Betroffene oder „Gestaltete"	Die eigene Arbeit (Prozesse, Abläufe, Ausstattung etc.) ist Ziel der Veränderung
	Werden von einer geplanten Veränderung und dem Veränderungsziel von anderen informiert
	Es gehört nicht zu ihrer Arbeitsaufgabe zu entscheiden, was und wie verändert wird
Interne Berater	Sind feste Mitarbeiter der Organisation, in der Veränderungen stattfinden
	Die eigene Arbeit (Prozesse, Abläufe, Ausstattung etc.) ist nicht das Ziel der Veränderung
	Begleiten und beraten den Veränderungsprozess innerhalb der Organisation
Externe Berater	Kommen von außen
	Sind Experten für Veränderungsprozesse
	Sind nur punktuell oder phasenweise in der Organisation anwesend
	Werden in der Regel für ein zeitlich begrenztes Veränderungsprojekt engagiert
	Ihre zentralen Aufgaben für die Veränderung werden zu Beginn festgelegt. Dazu gehören u. a.: Veränderungsprojekt planen, beraten und/oder begleiten
Umsetzer oder Gestalter	Sind die Gestalter von Veränderung im eigenen Führungsbereich. Sind keine Veränderungsexperten
	Haben die Aufgabe, die Gestaltung der Veränderung direkt vor Ort wahrzunehmen
	Haben Gestaltungsspielräume im Veränderungsprojekt

spräch. Diese Elemente unterstützen die Akteure, ihre Rollen klar auszufüllen, neue Strukturen wirksam und neue Formen der Zusammenarbeit lebendig werden zu lassen.

Beim Stimmungsbarometer werden auf den verschiedenen Achsen wichtige Themen der Projekt- und Veränderungsarbeit dargestellt. Diese werden hinsichtlich ihrer Wichtigkeit und dem aktuellen Stand bewertet und dem Team visualisiert. Bei großen Differenzen zwischen Wichtigkeit und Ist-Situation können Handlungsfelder eindeutig benannt und sowohl positive als auch negative Veränderungen während des Projekts thematisiert werden.

Change Management setzt also nicht an der reinen Prozessverbesserung an, sondern unterstützt die Bearbeitung der Ebenen „Kultur, einschließlich Einstellung

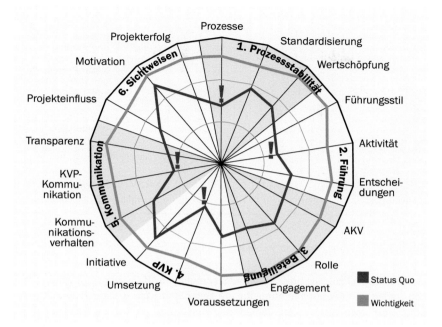

Abb. 5.2 Fiktives Beispiel für ein Stimmungsbarometer

und Verhalten" und „Führung". So entsteht ein tragfähiges System und die eingeführte Prozessverbesserung wird nachhaltig und selbsttragend. Üblicherweise fällt
ein rein prozessverbessertes System schnell wieder zurück oder kann sich nicht aus
sich selbst heraus weiter verbessern. Auch besteht die Gefahr, dass die Verbesserungsarbeit von Anfang an derart gestört ist, dass keine Verbesserung durchgeführt
werden kann. Die grundsätzliche Problematik der Prozessverbesserung mit und
ohne unterstützende Maßnahmen im Bereich Change Management bzw. den beiden Säulen Führung und Kultur kann anhand der Abb. 5.3 nachempfunden werden.
Nach einer schnell ansteigenden Verbesserung (1) folgt häufig der Punkt der
Resignation bzw. des Rückfalls (2). Die Beteiligten stellen die Aufgabe infrage,
Widerstände formieren sich oder die Kraft reicht nicht mehr aus. Durch begleitende Maßnahmen wie Coaching, Stimmungsbarometer und Reflexionsgespräche
soll dieser Tiefpunkt abgeschwächt bzw. erfolgreich durchschritten werden (3).
Mit Abschluss des Projektes sollte ein selbsttragendes System aufgebaut worden
sein. Ist dies nicht mithilfe der flankierenden Maßnahmen im Bereich „Kultur,
einschließlich Einstellung und Verhalten" und „Führung" erfolgt, wird das System
wieder zurückfallen (4). Wie anfällig das System für diesen Rückfall ist, hängt von

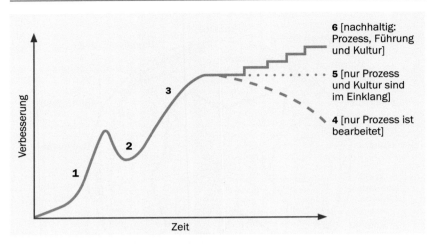

Abb. 5.3 Verbesserungsarbeit in Verbindung mit Change Management

dem jeweiligen Prozess und den Rahmenbedingungen ab. Systeme mit wenig Frei-
heitsgraden (Handlungsspielraum für die Beteiligten) und geringer Führungsan-
fälligkeit können durchaus auf dem erarbeiteten Niveau verharren, erzielen jedoch
keine selbst initiierten Verbesserungen in der Zukunft (5). Sie müssen dann immer
wieder von außen unterstützt und verbessert werden. Wurde das System jedoch
durch flankierende Maßnahmen des Change Managements gestärkt, entsteht ein
echtes Lean-Management-System und das Potenzial der Verbesserung wird voll
ausgeschöpft. Der Prozess behält seine Performance bei und entwickelt sich sogar
weiter. Das Team ist gestärkt, Unsicherheiten sind abgebaut, Wissen/Einstellung/
Verhalten der Mitarbeiter unterstützen den Prozess und die Führungskraft führt das
Team nachhaltig und verbesserungsorientiert (6).

Veränderungsprozesse sind für die Beteiligten stets eine Herausforderung,
denn es wird viel von ihnen verlangt. Sie sollen ihren eigenen Prozess verbessern,
obwohl er ihrer Meinung nach doch vorher auch nicht schlecht war. Sie sollen
offen für die Ideen der externen Berater sein, obwohl diese den Prozess später
nicht selbst ausführen werden. Sie müssen mit verschiedenen Leuten im Projekt
zusammenarbeiten, obwohl ihnen diese unter Umständen fremd sind oder sie sie
vielleicht von der Persönlichkeit her gar nicht mögen. Sie müssen die Verbesserungsarbeit häufig zusätzlich erledigen, obwohl die alltägliche Arbeit schon zu viel
ist. Sie müssen sich auf einen neuen Ablauf einstellen, obwohl sie gar nicht wissen,
wie dieser sich auf ihre zukünftige Stellung im Team oder gegenüber dem Vorgesetzten auswirken wird. Sie müssen ihr sicheres Terrain (Komfortzone) verlassen,
obwohl es ihnen darin gut ging und ihnen stets klar war, was von ihnen verlangt

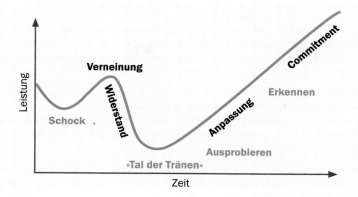

Abb. 5.4 Veränderungskurve in Anlehnung an Kubler-Ross 1969

wurde. Existenz-, Verlust-, Versagens- und Identitätsängste sind mögliche Risiken jedes Veränderungsprozesses. Diese Herausforderungen führen deshalb während der Projektarbeit zu typischen Stimmungskurven und damit Mitarbeiterzufriedenheit bzw. Stabilität des Teams (Abb. 5.4).

Das Wissen um diesen typischen Verlauf in Veränderungsprozessen macht die Notwendigkeit der aktiven Auseinandersetzung mit der Thematik deshalb unerlässlich. Ein Ignorieren der schwankenden Leistungs- bzw. Motivationskurve führt zu Problemen bzw. zu Risiken bei der Erfüllung des Projektziels.

Ein Beispiel
Der Geschäftsführer eines Krankenhauses möchte den Lean-Management-Ansatz in einem Funktionsbereich anwenden. Der betroffene Chefarzt stimmt dem Vorhaben zu. Sein aktuelles Rollenverständnis besteht darin, sich selbst als wesentlichen Leistungserbringer der medizinischen Leistung und als Gesamtverantwortlichen des Funktionsbereichs zusehen. Die vielfältigen Erwartungen von Oberärzten/Ärzten und Pflegenden an ihn als Führungskraft auch außerhalb der rein ärztlichen Tätigkeit sind ihm jedoch nicht voll bewusst. Ebenso wenig kennt er das enorme Verbesserungspotenzial des Bereichs und die eigene wichtige Rolle bei der Verbesserungsarbeit. Es bestehen keine Erfahrungen in der Prozessverbesserung nach dem Ansatz Lean Managements. Das Thema stößt bei ihm deshalb nicht auf vorrangiges Interesse. Die medizinische Verantwortung und Leitung der Ärzte sowie die selbst erbrachte Arbeitsleistung in Form von Untersuchungen und Behandlungen füllen den Tag bereits voll aus.

Auch bei anderen Beteiligten stößt das Thema Lean Management auf Vorbehalte. Dieses stammt aus der Automobilindustrie und erzeugt allein deshalb schon Fragezeichen. Sowohl bei den Ärzten als auch bei der Mitarbeitervertretung herrscht Skepsis: „Das mag ja in der Automobilindustrie funktionieren aber nicht im Gesundheitswesen, hier geht es um Menschen."

Bevor mit der Prozessverbesserung begonnen werden kann, muss also bei allen Beteiligten Interesse und Motivation dafür geweckt werden.

Nach ersten Analysen des Funktionsbereichs wird klar: Die Abläufe der Abteilung ordnen sich den persönlichen Interessen und Wünschen des Chefarztes unter und sind somit nicht ablauf-, sondern personenzentriert. Es entstehen Wartezeiten für Patienten, Leerlauf für Ärzte und hochmoderne Analyseverfahren stehen nicht allen gleichmäßig zur Verfügung, da die erste Priorität stets der Chefarzt hat und die einzelnen Schritte nicht optimal aufeinander abgestimmt sind. Die Themen Glättung, Standardisierung und Fließen sind noch nicht ausreichend thematisiert.

Eine Aufgabe des internen Lean Managers ist es unter anderem, diese Erkenntnisse zu kommunizieren. Hierfür benötigt er Unterstützer mit Macht für Entscheidungen bzw. mit Akzeptanz beim Chefarzt. Diese Situation ist typisch für Veränderung im Allgemeinen und (am Beispiel der Führungssituation) im Speziellen für Krankenhäuser. Die Klinikleitung zog deshalb externe Berater zur Unterstützung des internen Lean Managers hinzu. Die Veränderungsbereitschaft der Projektmitglieder, einschließlich des Chefarztes sollten gestärkt, und damit die Voraussetzung für eine erfolgreiche Prozessverbesserung geschaffen werden.

Bereits die zu Beginn des Beispielprojektes durchgeführte Wertstromanalyse war ein Eingriff in die bestehende Organisation und verursachte bei den Mitarbeitern Aufmerksamkeit, Unruhe und eventuell auch Angst. Den verwendeten Fachterminus „Verschwendung" sowie das Aufzeigen diverser Schwachstellen werteten die Mitarbeiter als Geringschätzung ihrer Arbeit und sie fühlten sich verletzt. Die erzeugte Transparenz war zwar neutral gemeint, wurde jedoch stets von den Beteiligten gefiltert, interpretiert und damit individuell unterschiedlich bewertet. Es entstand somit Konfliktpotenzial.

Zur Klärung des Projektrahmens wurde im Bereich des Schrittes „Konzipieren" als erste Intervention ein teilstrukturiertes Mitarbeiterinterview durch den externer Berater durchgeführt. Ziel des Interviews war es, ein Bild vom Funktionsbereich in den Themenfeldern Ressourcen, Werte und Interessen zu erhalten und die Mitarbeiter und den Chefarzt persönlich kennenzulernen.

▶ **Teilstrukturiertes Interview** Beim teilstrukturierten Interview handelt es sich um eine Interviewform, bei der im Gegensatz zum stark strukturierten Interview die Fragen zwar auch formuliert und vorbereitet sind, jedoch die verwendete

Reihenfolge erst im Interview durch den Fragenden in Abhängigkeit des Gesprächsverlaufs festgelegt wird.

Da der Projektauftrag von der Klinikleitung ausgelöst worden war, empfand das Klinikpersonal die Interviews als erste Form der Beteiligung und der Zuwendung. Sie konnten ihre persönliche Situation frei berichten und damit einen wertvollen Beitrag für die weitere Arbeit leisten.

Die Präsentation der zusammengefassten und anonymisierten Ergebnisse führte beim Chefarzt zur Klarheit seiner Rolle und seiner wesentlichen Bedeutung für den Veränderungsprozess. Ferner erhielt er Informationen, die im Klinikalltag in der Regel nicht fließen und er bekam die Chance, seinen sogenannten „Blinden Fleck" zu verkleinern. Zudem wurde präventiv Druck bzw. Konfliktpotenzial aus der Verbesserungsarbeit genommen, da Themen klar benannt wurden und somit allen zur Bearbeitung zur Verfügung standen. Die Gruppe erhielt Nähe und Bedeutung.

▶ **Blinder Fleck** Im sogenannten „Johari-Fenster" beschreibt der Blinde Fleck den Teil der Persönlichkeit, den die anderen über mich selbst wissen, der mir jedoch verbogen oder unbewusst ist. Das können Verhaltensmuster, Wirkungen, Ticks o. Ä. sein.

Im Bereich „Initiieren" konzipierten der Lean Manager und die Berater einen Mitarbeiterworkshop und führten diesen gemeinsam mit dem Chefarzt durch. Das Stimmungsbild aus den Mitarbeiterinterviews und die wertfrei vorgetragenen Analyse-Erkenntnisse der Lean Manager bildeten die Grundlage, um mit den Mitarbeitern die Schwerpunkte für den weiteren Veränderungsprozess herauszuarbeiten und Thementreiber zu benennen. Die Gruppe erlangte eine konstruktive und vertrauensvolle Nähe. Der Chefarzt war hundert Prozent beteiligt und sich seiner Führungsrolle bewusst. Das Ergebnis wurde von allen Beteiligten gemeinsam erarbeitet und getragen. Jeder konnte seinen Anteil am Gesamtsystem erkennen und akzeptieren.

In einem folgenden zweiten Workshop wurde der Prozess im Funktionsbereich weiter verbessert und die Ideen vor Ort umgesetzt. Wie bei der Phase „Implementieren" beschrieben, wurden die Themen Unterstützung, Messbarkeit, Einbeziehung der Anderen und Erfolgscontrolling ebenfalls mit bearbeitet. Im Bereich „Etablieren" wurden eine Regelkommunikation des Teams mit der Leitung sowie eine langfristige Begleitung und Unterstützung durch den Lean Manager vereinbart. Das Team sollte gemeinsam den Funktionsbereich Stück für Stück weiterverbessern und somit die gewünschte Nachhaltigkeit sicherstellen.

5.2 Kommunikationstraining

Das in Kap. 4 geschilderte Beispiel „Optimierung Technikabteilung des Kranken-hauses" ist auch im Kontext Kommunikation interessant.

Über die umgesetzten Maßnahmen im Bereich „Prozess" hinaus sollten im Be-reich „Kultur" das Umfeld, das Miteinander und die Kommunikation thematisiert werden. Die eingeführte Prozessverbesserung sollte kein durch die Führungskräfte aufgesetztes bzw. übergestülptes System sein, sondern vom Team getragen und weiterentwickelt werden. Hierfür mussten die Führungskräfte stärker die Rolle eines Coaches einnehmen. Zwei unterstützende Maßnahmen wurden deshalb um-gesetzt:

- Kommunikationstraining für die Führungskräfte (Grundlagen der Kommuni-kation, Wirkung von Stimme/Worten/Körpersprache, Verbindlichkeit und Auf-merksamkeit)
- Einführung eines Shopfloor Managements

(Die Maßnahmen im Bereich Shopfloor Management wurden bereits in Kap. 4 be-schrieben und werden hier deshalb nicht detailliert.)

Bei der täglichen Besprechung des Auftragstopfes (Störungsmeldungen und sonstige Aufträge), der allgemeinen Situation im Krankenhaus sowie der verschie-denen persönlichen Belange der Mitarbeiter fiel auf, dass das Handeln der Mit-arbeiter nicht mit dem ursprünglichen Wunsch der Führungskräfte übereinstimmte. Offensichtlich bestand eine Lücke zwischen dem, was nachweislich in der mor-gendlichen Besprechung gesagt wurde und dem, was die Mitarbeiter tatsächlich taten. Ein Blick auf die so genannte „Straße der Kommunikation" (Abb. 5.5) ver-deutlicht die Lücke.

Danach besteht ein großer Unterschied zwischen dem ursprünglich Gesagten und den letztlich durch Handlung des Gegenübers vor Ort Erkennbaren. Auf den

Straße der Kommunikation		
gesagt	**ist nicht gleich**	gehört
gehört	**ist nicht gleich**	verstanden
verstanden	**ist nicht gleich**	einverstanden
einverstanden	**ist nicht gleich**	umgesetzt
umgesetzt	**ist nicht gleich**	beibehalten

Wenn ich wissen will, was beim Mitarbeiter angekommen ist, muss ich nachfragen.

Abb. 5.5 „Straße der Kommunikation" wird Konrad Lorenz zugeschrieben

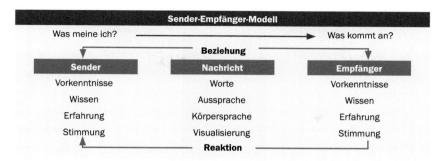

Abb. 5.6 Sender-Empfänger-Modell auf Grundlage von Shannon und Weaver 1949

Zwischenebenen bestehen vielfältige Verlustmöglichkeiten. Um diese möglichst gering zu halten, ist ein aktives Nachfragen notwendig. Nur durch dieses Nachfragen können Lücken aufgezeigt und geschlossen werden. Auch spielen die verschiedenen Ebenen bei der Kommunikation eine Rolle. Neben der reinen Sachebene (hier fließt die eigentliche Sachbotschaft) existiert noch die sogenannte Beziehungsebene, auf der sehr viel mehr „mitschwingt", als die reine Information ursprünglich vermuten ließ (Abb. 5.6).

Diese Grundkenntnisse der Kommunikation wurden den Führungskräften in einem Training durch einen externen Kommunikationstrainer vermittelt und ihnen damit Werkzeuge an die Hand gegeben, die tägliche Arbeit zu verbessern. Weitere Themen des Trainings waren: Verbindlichkeit in Aussage und Haltung (auch Körpersprache), Stimme und deren Wirkung, Commitment erzeugen und Effizienz in der Kommunikation. So gestärkt war sofort ein positiver Schub in den Morgenrunden zu spüren. Der Prozess erfuhr eine flankierende Unterstützung und die Lücke zwischen dem Wunsch der Führungskraft und dem Handeln der Mitarbeiter wurde verkleinert.

Um Widerstände zu vermeiden und eine durchgängig hohe Motivation über den gesamten Zeitraum von Veränderungsprozessen beizubehalten, spielt die Kommunikation – in Verbindung mit der Führungskultur der Organisation – eine zentrale Rolle. Ein wesentliches Merkmal bei der Kommunikation ist, dass erstens auf verschiedene Arten (verbal, nonverbal) kommuniziert wird und zweitens der Kommunikationspartner eine wesentliche Rolle beim Informationsaustausch spielt. Deshalb ist auch hier das Verständnis, was beim Empfänger von der ausgesendeten Botschaft angekommen ist, wichtig. Ansonsten laufen die Gesprächspartner Gefahr, dass sie sich unbewusst voneinander entfernen und somit Konfliktpotenzial in den eigentlichen Sachkontext transportieren. Jede Kommunikation beinhaltet immer einen Filter der Gesprächspartner (siehe Abb. 5.7).

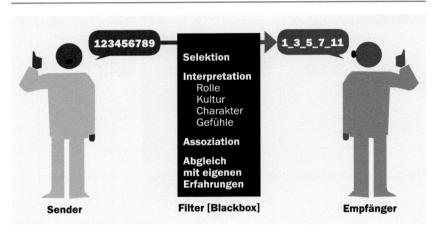

Abb. 5.7 Filter in Gesprächen

Dieser Filter verändert die Aussage des Senders und führt zu einer unterschiedlichen Wahrnehmung der Botschaft beim Empfänger. Dieser Vorgang ist natürlich und findet immer statt. Er kann nicht verhindert werden. Die Gesprächspartner müssen sich dessen nur bewusst sein und entsprechend agieren (siehe auch Schulz v. Thun 2001).

Neben den oben beschriebenen Kommunikationsgrundlagen ist in Veränderungsprojekten die Kenntnis der Persönlichkeitstypologie von Vorteil. Diese hat einen erheblichen Einfluss sowohl auf die Kommunikation als auch auf das Verhalten der Beteiligten untereinander.

Das „Jung-Persönlichkeits-Profil" beschreibt wesentliche Verhaltensweisen als Neigungen/Präferenzen in Form von Gegensatzpaaren (Abb. 5.8). Jede Person wird dabei auf den Ebenen „Energie", „Wahrnehmung", „Beurteilung/Entscheidung" und „Organisation" zwischen zwei Präferenzen positioniert.

Als Ergebnis entsteht eine viergliedrige Typenbeschreibung. Anhand der möglichen Kombination der vier Ebenen mit jeweils zwei Ausprägungen ergeben sich 16 verschiedene Persönlichkeitstypen. Diese Typen werden dann durch die Buchstabenfolge ihrer jeweiligen Präferenzen beschrieben, beispielsweise der INTJ-Typ (introvertiert (I), intuitiv (N), analytisch (T) und planvoll (J)). Ziel dieser Persönlichkeitstypologie ist es, sich und andere besser zu verstehen und Andersartigkeit als Bereicherung aufzufassen. Anders ist anders, nicht besser (oder) schlechter. Viele Missverständnisse in der Alltags- und beruflichen Kommunikation bzw. in der Teamarbeit beruhen auf der jeweiligen Andersartigkeit der Beteiligten und die damit verbundenen unterschiedlichen Bedürfnisse.

Neigungen/Präferenzen	
Energie	
Extravertiert [E]	Introvertiert [I]
Wahrnehmung	
Über die Sinne [S]	Intuitiv [N]
Beurteilung	
Analytisch [T]	Gefühlsmäßig [F]
Organisation	
Planvoll [J]	Flexibel [P]

Abb. 5.8 In Anlehnung an das Jung-Persönlichkeits-Profil. (Blank und Bents 2006)

Wie verhalten sich die verschiedenen Persönlichkeitstypen in Veränderungsprozessen? Extravertierte (E) handeln erst und denken dann – vielleicht. Introvertierte (I) denken erst und handeln dann – vielleicht. Personen mit Sinneswahrnehmung (S) wünschen sich Veränderungen in kleinen Schritten, möchten das Vorhandene optimieren. Intuitive (N) wollen innovative Veränderungen, etwas komplett Neues, das es so noch nicht gab. Analytisch entscheidende Denktypen (T) prüfen den Veränderungsprozess nach Logik, Richtigkeit, Effektivität. Der gefühlsmäßig Entscheidende (F) überprüft die Auswirkungen auf die einzelnen Menschen (Betroffenen).

Strukturiert, planvoll vorgehende Menschen (J) gehen systematisch, planvoll an den Veränderungsprozess heran. Flexible Menschen (P) sind eher spontan und lassen sich gern von unvorhergesehenen Ereignissen überraschen.

Die oben beschriebenen sehr unterschiedlichen Bewertungen, Vorlieben oder Vorgehen machen das große Konfliktpotenzial bei der Arbeit und im Privatleben sehr schnell deutlich. Besonders die Ebenen „Beurteilung" und „Wahrnehmung" stellen bei Vorliegen unterschiedlicher Präferenzen der Beteiligten eine große Herausforderung dar. „Anders ist anders, aber nicht schlechter oder besser" sollte der Leitgedanke bei der Thematisierung der Typologie sein.

Diese Problematik wurde im Krankenhaus in vielen Bereichen deutlich. Beispielsweise bei der täglichen Stationsarbeit der Pflegenden in Zusammenarbeit mit den Ärzten. Neben den rein fachlichen Unterschieden aus der jeweiligen Rolle heraus treten auch die persönlichkeitstypologischen Unterschiede klar zutage. Diese werden spätestens bei einer konfliktreichen Kommunikation auch nach außen hin sichtbar. Um diese Typen-Unterschiede transparent und somit handhabbar für die Beteiligten zu gestalten, wurde in einem Zwei-Tages-Workshop diese Persönlichkeitstypologie mit den Stationsleitungen (Pflege) thematisiert und das Erkennen der verschiedenen Typen geübt. Die Teilnehmer erkannten sofort in einer Vielzahl von Problemen der Vergangenheit die Unkenntnis der unterschiedlichen Persönlichkeitstypen und erhielten die Möglichkeit, künftig besser mit den Unterschieden umzugehen. Eine beispielsweise zuvor als „Unwilligkeit" oder „Unprofessionalität" eingeordnete Wahrnehmung des Gegenübers wurde in eine neutrale „Andersartigkeit" gewandelt und erlaubte eine großzügigere/gelassenere Betrachtung der Situation. Diese Gelassenheit führte zu einem wesentlich positiveren und konstruktiveren Umgang mit den Kollegen und einer verbesserten Kommunikation. Sie war damit Basis für eine erfolgreiche Verbesserungsarbeit.

Zusammenfassung

Change Management und Kommunikationstraining sind integraler Bestandteil von Lean Management. Auch wenn diese nicht immer so direkt benannt werden (siehe auch die Begriffe Coachingkata und Verbesserungskata). Sie sind doch notwendig, um den Sprung von der reinen Prozessverbesserung Richtung Lean Management zu schaffen. Beide Elemente unterstützen die Verbesserungsaktivitäten, in dem sie Konflikte reduzieren und Probleme außer- und innerhalb des „Herstellungs- oder Leistungserbringungsprozesses" aufzeigen. Ein auf kontinuierliche Verbesserung ausgerichtetes System benötigt eine Kultur des Miteinander und der Teamarbeit. Die Führungskraft nimmt hier die Rolle des Coaches ein. Die klassischen Führungsformen der Anordnung und Entscheidung auf Basis von Berichten oder Experten erzeugen keine Verbesserungskultur. Teamarbeit und speziell Verbesserungsarbeit benötigen eine Beteiligung der Mitarbeiter, eine positive Fehlerkultur und die richtige Einstellung bzw. das richtige Verhalten der Beteiligten.

Im Change Management begleitet von einer guten Kommunikation liegt der eigentliche Erfolgsfaktor von Lean Management-Implementierungen.

Fazit

6

6.1 Allgemein

Was ist das Fazit aus den vielen Thesen, den kleinen Erläuterungen zur Lean-Methode selbst und den zahlreichen Beispielen aus der praktischen Arbeit der Lean-Management-Implementierung im Krankenhausbereich?

Eines kann mit Sicherheit festgehalten werden. Lean funktioniert auch dort! Es können kleine und große bzw. erwartete und unerwartete Erfolge erzielt werden. Die Verbesserungsraten liegen fast immer deutlich im zweistelligen Prozentbereich. Es handelt sich hier nicht um kosmetische Aktionen oder die üblichen Verbesserungsraten von drei bis sieben Prozent. Aus diesem Grund haben sich im englischsprachigen Raum schon seit langem (ca. 2001) diverse Krankenhäuser auf die Lean-Reise begeben. Auch in Deutschland und der Schweiz sind bereits in diversen Krankenhäusern Lean-Aktivitäten zu verzeichnen.

Wie im Abschn. 4.15 aufgezeigt, existieren jedoch deutliche Unterschiede zwischen Industrieunternehmen und Krankenhäusern. Diese häufig als Rahmenbedingungen auftretenden Unterschiede wirken sich in der Mehrzahl eher erschwerend auf die Lean-Implementierung aus. Trotzdem kann und muss Verbesserung erzielt werden. Der Markt, die Mitarbeiter und die Patienten wollen dies. Die Herausforderungen des demografischen Wandels sind nur ein Aspekt. Darüber hinaus kann es sich in einer marktwirtschaftlich orientierten Gesellschaft niemand leisten, notwendige und mögliche Verbesserungen unberücksichtigt zu lassen. Hierfür bietet der Lean-Ansatz eine hervorragende Möglichkeit. Verbesserungen werden in jedem Fall erzielt, nur die Höhe ist individuell und spezifisch.

Die Lean-Methode will jedoch mehr. Sie will durch die gleichzeitige Auseinandersetzung mit den Themen „Prozess", „Management" und „Kultur" ein Lean-Management-System implementieren und damit die kontinuierliche Verbesserung als Teil des Unternehmens bzw. Krankenhauses manifestieren. Die Mitarbeiter sollen

© Springer Fachmedien Wiesbaden 2016
A. Scholz, *Die Lean-Methode im Krankenhaus,* DOI 10.1007/978-3-658-08738-8_6

alle aktiv an der Verbesserung zum Wohle des Patienten mitwirken und damit das Unternehmen langfristig erfolgreich machen. Wer schnelle Erfolge will, sollte ein anderes Prozessverbesserungsprogramm wählen. Lean bedeutet, einen langen und erfolgreichen Weg zu gehen, der strukturell auf die Bedürfnisse der Patienten ausgerichtet ist. Outsourcing, Zentralisierung, Lieferantenbündelung, Preiskämpfe, großflächiger Personalabbau etc. sind keine Mittel der Lean-Methode. Lean stellt ein Fitnessprogramm und keine Diät dar. Fitness ist immer gut und macht mehr Sinn als eine Diät.

6.2   Zehn goldene Regeln für das Management

Regel 1: Einen Standard einzuführen, ist das Versprechen der Führungskraft, sich in Zukunft um ihn zu kümmern: Was ich nicht kontrolliere, wird auf Dauer nicht sein!
Erklärung: Wenn ein Standard oder einfach ausgedrückt eine Regel eingeführt wird, wird er bzw. sie am ehesten befolgt, wenn:

1. die Notwendigkeit für die Erstellung der Regel akzeptiert ist,
2. die Mitarbeiter diese selbst erstellt oder bei der Erstellung aktiv mitgewirkt haben,
3. der Standard allen Beteiligten aktiv beigebracht wurde (keine Mail) und
4. der Standard regelmäßig von der Führungskraft oder einem von der Gruppe autorisiertem Mitarbeiter auf Aktualität und Einhaltung überprüft wird.

Keiner der vier Punkte kann weggelassen werden, auch nicht der letzte. Er enthält implizit das Versprechen der Führungskraft. Kann sie dieses Versprechen nicht einhalten, macht die Standarderstellung keinen Sinn und sollte weggelassen werden. Alles andere wäre Verschwendung.

Regel 2: Die Verbesserungsgeschwindigkeit im Kontext von Optimierungsprojekten hängt von dem Beteiligungszyklus des Geschäftsführers/der leitenden Führungskraft ab!
Erklärung: Die Arbeitskraft der Mitarbeiter ist begrenzt. Projektarbeit stellt häufig eine Zusatzbelastung dar. Wenn ein Optimierungsprojekt nur einmal monatlich eine hochkarätige Präsenz/Beachtung erfährt, dann richtet sich das System darauf ein. Termine werden nur in Wocheneinheiten beplant, Umsetzungen erfolgen nur in großen Schritten und Ergebnisse werden demzufolge nur monatlich erzeugt. Die Mitarbeiter wissen, dass es offensichtlich noch andere wichtige Themen für den Chef gibt und passen sich an. Führungskräfte sind immer Vorbilder und leben auch

unbewusst erwünschtes Verhalten vor. Soll ein Projekt schnell, dynamisch, interaktiv, in vielen kleinen Schritten und täglich vorankommen, muss die Geschäftsführung dies vorleben. Das heißt in diesem Zusammenhang: fragen, unterstützen, nachjustieren, loben, begleiten etc.

Regel 3: Ein Fehler liegt immer am Prozess!
Erklärung: Wenn Fehler passieren, neigen Führungskräfte dazu, Schuldige zu suchen: „Wer hat das gemacht?", „Warum ist Ihnen das passiert?" wird möglicherweise gefragt. Die Antwort lautet aus Lean-Sicht: Der Prozess ist schuld! „Was an dem Prozess ist so schlecht, dass Sie (Frau X, Herr Y) gezwungen waren, sich so zu verhalten?" muss also die Standardfrage einer Führungskraft im Lean Management sein. In 99 % der Fälle macht ein Mitarbeiter einen Fehler nicht mit Absicht, sondern ist lediglich Teil eines schwachen Prozesses. Die Fehler verursachenden Prozessfaktoren gilt es zu identifizieren. Die Ursache können Ablenkung, Überlastung, Verwechslungsmöglichkeiten, Licht, Lärm, fehlende Schulung, Sprache, Unklarheiten etc. gewesen sein. Die Ursache muss isoliert und nachhaltig beseitigt werden.

Regel 4: „Not bricht Regel" war gestern!
Erklärung: Mit Prozessstandards/-strukturen soll Schwankung reduziert und damit die Qualität und Belastungssituation verbessert werden. Besonders im Krankenhaus beanspruchen die Mitarbeiter jedoch ungewöhnlich viele Abweichungsmöglichkeiten für sich. Jeder Patient ist anders und Notfälle treten praktisch täglich auf. Das Problem der Patientenindividualität wird bei der Standardisierung dadurch gelöst, dass der Standard nur das beschreibt, was standardisierbar ist und nicht mehr. Das können Grundregeln, Hauptschritte oder der Therapieanfang sein. In dieser Form können und müssen sich alle Beteiligten an den Standard halten. Das Ergebnis wird eine starke Reduzierung der Prozessschwankung und eine Verbesserung der Qualität sein. Damit der Notfall den Regelprozess nicht unvorhergesehen durchbricht und unter Umständen zu häufig als Joker gezogen werden kann, muss die Ausnahme (der Notfall) Teil der Regel werden: In welchen konkreten Fällen darf abgewichen werden und was ist dann genau zu tun? Die Ausnahme gehört zwingend zur Regel dazu. Die Aussage „Not bricht Regel" macht nun keinen Sinn mehr.

Regel 5: Erfolg und Misserfolg sind kontextbezogen!
Erklärung: Alles, was heute im jeweiligen Krankenhaus vorgefunden wird, hat seinen guten Grund. Das Gebäude wurde einst neu geplant und war damals sehr modern. Die vorhandenen Geräte waren genau das, was zum Zeitpunkt der Anschaffung benötigt wurde. Die Mitarbeiter wurden in der damaligen Situation

ausgesucht und für die Richtigen befunden. Die Führungskräfte sind heute Führungskräfte, weil sie sich vor ihrer Ernennung so verhalten haben, wie es zum
Unternehmen gepasst hat. Prozesse sind entstanden, wie sie sind, weil das der pas-
sende Weg war. Alles war und ist gut, solange der Kontext passt. Wenn sich jedoch
der Kontext ändert, dann erscheinen die alten Elemente des Krankenhauses plötz-
lich in einem anderen Licht.

Auf einmal ist der Chef patriarchisch, der Ablauf schlecht, die Kommunikation
unpassend und das Gebäude eine Katastrophe. Es gilt also bei der Verbesserungsarbeit eine wohlwollende Sicht auf die Dinge zu haben und wertfrei die Ist-Situation zu analysieren. Gleichzeitig gilt es, sich bewusst zu sein, dass auch das
gerade Erdachte mal den Status des Verstaubten erlangen wird. Es muss in Zukunft
wieder überarbeitet werden. Die Verbesserungsarbeit hört nie auf und ist auch nie
abgeschlossen.

Regel 6: Jeder Euro kann nur einmal ausgegeben werden!
Erklärung: Wenn Prozesse auf dem Prüfstand stehen und deren Verbesserung für
notwendig erachtet wurde, dann kommt sehr schnell die Frage auf, wofür das Geld
ausgegeben werden soll. Bei großen Themen existieren häufig mehrere Optionen.
Es kann für „harte" Mittel wie Geräte und Gebäude oder „weiche" Mittel wie beispielsweise Ausbildung, Arbeitszeit oder Unterstützung ausgegeben werden - genau einmal. Da das Geld aktuell sehr knapp ist und vermutlich in Zukunft auch
knapp bleiben wird, sollte möglichst eine Maßnahme gefunden werden, die eine
große Hebelwirkung hat oder flexibel im Einsatz ist. Denn eines ist sicher: Auch
diese Maßnahme wird veralten und in einem neuen Kontext überarbeitet werden
müssen. Bewährt haben sich daher Maßnahmen, die die Mitarbeiter stärken (beispielsweise Know-how-Aufbau durch Ausbildung), schnell umgesetzt (organisatorische Maßnahmen) oder flexibel im Einsatz (veränderbare Räume, universelle
Hilfsmittel, etc.) sind. Manchmal muss es jedoch ein Krankenhausneubau sein,
wenn damit große strukturelle Verbesserungen erzielt werden können.

Regel 7: Raum, der nicht gegeben wird, kann nicht ausgefüllt werden!
Erklärung: Das Krankenhaus ist aktuell ein stark hierarchisches System, häufig in
drei Säulen aufgeteilt. Es wird dort nebeneinander zum Wohle des Patienten, der
eigenen Berufsgruppe und zum Eigenwohl gearbeitet. Das hat bis jetzt immer gut
funktioniert. Wenn der Fokus in Zukunft auf Gesamtprozesse und den Patienten
mit all seinen Bedürfnissen (auch als Kunde) gelegt werden soll, ist ein Umdenken bei den Führungskräften und Mitarbeitern des Krankenhauses notwendig. Es
werden Teamarbeit, Kommunikation auf Augenhöhe, strukturierte Prozesse, Führung vor Ort, Transparenz, Messbarkeit von Ergebnissen und tägliche Verbesserungsarbeit benötigt. Hierfür muss jedoch der Rahmen geschaffen werden. Wenn

Chefärzte Visiten spontan auf persönliche Präferenzzeiten legen, Geschäftsführer vor Ort nicht präsent sind, Ärzte, Pflege und alle anderen Unterstützungsfunktionen sich nicht täglich strukturiert zum Patienten austauschen, Besprechungen nur Ansagen von oben nach unten anstatt Austausch auf Augenhöhe sind und Medizin- und Prozessqualität nicht gemessen werden, dann ist der Raum für echte Verbesserungsarbeit nicht vorhanden. In diese schmale Lücke passen keine großen Potenziale. Um den Raum für Verbesserungsarbeit zu schaffen, muss man sich selbst öffnen und die historischen Restriktionen infrage stellen dürfen. Das Schaffen der notwendigen Rahmenbedingungen wie Freistellung, Bezahlung von Projektüberstunden, zeitweise Entlastung von weiteren Sonderaufgaben und die Bereitstellung von Workshopräumen und Arbeitsmaterialien gehören selbstverständlich ebenfalls dazu. Auf 120 % Arbeitslast noch zusätzliche 20 % Projektlast zu packen und nicht die notwendigen Rahmenbedingungen bereitzustellen wirkt eher demotivierend und kann deshalb nicht erfolgreich sein.

Regel 8: Ohne Ziel ist jeder Schuss ein Treffer!
Erklärung: Verbesserung benötigt Richtung/Ausrichtung. Wenn die Richtung nicht klar ist, steigen die Verbesserungsoptionen ins Unendliche. Neben der fehlenden Eingrenzung kann auch der Gleichklang der Verbesserungsaktivitäten im gesamten Haus nicht gewährleistet werden. Der eine optimiert aktuell aus der Sicht des Arztes und der andere vielleicht gerade aus Sicht des Patienten. Am Ende passt es nicht zusammen. Beim Lean-Ansatz geht es immer darum, das Unternehmen in Richtung eines imaginären Nordsterns (Kundenfokus, keine Verschwendung, hundert Prozent Qualität, Flexibilität, hundert Prozent Verfügbarkeit der Einrichtungen/Anlagen) weiterzuentwickeln. Von diesem Nordstern aus werden die Etappenziele abgeleitet. Verbesserungen, die nicht in diese Richtung zeigen, stehen nicht im Fokus beziehungsweise werden sogar abgelehnt. Um den Erfolg/Misserfolg der Verbesserungen und Maßnahmen belegen zu können, braucht es ein Messsystem bei jeglicher Verbesserungsarbeit. Nur was gemessen werden kann, kann verbessert werden. Ansonsten besteht die Gefahr, dass die Ist-Situation nicht verstanden ist, Maßnahmen nicht zielgerichtet sind und der Erfolg nicht belegt werden kann. Ferner wird das Verbesserungsteam aufgrund von Unklarheit seines Erfolges beraubt. Ausrichtung, Ziel, Messung und Erfolgskontrolle sind die wesentlichen Elemente der Verbesserung.

Regel 9: Das Ganze kann nicht durch Verbesserung des Einzelnen verbessert werden!
Erklärung: Krankenhäuser sind komplexe Systeme und reagieren als solche unvorhersehbar. Es kann nicht im Vorfeld gesagt werden, was passieren wird, wenn ein Ereignis X eintritt. Hunderte von Menschen, Tausende von Hilfsmitteln, Zehntausende von Informationen sowie Beziehungsgeflechte und zahlreiche Kommu-

nikationsebenen treffen aufeinander. Soll eine Verbesserung des Gesamtsystems erreicht werden, funktioniert dies nicht, in dem nur einzelne Elemente optimiert werden. Die Verbesserung der Dokumentation, der Aufnahmeprozedur, der Rettungsstelle etc. verändern nur diesen Teil und nicht mehr. Im Gegenteil: Vielleicht ändert sich nicht einmal dieser Teil dauerhaft, da das Gesamtsystem den Störenfried (die Neuerung) einfach wieder ausstößt. Sie haben/hatten zwar einen Einfluss, können/konnten das Gesamtsystem jedoch nicht verändern. Soziale Systeme bedürfen der Arbeit an der Interaktion untereinander. Das Beziehungsgeflecht, die Kommunikation, die Führung und das Miteinanderarbeiten müssen verändert, nachjustiert oder harmonisiert werden. Eine Lean-Transformation eines Krankenhauses ist immer eine systemische Aufgabe. Deshalb gibt es unzählige Beispiele für einzelne Lean-Projekte und vielleicht nur eine Handvoll Beispiele von Lean-Hospitals.

Regel 10: Im Sichkümmern liegt der Erfolg!
Erklärung: Es grenzt an ein Wunder. Erfolge sind überall und allzeit gegenwärtig. Erfolgreiche Projekte und Maßnahmen, die Erfolgsberichte in der Literatur, die Erfolgspräsentationen auf Kongressen und die Erfolgsberichte im Internet lassen aufhorchen. Da wird beispielsweise der Erfolg der Zentralisation des Einkaufs, der Sterilisation oder des Aufnahmeprozesses dargestellt. Es wird die Einführung der elektronischen Patientenakte oder die Digitalisierung von Prozessen gefeiert. Es wird die Einführung eines Case-Managers propagiert. Es werden die Vorteile des Neubaus der Notaufnahme, des OP-Trakts oder gar ganzer Krankenhäuser aufgezeigt. Gleichzeitig ist in anderen Vorträgen zu hören, dass im alten Gebäude erhebliche Verbesserungen durch organisatorische Maßnahmen erzielt, manuelle Prozesse erheblich verbessert und der Einkauf oder sonstige Abteilungen dezentralisiert wurden. Die einzelnen Erfolgskonzepte stehen sich teilweise diametral entgegen. Was bedeutet dies? Vielleicht lässt sich folgende Erkenntnis daraus ableiten: Alles hilft! Es existiert nicht nur ein Weg, sondern viele. Diese können sich sogar untereinander vermeintlich widersprechen. Offensichtlich geht es bei der allgemeinen Verbesserungsarbeit darum, sich um die Strategie, die Struktur, die Kultur und den Prozess zu *kümmern*. Eine Bestandsaufnahme durchzuführen, die Richtung zu bestimmen und anschließend die Verbesserung durchzuführen ist allen oben genannten Beispielen gemein. Schaut man noch etwas genauer hin, berichten die Verantwortlichen, dass das Geheimnis in der Zusammenarbeit beziehungsweise der Beteiligung der Mitarbeiter lag. Es wurde viel kommuniziert, begründet, abgewogen, gut miteinander gearbeitet und sich intensiv gekümmert. Die Gruppe, das Haus, die gesamte Mannschaft war sich bei der jeweiligen Verbesserungsarbeit einig. Erfolgreiche Verbesserung bedarf demnach der Zusammenarbeit und des intensiven Austauschs. Die eigentliche Gefahr für die Dauerhaftigkeit

der erzielten Verbesserung folgt im Anschluss, nämlich im Nachlassen. Nicht mehr an den Themen arbeiten, die Verbesserungsarbeit als abgeschlossen ansehen, nicht mehr mit den Mitarbeitern zusammenarbeiten, nicht mehr intensiv kommunizieren und sich nicht mehr kümmern sind offensichtlich der Tod für die Nachhaltigkeit. Diese Nachlässigkeit ist der Boden für einen Nachfolger. Mit frischem Wind und tollen Ideen geht er ans Werk und widmet sich der Arbeit. Und so kommt es, dass alte Themen wieder propagiert werden können und Maßnahmen (egal welche) auf wundersame Weise wieder den Prozess verbessern. Es muss sich also nur dauerhaft gekümmert werden. Die Implementierung von dauerhafter/kontinuierlicher Verbesserung ist der Ansatz von Lean Management. Den Prozess gemeinsam mit den Mitarbeitern unter Beteiligung der Führungskräfte täglich Stück für Stück zu verbessern und eine Kultur des Zusammenarbeitens zum Wohle der Mitarbeiter und Patienten/Kunden zu schaffen, ist der Kern der Methode.

6.3   Lean Management im Krankenhaus in aller Kürze

Einige Kernaussagen zu der Methode Lean Management sollen das Buch kurz zusammenfassen:

- Lean ist ein langfristiges Werkzeug (und damit Philosophie), das zur strukturellen Verbesserung des Unternehmens dient. Der Leistungserbringungsprozess wird grundlegend und umfassend optimiert.
- Mit Lean steht die kontinuierliche Verbesserung (KVP) und nicht eine einmalige Kostensenkung im Fokus. Das Unternehmen soll sich also stetig verbessern.
- Lean ist der Dreiklang aus den Themenfeldern Kultur (einschließlich Einstellung und Verhalten der Mitarbeiter), Management (Führung) und Prozess.
- Durch Fokussierung auf die grundsätzlichen Themen Effizienz (Input) und Effektivität (Output) bei gleichzeitiger Kundenorientierung werden eigene Potenziale gehoben, die nicht in Konkurrenz mit anderen Krankenhäusern stehen. Was an eigener Verbesserung erzielt wird, kann kein Außenstehender wegnehmen. Es werden eigene Wettbewerbsvorteile erarbeitet.
- Die Ausrichtung der Verbesserungsarbeit auf den Prozess führt häufig zur Bearbeitung von Themen, die sonst nicht priorisiert worden wären und erzielt zusätzliche Wirkungen wie beispielsweise Steigerung der Patientensicherheit, reduziertes Ausfallrisiko der Anlagen, Erhöhung der Vertragsquote am ersten Tag, Reduzierung der Wartezeit in Sprechstunden, Reduzierung der Reaktionszeit bei Problemen etc.
- Lean fokussiert hundertprozentig auf den Kunden und macht damit die Richtung der Verbesserungsarbeit für alle Beteiligten klar und deutlich.

- Lean führt über die Optimierung der Qualität und der Durchlaufzeit (DLZ) automatisch, nachhaltig, sicher und stabil zur Kostenreduzierung (sekundäre Zielgröße). Die von vielen fokussierte Kostensenkung ist hier ein Effekt der kundenorientierten Prozessverbesserung.
- Kommunikationstraining und Change Management sind Bestandteil einer erfolgreichen Lean-Implementierung. Mehr noch; Change Management kann als Schnittmenge oder integraler Bestandteil von Lean verstanden werden. Verbesserungsarbeit ohne Change Management ist unmöglich, da jede Verbesserung immer auch eine Veränderung ist, die begleitet werden muss.
- Veränderungen und Verbesserung benötigen Zeit, die in den meisten Fällen den Engpass des Unternehmens darstellt. Analysen, Projekte, Workshops belasten das System zusätzlich. Diese Zeit muss als Anfangsinvestition erbracht und zur Verfügung gestellt werden, um später die Ernte der Verbesserung einfahren zu können. Es empfiehlt sich daher, diesen zusätzlichen Zeitbedarf durch Extrakapazität zu planen und bereitzustellen.
- Eine hohe Fluktuation destabilisiert jedes System zusätzlich. Hier kann der konsequente Einsatz von Lean helfen, Mitarbeiter an das Unternehmen zu binden und die wirtschaftliche Basis für adäquate Gehälter zu schaffen. Optimale Prozesse schaffen eher Mitarbeiterzufriedenheit und die Möglichkeit der Wirtschaftlichkeit als unstrukturierte Abläufe mit häufiger Über- und Unterforderung.
- Kleine Krankenhäuser haben häufig das Problem und gleichzeitig den Vorteil der Kleinheit. So können unter Umständen nicht alle aufgezeigten Potenziale realisiert werden, da nur in ganzen Stellen kalkuliert werden kann. Andererseits ist es viel leichter, strukturelle Veränderungen durchzuführen, da das Zusammengehörigkeitsgefühl in kleinen Häusern größer und die Führung näher am Prozess ist. Wenn an allen Stellen Verbesserungsarbeit betrieben wird, wird in Summe Großes entstehen.
- Zentrale Themen wie IT-Struktur, Personalkonzept, Marketingstrategie, Zentralsterilisation, Zentraleinkauf, Zertifizierungsprogramme behindern häufig die interne Optimierung mittels Lean-Ansatz. Diese Grenzen sind dann als Herausforderung/Prämissen einer so genannten Brownfield-Planung (siehe Abschn. 4.10) zu verstehen. Auch hier lässt sich trotzdem noch viel gestalten.
- Um die Basis für die Nachhaltigkeit der erreichten Verbesserungen zu legen, empfiehlt es sich, das Thema Führung als integralen Bestandteil von Verträgen mit dem Chefarzt bzw. den leitenden Ärzten zu berücksichtigen. Es muss der Rahmen (Auftrag, Zeit, Schulung, Coaching-Angebote) für gelebte Führungsarbeit gelegt werden, um so Prozessverbesserung zu ermöglichen. Leitende Führungskräfte können nicht nur Medizin betreiben.

- Die gesamte Führungsmannschaft soll bei der Verbesserungsarbeit beteiligt werden, um immer wieder motivierend, steuernd und coachend auf die Gesamtmannschaft wirken zu können. Denn Veränderung muss unterstützt, begleitet und manchmal auch durchgesetzt werden.
- Die monetären Effekte einzelner Verbesserungsaktivitäten herauszurechnen, ist häufig aufgrund der Komplexität und den vielen parallel verlaufenden Ereignissen (Mitarbeiterwechsel, IT-Umstellung, Änderung des Leistungsspektrums, Fluktuation etc.) häufig nicht möglich bzw. nicht immer sinnvoll. Eine positive Auswirkung der Verbesserungsarbeit ist in den meisten Fällen der Zeitgewinn. Diese Zeit steht dann mehr für die eigentliche Aufgabe zur Verfügung, beispielsweise Patientenversorgung, Abrechnung, Untersuchung, etc. Manchmal entsteht sogar mehr Zeit an einer Stelle, die gar nicht im Fokus der Verbesserung war. Glauben und einfach anfangen können helfen, sich der kräfteraubenden Nachweisführung der rein monetären Effekte zu entledigen.
- Transparenz als zentrales Verbesserungswerkzeug im Gesamtsystem hilft, unterstützt und ermöglicht Management: „Noch nie wusste ich so viel wie heute". Transparenz ist deshalb häufig ein Lean-Schlüssel.
- Lean generiert echtes Wissen bei den Führungskräften und den Mitarbeitern. Die Beteiligten sind oft erschrocken darüber, was sie vorher alles nicht gewusst haben. Das eigene Wissen ist ein Konkurrenzvorteil, der nicht gestohlen oder kopiert werden kann.
- Die Verbesserungskompetenz erzeugt Hilfe zur Selbsthilfe.

Bei der Reflexion der jahrelang durchgeführten Verbesserungsarbeit im Krankenhausumfeld hat sich folgende Erkenntnis beim Autor besonders festgesetzt:

Die Beteiligten benötigen ein Grundinteresse an Routinetätigkeiten sowie persönliche Disziplin, diese durchzuhalten. Jegliche Prozessverbesserung beruht darauf, dass Schwankungen, Probleme und Verschwendungen reduziert und Regeln zu deren Absicherung aufgestellt werden. Diese müssen eingehalten werden. Besitzen die Führungskräfte den Willen und die Zeit für Führung, wird der Nährboden für ein erfolgreiches Lean-Management-System gelegt. Führung, Disziplin und Interesse an Routinetätigkeiten stellen Schlüsselfaktoren beim Lean Management dar.

Für alle, die den Lean-Ansatz im eigenen Unternehmen bzw. Krankenhaus einführen wollen, empfiehlt sich, professionelle Unterstützung hinzuziehen. Das Thema benötigt anfangs viel Erfahrung, so dass ein interner Mitarbeiter nicht einfach damit betraut werden könnte: „Try not. Do or do not! There is no try!"[1]

---

[1] Bekanntester Satz von Yoda aus *Star Wars*. „Probiere es nicht. Entweder machst du es richtig oder gar nicht."

Darüber hinaus müssen interne Ressourcen in ausreichendem Maße bereitgestellt werden. So wird ein Budget für die Verbesserungsarbeit benötigt (Simulation,
Kleinmöbel, Workshop- und Visualisierungsmaterialien, Umzugskosten etc.).
Die vielen Beispiele im Buch sollen das Potenzial verdeutlichen und das Vertrauen in die Möglichkeiten des Lean-Ansatzes stärken. Bezifferbare Erfolge hierfür sind:

- Reduzierung der DLZ in der Rettungsstelle um 62 %
- Steigerung der Fallzahlen in der Rettungsstelle um 21 %
- Reduzierung der Vertragsschlusszeit um 31 %
- Erhöhung der Vertragsquote um 38 Prozentpunkte
- Reduzierung der DLZ im Aufnahmezentrum um 23 %
- Reduzierung der mVWD um 28 Prozentpunkte (nur temporär, da der Bereich
  wieder zurückgefallen ist)
- Steigerung der Stabilität in der Klinik für Innere Medizin um 50 Prozentpunkte
- Erhöhung der OP-Stabilität um 18 Prozentpunkte
- Steigerung der Arztbriefquote bei Entlassung (vom Chefarzt unterschriebener
  Arztbrief) um 45 Prozentpunkte
- Reduzierung des Anteils Wartezeit bei der Privatsprechstunde der Gynäkologie
  um 28 Prozentpunkte
- Reduzierung der Zeit bis zum fertigen OP-Bericht um 76 %
- Steigerung des Wertschöpfungsanteils in der OP-Siebreinigung um 19 Prozent-
  punkte (Reduzierung eine Vollkraft)
- Reduzierung der Reklamationsquote um 50 %
- Reduzierung der Handlingsstufen (Anzahl Arbeitsschritte) bei der Instrumen-
  ten-Folierung um 40 %
- Steigerung der Produktivität der Technikmitarbeiter um 37 %
- Reduzierung der Auftragsbearbeitungszeit um 17 %
- Reduzierung der Abordnungen (Korrektur von Untersuchungsanforderungen/
  Anordnungen) um 31 Prozentpunkte
- Reduzierung der unplanmäßigen Visitenzeiten um 19 Prozentpunkte
- Reduzierung des Anteils offener Rechnung um 97 %
- Reduzierung des Materialvolumens im Stationsbereich um 61 %
- Reduzierung des Materialbestandswertes im Stationsbereich um 53 %
- Reduzierung geplanter Investitionen um 70.000 € durch Workshoparbeit

Und dennoch – es ist noch eine Menge zu optimieren, viel Potenzial zu heben und
viel Gutes für Patienten und Mitarbeiter zu tun.

Ausblick 7

Der gesamte Gesundheitsbereich steht vor enormen Herausforderungen. Die Entvölkerung der ländlichen Regionen, der demografische Wandel, die ständig älter werdende Bevölkerung verbunden mit einem steigenden Versorgungsbedarf, die Verbesserung der technischen und medizinischen Möglichkeiten, die Einbindung der EDV- und Kommunikationsmöglichkeiten in die bestehenden Strukturen der Behandlung und Versorgung, der Ärzte- und der Pflegekräftemangel, die Einbindung der Migranten und die ständig steigende Regulierung müssen durch die Verantwortlichen gemanagt und beherrscht werden. Besonders das Thema Flexibilität wird in den nächsten Jahren eine Herausforderung werden. Die technische Entwicklung schreitet inzwischen so schnell voran, dass selbst hoch flexible und innovative Häuser ein Problem haben. Wearables (Smart-Uhren), Gesundheitsapps (Blutdruckkontrolle, Sprachtraining, Stottertraining, Zykluskontrolle, Pulskontrolle, etc.), Internetärzte (Dr. Google, Dr. Johannes) und Assistenzsysteme (Hausroboter, Sehhilfen, Spracheingabesysteme oder Skype) verändern den Gesundheitsmarkt erheblich. Sie sorgen auf der einen Seite für weniger Patienten (die Information kommt von den Patienten) in den Praxen und Krankenhäusern und auf der anderen Seite für bessere und kontinuierliche Daten/Informationen (siehe Abb. 7.1) Sie ermöglichen so eine bessere Medizin.

Aus diesem Grunde wird es ohne eine Prozessorientierung und starke Fokussierung auf die wichtigen, notwendigen und wertschöpfenden Tätigkeiten nicht gehen. Alles andere verschwendet Ressourcen, die nicht vorhanden oder frei sind. Lean wird sich deshalb im Laufe der Zeit immer stärker durchsetzen. Genau wie in der Industrie werden sich auch im Krankenhaus und auch anderen nicht-industriellen Sektoren wie beispielsweise Verwaltungen die Lean-Ansätze langsam etablieren. Sie werden jeweils ausprobiert, individuell angepasst und anschließend spezifisch implementiert werden. Die vielen Begriffserweiterungen von Lean Production zu Lean Management, Lean Administration und Lean Healthcare bekunden diese Di-

A. Scholz, *Die Lean-Methode im Krankenhaus,* DOI 10.1007/978-3-658-08738-8_7

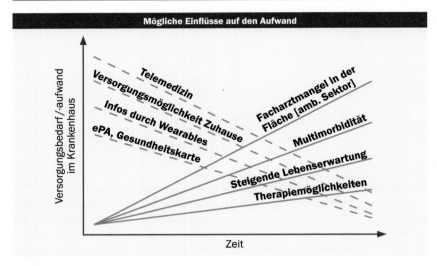

Abb. 7.1 Einflussfaktoren für den Aufwand im Krankenhaus

versifizierung. Alle Branchen haben dabei ihre spezifischen Herausforderungen und machen deshalb eine individuelle Transformation der Methode notwendig. Ein einfaches Kopieren wird nicht funktionieren. Analog zur Industrie wird es erfolgreiche und weniger erfolgreiche Implementierungsversuche geben. Trotz eines ziemlich genauen Bildes der Methode Lean wird es auch in Zukunft immer wieder mal Probleme bei einer nachhaltigen Implementierung geben, wenn nur ein oberflächliches Auseinandersetzen mit der Methode stattfindet. Im Krankenhaus wird die größte Herausforderung die Beteiligung und Einbindung der Chefärzte bzw. leitenden Ärzte sein. Diese häufig höchste Führungsebene kann nicht außerhalb des Verbesserungsprozesses stehen, hat dabei jedoch gleichzeitig aufgrund der eigenen „Sozialisierung" die größte persönliche Herausforderung. Hier werden es wahrscheinlich die nachfolgenden Chefärzte leichter haben. Sie entstammen dann der Generation Work-Life-Balance oder Generation Y.

► **Generation Y** Auch als Millennials, Digital Natives oder Whys bezeichnet. Diese nach 1980 geboren Fachkräfte kennen sich gut mit der EDV aus und wollen sich ihre Kräfte einteilen, Spaß an der Arbeit haben und ein ausgewogenes Verhältnis zwischen Beruf und Privatleben haben.

Die dort ausgeprägte Teamzentrierung und der egoistischere Umgang mit dem Faktor Freizeit wird zwangsläufig zu Prozessoptimierung führen. Eine heute noch übliche Personenfixierung und Ausrichtung aller Aktivitäten auf den Chefarzt

oder Arzt macht dann keinen Sinn mehr. Um sorgsam mit der eigenen Zeit umgehen zu können, müssen die Prozesse wie am Schnürchen laufen und belastende
Verschwendung eliminiert werden. Ein vernetztes Arbeiten auf Augenhöhe unter
gleichzeitiger Nutzung der technischen Möglichkeiten wird Usus werden.

Also, ran an die eigenen Reserven und viel Spaß bei der Adaption der Methode!

Anhang: Methodenbeschreibung 8

8.1 Storyboard

Erklärung/Definition

Das Storyboard ist ein Werkzeug zur standardisierten Planung und Ergebnissicherung von Verbesserungsaktivitäten bei Workshops (WS) bzw. Projekten. Von der Beauftragung über die Durchführung bis hin zum Ergebnis werden alle wesentlichen Schritte und Informationen in einem einseitigen Dokument festgehalten. Vor dem Workshop stehen Rahmenschaffung, Auftragsklärung und Vorgehensweise im Vordergrund und danach die Ergebnissicherung. Das Storyboard erfasst wesentliche Eckpunkte wie den WS-Namen, Bereich, Verantwortlichen, das WS-Datum, WS-Thema, WS-Ziel, die Teilnehmer, Unterstützer, Moderatoren, geplante Vorgehensweise, einen Vorher-/Nachher-Vergleich. Es benennt durchgeführte Hauptaktionen, erzielte Ergebnisse und die nächsten Schritte. Das Storyboard begleitet die Verbesserungsaktivität und wird parallel dazu ausgefüllt und aktualisiert.

Ziel

Das Storyboard soll den gesamten Workshop standardisiert auf einem Blatt darstellen. Durch die vorgegebene Struktur werden zum einen eine einheitliche Vorgehensweise (Stabilität) und zum anderen eine hohe Qualität bei Workshops bzw. Projekten sichergestellt. Das Storyboard soll ferner eine standardisierte Berichterstattung gegenüber Vorgesetzten ermöglichen.

Vorgehen

1. Formularerstellung und Definition der notwendigen Regeln:
   - Dokumentationsformular (beispielsweise gemäß des vorliegenden Musters, siehe folgende Abbildung) erstellen

© Springer Fachmedien Wiesbaden 2016
A. Scholz, *Die Lean-Methode im Krankenhaus,* DOI 10.1007/978-3-658-08738-8_8

- Ausfüllregeln (wer füllt welchen Teil aus, wann erfolgt die Dokumentation, wer ist an der Abstimmung des Workshops beteiligt, wo wird das Dokument abgelegt, etc.) klären
2. Formularerprobung:
   - Ausfüllen anhand eines Beispiels testen und Anwendbarkeit bestätigen
3. Umsetzung (Nutzung des Formulars):
   - *vor dem Workshop:* die Rahmendaten (WS-Name, Bereich, Verantwortlicher, WS-Datum, WS-Thema, WS-Ziel, Teilnehmer, Unterstützer, Moderator) und die geplante Vorgehensweise dokumentieren und somit die erfolgreiche Durchführung sicherstellen
   - *während des Workshops:* die Vorher- und Nachher-Situation dokumentieren
   - *nach dem Workshop:* die Ergebnissicherung durchführen (durchgeführte Hauptaktionen und erzielte Ergebnisse) sowie noch offene Schritte dokumentieren
4. Präsentation:
   - Ergebnisse anhand des Storyboards und weiterer Hilfsmitteln gegenüber dem Management präsentieren
5. Ablage/Speichern:
   - Storyboard zwecks Sicherung der Vorgehensweise (für ähnliche Probleme/ Workshops) und des Ergebnisses ablegen/speichern.

Praxishinweis

Das Storyboard soll als Anleitung, Leitfaden und Dokumentationsmedium dienen. Falls es nicht als allgemeiner interner Standard angewandt wird, kann es auch nur zur Orientierung dienen. Es kann auch als Deckblatt des Dokumentationsordners eines Workshops verwandt werden. So wäre auf einem Blick das Wesentliche der Verbesserungsaktivität erkennbar.

Storyboard

Workshop:	Bereich:	Verant-wortlicher	WS-Datum:

Thema:	Teilnehmer:	Unterstützung durch:	Logo einfügen
			Moderation:
			Co-Moderation:
			Notizen:

Vorgehensweise:	Vorher:	Nachher:

Haupt-Aktionen:	Ergebnisse:	Wert:	Nächste Schritte:

Storyboard

Workshop:	Leistungsabrechnung	Bereich:	Med. Leistungsabrechnung	Verant-wortlicher	Hr. Mittel	WS-Datum:	6.-7.8/20.-21.8.

Thema:	Teilnehmer:	Unterstützung durch:	
Optimierung des Leistungs-abrechnungsprozesses	Projektleiter: Hr. Dach (TL) Fr. Spahn (TL)	Fr. Xaver (Praktikant)	Logo einfügen
Ziele :	Fr. Hut (amb.)		**Moderation:** Fr. Hering, Lean-Experte (extern)
zeitnahe Abrechn. (max.2 AT nach Freig.)	Hr. Dahme (stat.)		**Co-Moderation:** Hr. Rahn (Lean)
Abrechnung aus einer Hand	Fr. Matei (übergeordnet)		**Notizen:**
Vertretungsoptimierung	Hr. Rahn (Lean)		Urlaubssituation!!
Verschwendungsreduzierung			

Vorgehensweise:	Vorher:	Nachher:
Beobachtungstag 24.7.	unklare Aufgaben und Abläufe	Transparenz über Abläufe und Aufgaben ist erzeugt
Analysen zur WS-Vorbereitung beauftr.	fragmentierte Abrechnung	Aufgabenverteilung geregelt (alles aus einer Hand)
WS1: Istsituation	Probleme im Urlaus- und Krankheitsfall	Vertreterregelung vorhanden
Swimlane	wenig Regelungen in Form von Standard vorhanden	Standards erstellt
Verständnis und Bewusstsein	keine Abrechnungssteuerung (Menge) möglich	Steuerungskenzahlen sind implementiert
Zielzustand	Abhängigkeit von einzelnen Fachpersonen	Notwendige Qualifizierung durchgeführt
Haupthandlungsfelder		
Maßnahmenabarbeitung		
WS2: Sollkonzept		
Simulation		
Validierung		
Umsetzung		

Haupt-Aktionen:	Ergebnisse:	Wert:	Nächste Schritte:
Aufgabenneuverteilung	Schnittstellenreduzierung	4 Stück	
Verschwendungsreduzierung	Abrechnungsbeschleunigung	4 Tage	
Qualifizierung	Überstundenabbau	20 T€	Qualifizierung Restteam

8.2   Mitarbeiterbefragung

Erklärung/Definition
Die Mitarbeiterbefragung dient als Prozessanalyse zur aktiven Einbeziehung der Beteiligten. Zwei Varianten sind anwendbar:

1. Im Vorfeld definierte Themenbereiche werden in Form eines Fragebogens erfasst. Dieser bildet die Grundlage für die Befragung der relevanten Bereichsmitarbeiter und Führungskräfte. Sinnvolle Themenfelder sind beispielsweise Ausstattung, Technik, Arbeitsprozess, Qualifikation, Information, Zuständigkeiten etc. Die Themen werden am Projektbeginn abgefragt und als Einflussfaktor bei der Prozessarbeit beachtet. Häufig wird die Mitarbeiterbefragung am Projektende als Vergleichsmessung wiederholt.
2. Eine weitere Form der Befragung ist das „Teilstrukturierte Interview". Hierbei werden beispielsweise in einem einstündigen Interview Fragen zu verschiedenen Themenbereichen gestellt. Bei dieser Methode kann leichter auf die „weichen Teile" des Bereichs wie Zusammenarbeit, Zufriedenheit, Führung eingegangen werden.

Es ist zu beachten, dass beide Varianten der Befragung Erwartungen bei den Mitarbeitern wecken Diese gilt es im Projekt, inhaltlich zu bearbeiten beziehungsweise zu beantworten. Hinweis: Hierbei wird keine statistisch abgesicherte Erhebungsmethode beschrieben, vielmehr geht es um eine schnelle und einfache Richtungsanalyse für die Projektarbeit.

Ziel
Durch die Befragung aller Bereichsbeteiligten soll aktiv das Mitarbeiterwissen und -befinden erkannt, die das Projekt beeinflussenden Zusatzthemen thematisiert und allgemeine, hinderliche Faktoren identifiziert werden. Die Befragung kann bei richtigem Einsatz als Intervention zur Erhöhung der Projektakzeptanz eingesetzt werden.

Vorgehen

1. Abklärung:
   - Befragungsziel und Umgang mit den Teilnehmererwartungen mit der Führungskraft abklären und die Methode bestätigen

2. Fragebogenerstellung:
   - Teilnehmerkreis definieren
   - allgemeinen Rahmen definieren (Hintergrund der Befragung, Bereichsname, Hinweis auf Vertraulichkeit, Dokumentenname)
   - Fragen definieren (Themenfelder und freien/offenen Teil)
   - Bewertungsskala definieren (häufig genutzt: Schulnoten oder 10er-Skala, gerade Anzahl von Bewertungsmöglichkeiten, damit nicht einfach immer die Mitte angekreuzt wird)
   - Dokumentationsformular erstellen
3. Probelauf:
   - Dokumentationsformular mit mindestens zwei Mitarbeitern auf Verständlichkeit testen, um den Interpretationsspielraum bei der Beantwortung der Fragen gering zu halten
4. Durchführung Variante Fragebogen
   - Fragebogen mit Erklärung der Aufgabe, der Analysemethode und des Hintergrunds verteilen
   - Fragebogen zeitnah (eine längere Bearbeitungszeit bringt häufig keinen Mehrwert für die Mitarbeiter, da das Thema nur verschoben wird) einsammeln
5. Auswertung:
   - Aussagen auswerten
   - Diagramm zur grafischen Erklärung des Ergebnisses (häufigste Nennungen, Top Themen, etc.) erstellen
   - Handlungsfelder herausarbeiten

Praxishinweis

Die Mitarbeiterbefragung hat immer eine Wirkung. Die Handelnden müssen sich dieser Wirkung bewusst sein. Das Ausfüllen der Fragebögen kostet Zeit und sollte deshalb im Umfang möglichst begrenzt sein. Ca. 10 min Ausfüllzeit werden häufig von den Mitarbeitern toleriert.

Mitarbeiterbefragung

Thema: Hauptstörquellen im Arbeitsprozess   **Kontext:**   Optimierungsprojekt in:..

Mit diesem Kurzfragebogen werden im Rahmen des Lean-Projektes die aus Sicht der Mitarbeiter wichtigsten **Hauptstörquellen im Arbeitsprozess** erfasst. Sie als Experten Ihres Arbeitsprozesses wissen am besten, **was Sie bei Ihrer Arbeit unterbricht, den Ablauf erschwert** und Sie verärgert. Daher sind Ihre Informationen für das Gelingen des Projektes sehr wichtig! Mit dem Ausfüllen des Bogens leisten Sie also einen persönlichen Beitrag zur Verbesserung der Prozesse.
Bitte nehmen Sie sich einige Minuten Zeit, um den Bogen auszufüllen. Selbstverständlich ist die Teilnahme freiwillig und die Auswertung anonym!
Wichtig: Bitte geben Sie den Bogen in jedem Fall zurück, auch wenn Sie keine Angaben machen möchten!

Bitte bewerten Sie durch das Ankreuzen der Zahlen, was Sie davon abhält, Ihre Arbeit in der notwendigen Qualität und Quantität zu erbringen (Nach Schulnoten bzw. nachfolgender Skala):

	1	2	3	4	5	6		1	2	3	4	5	6
technische Probleme/ EDV Probleme	1	2	3	4	5	6	eigene Qualifikation nicht ausreichend/ Qualifizierungsbedarf vorhanden	1	2	3	4	5	6
unzureichende Ausstattung des Arbeitsplatzes/ fehlendes Arbeitsmaterial	1	2	3	4	5	6	fehlende Informationen / falsche Informationen	1	2	3	4	5	6
Unterbrechungen der Arbeit (Anforderung von außen)	1	2	3	4	5	6	Nichteinhaltung von Terminen/Absprachen	1	2	3	4	5	6
unklare Kompetenzen/ Zuständigkeiten	1	2	3	4	5	6							

Bitte nennen Sie ggf. weitere wichtige Faktoren, die Ihren täglichen Arbeitsablauf belasten.

Störfaktor: _____   Lösungsidee: _____

Störfaktor: _____   Lösungsidee: _____

Störfaktor: _____   Lösungsidee: _____

Ihre Berufsgruppe:

1 = nie   2 = selten   3 = wöchentlich   4 = mehrmals wöchentlich   5 = mehrmals täglich   6 = dauerhaft   ☐ Arzt   ☐ Pflege   ☐ Andere

---

Mitarbeiterbefragung

Thema: Hauptstörquellen im Arbeitsprozess   **Kontext:**   Optimierungsprojekt in: *Rettungsstelle*

Mit diesem Kurzfragebogen werden im Rahmen des Lean-Projektes die aus Sicht der Mitarbeiter wichtigsten **Hauptstörquellen im Arbeitsprozess** erfasst. Sie als Experten Ihres Arbeitsprozesses wissen am besten, **was Sie bei Ihrer Arbeit unterbricht, den Ablauf erschwert** und Sie verärgert. Daher sind Ihre Informationen für das Gelingen des Projektes sehr wichtig! Mit dem Ausfüllen des Bogens leisten Sie also einen persönlichen Beitrag zur Verbesserung der Prozesse.
Bitte nehmen Sie sich einige Minuten Zeit, um den Bogen auszufüllen. Selbstverständlich ist die Teilnahme freiwillig und die Auswertung anonym!
Wichtig: Bitte geben Sie den Bogen in jedem Fall zurück, auch wenn Sie keine Angaben machen möchten!

Bitte bewerten Sie durch das Ankreuzen der Zahlen, was Sie davon abhält, Ihre Arbeit in der notwendigen Qualität und Quantität zu erbringen (Nach Schulnoten bzw. nachfolgender Skala):

	1	2	3	4	5	6		1	2	3	4	5	6
technische Probleme/ EDV Probleme	1	☒	3	4	5	6	eigene Qualifikation nicht ausreichend/ Qualifizierungsbedarf vorhanden	☒	2	3	4	5	6
unzureichende Ausstattung des Arbeitsplatzes/ fehlendes Arbeitsmaterial	1	2	☒	4	5	6	fehlende Informationen / falsche Informationen	1	2	3	☒	5	6
Unterbrechungen der Arbeit (Anforderung von außen)	1	☒	3	4	5	6	Nichteinhaltung von Terminen/Absprachen	1	2	3	☒	5	6
unklare Kompetenzen/ Zuständigkeiten	☒	2	3	4	5	6							

Bitte nennen Sie ggf. weitere wichtige Faktoren, die Ihren täglichen Arbeitsablauf belasten.

Störfaktor: *veraltete Geräte*   Lösungsidee: *neue Geräte anschaffen*

Störfaktor: *Schichtmodelle / Personalschlüssel*   Lösungsidee: *mehr qualifiziertes Personal*

Störfaktor: *Verständigungsprobleme mit den Patienten*   Lösungsidee: *Dolmetscher zur Verfügung stellen*

Ihre Berufsgruppe:

1 = nie   2 = selten   3 = wöchentlich   4 = mehrmals wöchentlich   5 = mehrmals täglich   6 = dauerhaft   ☐ Arzt   ☒ Pflege   ☐ Andere

8.3 Prozessmapping

Erklärung/Definition

Das Prozessmapping beschreibt Informationsprozesse bzw. physische Prozesse in Form definierter Symbole entlang auftretender Schnittstellen und Bahnen visuell. Bewährt haben sich farbige Klebezettel (Post-its), um Prozessschritte (nachfolgende Abbildung, gelb), Dokumente (grün), Systeme (blau) und Handlungsfelder (rot) zu erfassen. Diese werden auf Packpapier geklebt und mithilfe von Stiften zu Prozesslinien verbunden. Die Prozessschritte werden den einzelnen Prozessbeteiligten (Bahnen) zugeordnet. Verwendete Hilfsmittel/Dokumente und Systeme (SAP, Excel, etc.) werden ebenfalls visualisiert. Am Ende der Prozessaufnahme erfolgen die Benennung der identifizierten Handlungsfelder und deren Visualisierung am jeweiligen Prozessschritt. Das Prozessmapping erfolgt in der Regel als Workshop mit den relevanten Prozessbeteiligten.

Ziel

Durch die formalisierte Darstellung in einem Modell soll ein Prozessgesamtbild erfasst und Handlungsfelder identifiziert werden.

Vorgehen

1. Vorbereitung:
   - relevante Prozessbeteiligte (möglichst alle Schnittstellenfunktionen) einladen
   - Prozessmapping (Packpapier mit eingezeichneten Schwimmbahnen und farbige Post-its) vorbereiten
2. Durchführung:
   - Bereichsmitarbeiter begrüßen
   - Aufgabe, Analysemethode und Hintergrund erklären/klären
   - Ist-Prozessmap anfertigen
     1. Schwimmbahnen mit Personen/Funktionen betiteln (siehe folgende Abbildung)
     2. Prozessschritte in die jeweilige Bahn kleben
     3. Dokumente und verwendete Systeme anpinnen
     4. Probleme auf roten Post-its unter den jeweiligen Prozessschritt kleben
     5. Prozessschritte vorerst mit Bleistift verbinden, später mit Flipchartmarker/Edding nachziehen

- Verschwendung analysieren (Wo ist der Prozess zu lang bzw. zu verschwenderisch mit Ressourcen oder erfolgt durch zu viele verschiedene Funktionen?)
- Soll-Prozess festlegen und in Form einer separaten Soll-Prozessmap visualisieren (Wie könnte ein Sollprozess aussehen? → alle Probleme beseitigen, Anzahl von Funktionen/Beteiligten reduzieren)
- Handlungsfelder und Maßnahmen ableiten
- aufzeigen Prozesspotenzial/Vorher-Nachher-Vergleich (Anzahl Prozessschritte, Anzahl Funktionen/Bahnen und Anzahl beseitigter Probleme)

3. Aufbau/Umsetzung des Soll-Prozesses

Praxishinweis
Das Prozessmapping sollte – wann immer möglich – mit allen Beteiligten durchgeführt werden, damit eine saubere Ist-Darstellung und sinnvolle Soll-Konzeption erarbeitet werden kann. Ist dies aus Kapazitätsgründen nicht möglich, kann der Ist-Prozess durch den Prozessverbesserer vorbereitet und visualisiert werden. Diese Vorbereitung wird anschließend mit den Beteiligten durchgesprochen und ggf. angepasst.

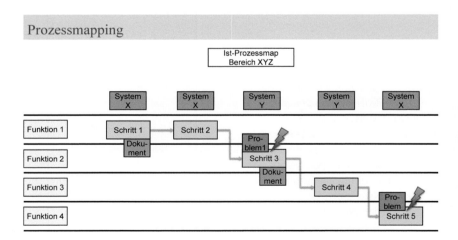

Prozessmapping

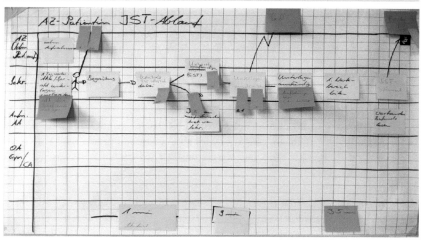

8.4 Kreidekreis-Analyse

Erklärung/Definition

Bei der Kreidekreis-Analyse handelt es sich um eine freie Analysemethode. Sie bedarf keiner Formblätter oder sonstiger Hilfsmittel. Lediglich ein leeres Blatt und ein Bleistift werden benötigt. Der Name rührt daher, dass sich der Beobachter in einen tatsächlichen oder imaginären Kreis stellt und diesen möglichst während der Beobachtung nicht verlässt. Vor allem in Japan wird die Methode unter Verwendung eines tatsächlich von Hand gemalten Kreidekreises durchgeführt. In den meisten westlichen Unternehmen ist dies jedoch unüblich. Dieses Verharren an einer bestimmten Position führt dazu, dass der Beobachter mit der Zeit für die Prozessbeteiligten verschwindet. Sie nehmen ihn nicht mehr wahr und er kann relativ einflussfrei den Prozess analysieren. Der Beobachter entscheidet eigenständig, was für ihn relevant ist. Beobachtungen können Logistik, Ergonomie, Reihenfolge, Arbeitssicherheit, Wertschöpfung, Verschwendung etc. betreffen. Die Analyse wird je nach Aufgabenstellung zwischen wenigen Stunden (häufig) und mehreren Tagen (selten) durchgeführt.

Ziel

Durch diese vorlagenfreie Analysemethode soll dem Beobachter ermöglicht werden, den Prozess in Gänze zu verstehen und Auffälligkeiten zu identifizieren. Die Methode wird teilweise im Mentor-Mentee-Kontext zur Einarbeitung neuer Mitarbeiter verwandt.

Vorgehen

1. Dauer/Häufigkeit festlegen:
   - Wie lange muss vermutlich der Prozess beobachtet werden, um ein hinreichend genaues Bild zu erlangen (wird am Anfang nur geschätzt)?
   - Welche Zeitpunkte sind günstig/ungünstig (Schichtzeiten, Feiertage, Prozesslänge, etc.)?
2. Beobachtungspunkt wählen:
   - Wo ist eine günstige Position, um möglichst genau beobachten zu können und den Prozess nur wenig zu stören?
   - Was muss alles einsehbar sein und welche Schnittstellen sollen beinhaltet sein?
3. Analyse durchführen:
   - betroffene Bereichsmitarbeiter begrüßen
   - Aufgabe, Analysemethode, Hintergrund erklären/klären und ggf. Hinweise der Mitarbeiter aufnehmen.
   - beobachten
4. Verabschiedung:
   - Aufzeichnungen den Mitarbeitern zeigen oder anbieten, die Ergebnisse später zu besprechen.
   - bedanken
5. Auswertung:
   - Beobachtungen verdichten und Handlungsfelder herausarbeiten.

Praxishinweis

Beobachtung ist die Methode, um einen Prozess kennen zu lernen. Sie dient häufig als Einstiegsanalyse für einen Prozess oder Vorbereitung für komplexere Analysen (z. B. Mehrfachmomentaufnahme, siehe Kapitel 8.7). Es empfiehlt sich etwas länger zu beobachten (mehrere Stunden) und so auch Prozessschwankungen zu erkennen. In Abhängigkeit von der eigenen Persönlichkeit kann ein in Tabellenform vorstrukturiertes Blatt hilfreich sein.

Kreidekreis (Hilfsblatt)

Bereich:		
Arbeitsplatz:		Schicht:
Aufnahmedatum:		Station:
Bearbeiter:		Hinweis:

Thema	Beobachtungen vor Ort	Verbesserungsansätze

Kreidekreis (Hilfsblatt)

Bereich:	Geriatrie	
Arbeitsplatz:	verschiedene	Schicht: Früh
Aufnahmedatum:	24.09.14	Station: 4
Bearbeiter:	Schwester Marta	Hinweis: alle Betten belegt

Thema	Beobachtungen vor Ort	Verbesserungsansätze
Ergonomie	Patienten müssen gehoben werden Es ist sehr laut	Anschaffung Patientenlift Handys lautlos
Handhabung	Apparaturen müssen umständlich eingestellt bzw. ausgerichtet werden	Erneuerung der Apparate
Arbeitsweise	Es wirkt hektisch und chaotisch	Strukturelles Arbeiten, Arbeitsanweisungen, Schulung
Wege	Materiallager ist weit entfernt	Materiallager verlegen

8.5 Wegediagramm (Spaghetti-Diagramm)

Erklärung/Definition

Ein Wegediagramm erfasst visuell Laufwege innerhalb eines Arbeitsprozesses. Es werden die Laufwege des Mitarbeiters in einer Layoutskizze dokumentiert. Sowohl einzelne Arbeitszyklen als auch ganze Prozessfolgen können dargestellt werden. Das Ergebnis besteht immer aus einer Arbeitsplatz-/Prozessskizze mit eingezeichneten Wegen und einer Ergebniszahl (Meter oder Kilometer) für die zurückgelegte Laufstrecke.

Ziel

Durch die Visualisierung der Laufwege innerhalb eines Arbeitsprozesses sollen Ablaufschwächen und „Anordnungsfehler" von Arbeitsmaterialien, Räumen und Hilfsmitteln erkannt werden. Da Wege aus Leansicht Verschwendung sind, kann so diese Verschwendungsart quantifiziert und Möglichkeiten zur Optimierung aufgezeigt werden. Bei Anwendung der Methode als Vorher-/Nachher-Vergleich kann die Optimierung transparent dargestellt werden.

Vorgehen

1. Kurze Voranalyse:
   - Größe des zu dokumentierende Bereichs (Arbeitsplatz, Station, Gebäude) bestimmen
   - Dokumentationsblatt (*Arbeitsplatz* → kariertes Leerblatt, *Station oder Gebäude* → Grundrissplan o. ä.) auswählen
2. Beobachtungspunkt wählen:
   - Wo ist eine günstige Position, um möglichst genau beobachten zu können und den Prozess nur wenig zu stören?
   - Was muss alles einsehbar sein?
3. Durchführung:
   - Bereichsmitarbeiter begrüßen
   - Aufgabe, Analysemethode, Hintergrund erklären/klären und ggf. Hinweise der Mitarbeiter aufnehmen
   - Analyse durchführen
     1. Arbeitsplatz skizzieren
     2. Die Laufwege des Mitarbeiters kontinuierlich in der Skizze nachzeichnen.
     3. Etwaige Beobachtungen/Ideen auf der Rückseite festhalten.

4. Verabschiedung:
   – Aufzeichnungen den Mitarbeitern zeigen oder anbieten, die Ergebnisse später zu besprechen.
   – bedanken
5. Auswertung:
   – zurückgelegte Wegstrecke ermitteln und anschließend in Arbeitszeit (ein Meter entspricht ca. einer Sekunde) umrechnen
   – Handlungsfelder herausarbeiten

Praxishinweis

Ein Spaghetti-Diagramm lebt davon, schnell, einfach und chaotisch zu sein. Es soll nur das Verbesserungspotenzial aufzeigen und braucht deshalb nicht im PowerPoint o. ä. übertragen zu werden! Sollte ein Prozess zu groß sein oder zu lange dauern, muss er in Abschnitte zerlegt und später zu einem Gesamtergebnis zusammengeführt werden.

Wegediagramm

Bereich:					
Arbeitsplatz:			Schicht:		
Aufnahmedatum:			Station:		
Bearbeiter:			Hinweis:		

Wegediagramm

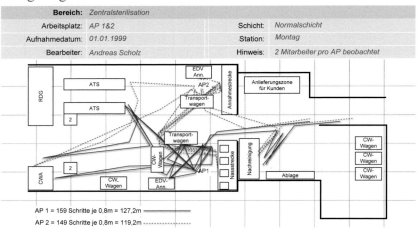

Bereich:	Zentralsterilisation		
Arbeitsplatz:	AP 1&2	Schicht:	Normalschicht
Aufnahmedatum:	01.01.1999	Station:	Montag
Bearbeiter:	Andreas Scholz	Hinweis:	2 Mitarbeiter pro AP beobachtet

AP 1 = 159 Schritte je 0,8m = 127,2m
AP 2 = 149 Schritte je 0,8m = 119,2m

8.6   Arbeitsschritte-Analyse

Erklärung/Definition
Die Arbeitsschritte-Analyse erfasst detailliert die Arbeitsfolge. Die Schritte werden einzeln sowie zeitlich in der richtigen Reihenfolge benannt und anschließend anhand von Vergleichskategorien bewertet. Üblich sind „Wertschöpfung/notwendige Nichtwertschöpfung/Verschwendung", „Eliminieren/Kombinieren/Umverteilen/Vereinfachen" oder „Qualität" und „Sicherheit". Diese Analysemethode ist herausfordernd bei der Durchführung, da in kurzer Zeit dokumentiert werden muss.

Ziel
Durch die detaillierte Dokumentation der Einzeltätigkeiten und deren anschließende Kategorisierung sollen sowohl qualitative als auch quantitative Potenziale abgeschätzt werden können. Häufig wird das Ergebnis als Diagramm bezüglich der quantitativen Verteilung der Kategorien dargestellt. Die Arbeitsschritte-Analyse kann als Basis für die Standarderstellung verwandt werden.

Vorgehen

1. Abklärung:
   - mit dem Betriebsrat/der Mitarbeitervertretung und den Führungskräften klären, ob und in welcher Form zeitliche Analysen durchgeführt werden dürfen

2. Kurze Voranalyse:
   - prüfen, ob es sich um eine standardisierte (immer identische Abfolge) oder um eine wechselnde Tätigkeit (Reihenfolge oder Inhalte können abweichen) handelt
   - Dokumentationsblatt auswählen (*standardisierte Tätigkeit* → Analyseblatt mit bereits dokumentierter Tätigkeitsfolge (sehr selten) oder
   - *wechselnde Tätigkeit* → leeres Analyseblatt (sehr häufig))
3. Beobachtungspunkt wählen:
   - Wo ist eine günstige Position, um möglichst genau beobachten zu können und den Prozess nur wenig zu stören?
   - Was muss alles einsehbar sein?
4. Durchführung:
   - Bereichsmitarbeiter begrüßen
   - Aufgabe, Analysemethode, Hintergrund erklären/klären und ggf. Hinweise der Mitarbeiter aufnehmen
   - Analyse durchführen
   1. Stoppuhr starten
   2. kontinuierlich die Tätigkeiten inkl. Zeitstempel (Stoppuhrzeit) dokumentieren
   3. etwaige Beobachtungen/Ideen als Bemerkung hinter der Tätigkeit festhalten
5. Verabschiedung:
   - Aufzeichnungen den Mitarbeitern zeigen oder anbieten, die Ergebnisse später zu besprechen.
   - bedanken
6. Auswertung:
   - einzelne Tätigkeitsdauern anhand der jeweiligen Zeitstempel (Differenz zwischen zwei Zeitstempeln) ermitteln
   - Tätigkeiten den gewählten Vergleichskategorien zuordnen
   - Diagramm mit den einzelnen Kategorien erstellen
   - Handlungsfelder auf Einzeltätigkeitsebene herausarbeiten

Praxishinweis
Die Tätigkeiten müssen in der richtigen Feinheit dokumentiert werden. Treffen bei einer Tätigkeitszeile mehrere Bewertungskategorien zu, ist die Tätigkeitsauflösung zu grob. Können die Tätigkeiten aufgrund ihrer Kürze nicht mehr dokumentiert werden, ist die Auflösung zu fein. Sollte ein Prozess zu groß sein oder zu lange dauern, muss er in Abschnitte zerlegt und später zu einem Gesamtergebnis zusammengeführt werden.

Arbeitsschritte-Analyse

Bereich:				
Arbeitsplatz:		Schicht:		
Aufnahmedatum:		Station:		
Bearbeiter:		Hinweis:		

Arbeitsschritt	Wert-schöpfung	Verschwen-dung	Nicht-Wertschöpf.	Zeit
1.				
2.				
3.				
4.				
5.				
6.				
7.				
8.				
9.				
10.				
Summe				

Arbeitsschritte-Analyse

Bereich:	Geriatrie			
Arbeitsplatz:	Morgenvisite Chefarzt	Schicht:	Früh	
Aufnahmedatum:	24.09.14	Station:	4	
Bearbeiter:	Dr. Hartmut Gernkrug	Hinweis:	1 Schwester abwesend - krank	

Arbeitsschritt	Wert-schöpfung	Verschwen-dung	Nicht-Wertschöpf.	Zeit
1. Gehen von Arztzimmer zu Station		X		00:10
2. Begrüßung/Kontaktaufnahme mit Patient	X			00:15
3. Studieren Patientenakte			X	00:25
4. Abfrage Eigenempfinden Patient	X			01:10
5. Anruf von anderer Station			X	01:40
6. Klären nächste Schritte	X			03:10
7. Gehen zum nächsten Patienten			X	03:15
8.				
9.				
10.				
Summe	140s	15s	40s	195s

Verschwendung; 8%

[RUBRIKEN NAME]; [PROZENTSATZ]

notwendige Nichtwertschöpfung; 60%

8.7   Mehrfachmomentaufnahme

Erklärung/Definition

Die Mehrfachmomentaufnahme ist ein Stichprobenverfahren zur Erfassung von Prozesszuständen bzw. zur *Abschätzung* der Verteilung von Tätigkeiten. Es werden relevante Tätigkeitskategorien definiert, die in sehr häufigen (größer 1000) Stichproben (z. B. acht Stunden lang alle 15 s oder über mehrere Tage zu verschiedensten Zeitpunkten) zugeordnet werden. Relevante Kategorien sind im Leankontext immer die wertschöpfenden Tätigkeiten des Arbeitsprozesses (beim Arzt: z. B. behandeln, untersuchen, Patientengespräch etc.) und nicht wertschöpfenden Tätigkeiten (z. B. gehen, warten, Nacharbeit, suchen etc.). Bei jeder Stichprobe wird die in dem Augenblick ausgeführte Tätigkeit der beobachteten Person in dem Dokumentationsblatt in der entsprechenden Kategorie durch einen „Strich" vermerkt. Im Laufe aller Stichproben ergibt sich so Strich für Strich ein Verteilungsbild der verschiedenen Tätigkeiten. Am Ende der Analyse wird das Ergebnis grafisch in Diagrammen dargestellt. Soll das Ergebnis nicht nur der Abschätzung dienen, sondern statistisch abgesichert sein, müssen verschiedene Voraussetzungen erfüllt sein (z. B. Zufälligkeit der Stichproben, ausreichende Häufigkeit der Stichprobe, Stabilität des Untersuchungsgegenstandes). Siehe hierzu die Methode „Multimomentaufnahme (MMA)" nach REFA.

Ziel

Durch ausreichend häufige Tätigkeitsstichproben soll eine Aussage über deren prozentuale Verteilung getroffen werden können. Insbesondere die Unterscheidung zwischen wertschöpfender beziehungsweise nicht wertschöpfender Tätigkeiten ist von großer Bedeutung, da die Reduzierung der Verschwendung stets ein Ziel der Verbesserungsarbeit ist. Ferner dient die Mehrfachmomentaufnahme der Abschätzung von Verbesserungspotenzialen. Beträgt beispielsweise der Anteil der Verschwendung 50 %, wird das Verbesserungspotenzial wahrscheinlich zwischen 20 und 40 % liegen, jedoch sicher nicht über 50 %.

Vorgehen

1. Abklärung:
   - mit dem Betriebsrat/der Mitarbeitervertretung und den Führungskräften klären, ob und in welcher Form zeitliche Analysen durchgeführt werden dürfen
2. Kurze Voranalyse:
   - Welche Tätigkeitskategorien sind vor Ort zu unterscheiden? Was muss voneinander unterscheidbar sein? (z. B. Patient untersuchen, gehen, warten, telefonieren, dokumentieren)

- Wie lange muss der Prozess vermutlich beobachtet werden, um ein hinreichend genaues Bild zu erlangen? Strichprobenumfang festlegen
- Welche Zeitpunkte sind günstig/ungünstig? (Schichtzeiten, Feiertage, Prozesslänge, etc.)
- Dokumentationsformular erstellen

3. Probelauf:
   - Alle eingeplanten Beobachter müssen ein paar Minuten lang den Ablauf mit dem Dokumentationsformular testen, um zum einen die Unterscheidbarkeit der Kategorien zu bestätigen und zum anderen einen ausreichenden Übungsgrad zu erlangen.
4. Beobachtungspunkt wählen:
   - Wo ist eine günstige Position, um möglichst genau beobachten zu können und den Prozess nur wenig zu stören?
   - Was muss alles einsehbar sein?
5. Durchführung:
   - Bereichsmitarbeiter begrüßen
   - Aufgabe, Analysemethode, Hintergrunds erklären/klären und ggf. Hinweise der Mitarbeiter aufnehmen
   - Analyse durchführen
   1. Uhr starten
   2. kontinuierlich die Tätigkeiten im gewählten Intervall den Kategorien zuordnen
   3. etwaige Beobachtungen/Ideen als Bemerkung hinter der Tätigkeit festhalten
6. Verabschiedung:
   - Aufzeichnungen den Mitarbeitern zeigen oder anbieten, die Ergebnisse später zu besprechen.
   - bedanken
7. Auswertung:
   - Striche je Kategorie auszählen
   - Diagramm mit prozentualer Verteilung der einzelnen Kategorien erstellen
   - Handlungsfelder herausarbeiten
   - Potenzial abschätzen (Wie viel der „Verschwendungstätigkeiten" können realistisch beseitigt werden?)

Praxishinweis

Die Mehrfachmomentaufnahme ist sehr anstrengend, wenn sie über eine ganze Schicht in kurzen Zyklen durchgeführt wird. Hilfreich ist die Verwendung eines Taktgebers, der im definierten Takt ein Signal abgibt. Hierfür können Handys/Apps sehr gut verwandt werden. Wenn der beobachtete Mitarbeiter Pause macht, empfiehlt es sich, diese Zeit ebenfalls für die eigene Pause zu nutzen. Zur Wahrung der Übersichtlichkeit auf dem Dokumentationsformular jede Halbestunde oder Stunde eine neue Dokumentationszeile verwenden.

Mehrfachmomentaufnahme

Bereich:

Arbeitsplatz: Schicht:

Aufnahmedatum: Station:

Bearbeiter: Hinweis:

	Wertschöpf.	Nicht Wertschöpfend					Verschwendung					unklar					Zyklus:
Zyklus:	Behandeln, Pflegen, Zuwendung...	Informationen suchen/ austauschen	Administration (drucken, sortieren, ablegen)	Leistungsan-forderung/ Leistungsdoku/ -freigabe	Arzt begleiten	Behandlung vorbereiten/ richten/ nachbereiten	Patient begleiten/ transportieren	Gehen/ Transport (ohne Patient)	Warten	Sonstige	pers. Verteilzeit (Pause, WC)	nicht beobachtet	Uhrzeit	ZZ				Bemerkung
1																		
2																		
3																		
4																		
5																		
6																		
7																		
8																		
9																		
10																		
Summe:																		
in %																		

Mehrfachmomentaufnahme

Bereich: *Chirurgie*

Arbeitsplatz: *Dr. Simmer* Schicht: *Früh*

Aufnahmedatum: *24.09.14* Station: *4*

Bearbeiter: *Hr. Reinhardt* Hinweis: *keine*

	Wertschöpf.	Nicht Wertschöpfend					Verschwendung					unklar				Zyklus: 15s
Zyklus:	Behandeln, Pflegen, Zuwendung...	Informationen suchen/ austauschen	Administration (drucken, sortieren, ablegen)	Leistungsan-forderung/ Leistungsdoku/ -freigabe	Arzt begleiten	Behandlung vorbereiten/ richten/ nachbereiten	Patient begleiten/ transportieren	Gehen/ Transport (ohne Patient)	Warten	Sonstige	pers. Verteilzeit (Pause, WC)	nicht beobachtet	Uhrzeit	ZZ	Bemerkung
1			ﬀ I					ﬀ ﬀ ﬀ ﬀ I	ﬀ ﬀ ﬀ ﬀ I		I	II	07:30	1:00	Arzt RTS organisieren Frühbesprechung Stift leer
2			ﬀ					ﬀ ﬀ I	I	ﬀ		ﬀ II	08:30	1:00	Apotheke freigeben
3			III		ﬀ III		ﬀ ﬀ II	ﬀ I	ﬀ ﬀ ﬀ I		I		09:30	1:00	Sekretariat NA-Patienten vorbereiten
4			ﬀ II		I	ﬀ ﬀ I	ﬀ ﬀ ﬀ	ﬀ II	II		ﬀ II		10:30	1:00	
5			ﬀ ﬀ ﬀ III		ﬀ		ﬀ ﬀ	III			II		11:30	1:00	
6					II		ﬀ II	I	ﬀ I		ﬀ ﬀ ﬀ		12:30	1:00	Ablenkung
7					II	ﬀ III	ﬀ ﬀ ﬀ II	II	III		ﬀ ﬀ I		13:30	1:00	
8					II		ﬀ I	I	III				14:30	1:00	
9			II				ﬀ III	ﬀ ﬀ ﬀ III	I	ﬀ II	I		15:30	0:30	
10													16:00	0:00	
Summe:	264	403	99	736	0	23	19	113	74	108	158	43	0:51		
in %	13%	20%	5%	36%	0%	1%	1%	6%	4%	5%	8%	2%	100%		

Mehrfachmomentaufnahme

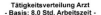

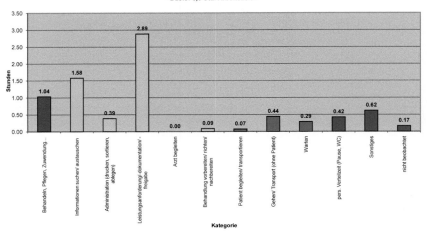

8.8   Problemlösungsblatt (Maßnamenblatt)

Erklärung/Definition

Ein Problemlösungsblatt (Maßnahmenblatt) ist ein einfaches Prozessverbesserungswerkzeug zur leichten Ursachenklärung und Maßnahmenableitung. Die vorhandenen Probleme werden erfasst und entsprechend der vorgegeben Spaltenstruktur bearbeitet. Die für die Bearbeitung notwendigen Analysewerkzeuge (z. B. Strichliste, Paretodiagramm, Fischgrätdiagramm, Histogramm etc.) sind nicht Bestandteil des Blattes. Hier werden die einzelnen Maßnahmen und Aktivitäten nur benannt und somit dem Bereich transparent gemacht. Das Problemlösungsblatt ist häufig die Basis für Teamgespräche, Regelkommunikationen oder Projektbesprechungen. Es stellt ein Werkzeug für einfache Probleme mit leichter Ursachenklärung und leichter Maßnahmenableitung dar.

Ziel

Das Problemlösungsblatt soll dem Mitarbeiter eine Struktur für die Problemlösung vorgeben, den aktuellen Bearbeitungsstand visualisieren und den Prozessbeteiligten somit die Möglichkeit zur aktiven Mitwirkung geben.

Vorgehen

1. Formularerstellung und Definition der notwendigen Regeln:
   - Dokumentationsformular (beispielsweise gemäß des vorliegenden Musters, siehe folgende Abbildung) erstellen
   - Ausfüllregeln klären (z. B. mit Stift von Hand, jeder trägt seine Themen selbst ein, Eskalationsregeln an die nächste Hierarchiestufe bei Terminüberschreitung von mehr als X Tagen, etc.)
2. Schulung:
   - Hintergrund und Ziel dieser Methode erklären
   - Umgang mit dem Formular erklären und das Ausfüllen anhand von Beispielen üben.
3. Umsetzung (Nutzung des Formulars):
4. Problem verständlich beschreiben („Problem")
   - laufende Problemnummer vergeben („Nr."). Jede Nummer darf nur einmal existieren.
   - Problemaufnahmedatum (Tag der Eintragung in das Formular) dokumentieren („Datum")
   - Verantwortlichen für das Problem benennen („Wer"): Das kann sich im Laufe der Problembearbeitung ändern.
   - vorläufigen Termin als Ziel für die Bearbeitung des Problems festlegen („Termin"): Das kann sich nach der Ursachenanalyse ändern, da erst dann die Tragweite beziehungsweise die Maßnahmen bekannt sind.
   - versuchen, das Problem zu verstehen und Ursachenforschung zu betreiben (hierfür Daten zur Analyse erheben und die Ist-Situation möglichst messbar machen, um die Ursächlichkeit und die spätere Problembeseitigung belegen zu können)
   - Ursache dokumentieren („Ursache")
   - Maßnahmen zur Lösung des Problems ableiten und dokumentieren („Maßnahme")
   - Verantwortlichen für die Durchführung der Maßnahme festlegen („Wer") und den Termin ggf. korrigieren („Termin"): In Abhängigkeit der getroffenen Maßnahme kann die Verantwortung wechseln.
   - „Status" auf „viertel" setzen
   - Umsetzung der Maßnahme durchführen und dokumentieren
   - „Status" auf „halb" setzen
   - Wirksamkeit der Maßnahme kontrollieren und dokumentieren: Die Wirksamkeit wird anhand von Datenmessungen analog der Vorgehensweise bei der Ursachenforschung belegt.
   - „Status" auf „dreiviertel" setzen

- gefundene Lösung standardisieren und dokumentieren: Bei der Standardisierung wird die Lösung in Regeln/technische Lösungen o. ä. überführt. Häufig beinhaltete die zuvor umgesetzte Maßnahme eine kurzfristige/temporäre Lösung. Ferner wird die Übertragbarkeit auf andere Bereiche (mit ähnlichen Prozessen/Problemen) überprüft.
- „Status" auf „voll" setzen
  Es besteht während der gesamten Problembearbeitung die Möglichkeit, das Thema an die nächste Hierarchiestufe zu überführen. Erstens, wenn der Bearbeiter fachlich nicht weiterkommt oder zweitens, wenn die Termine überschritten wurden. Die erfolgte Eskalation wird dokumentiert („Esk.").

Praxishinweis

Da das Problemlösungsblatt eine Anleitungs- und eine Dokumentationsfunktion beinhaltet, hat sich bewährt, Veränderungen durch „durchstreichen" und ergänzen zu dokumentieren. Ein veränderter Termin oder eine veränderte Verantwortlichkeit wird nicht gelöscht oder überschrieben, sondern ergänzt. Ferner sollte das Problemlösungsblatt vor Ort „aushängen" und von Hand gepflegt werden, damit die Beteiligten jeder Zeit agieren und auf die Informationen zugreifen können. Für die Eskalation von Terminüberschreitungen bieten sich feste und vereinbarte Regeln an (z. B. die Überschreitung von einer Woche). Nach dieser Zeit besteht die Pflicht, die Themen an die nächste Hierarchie zu übergeben. So wird verhindert, dass die Eskalation als Verrat oder Anklage betrachtet wird. Die Eskalation soll die Unterstützungsfunktion der Führungskraft in Gang setzen.

Problemlösungsblatt								
Bereich:								
Nr.	**Datum**	**Problem**	**Ursache**	**Maßnahme**	**Wer**	**Termin**	**Status**	**Esk.**
							⊕	
							⊕	
							⊕	
							⊕	
							⊕	
							⊕	
							⊕	
							⊕	
							⊕	
							⊕	
							⊕	

◖ Maßnahme geplant und zugewiesen   ◖ Maßnahme umgesetzt   ● Wirksamkeit nachgewiesen   ● Standardisierung

Problemlösungsblatt

Bereich: *Rettungsstelle*

Nr.	Datum	Problem	Ursache	Maßnahme	Wer	Termin	Status	Esk.
1	15/5/15	kein Auffüllpapier am Kopierer vorhanden	fehlender Auffüllmechanismus	Standard mit Kanban für Materialprozess einführen	Hubert	20/5/15	◔	
				Porzesskontrolle einführen	Ernie	26.5.15 30.5.15	◑	
2	18/5/15	Infusionsflaschen fehlen	Bestand reicht nicht, da Lieferzyklus zu selten	Lieferzyklus erhöhen	Karla	26.5.15 30.5.15	◑	Chefin, Renate
				Reservebestand anlegen	Egon	19/5/15	◐	
3	18/5/15	Durchlaufzeiten der Patienten können nicht dauerhaft ermittelt werden	manueller Aufwand ist zu hoch, da elektronische Erfassung fehlt	Zeitenerfassung in KIS integrieren	Bert	20/6/15	●	
							⊕	
							⊕	
							⊕	
							⊕	
							⊕	
							⊕	

◑ Maßnahme geplant und zugewiesen   ◑ Maßnahme umgesetzt   ● Wirksamkeit nachgewiesen   ● Standardisierung

8.9 A3-Problemlöseblatt

Erklärung/Definition

Ein A3-Problemlöseblatt ist ein strukturiertes Prozessverbesserungswerkzeug. Das zu bearbeitende Problem wird erfasst und entsprechend der vorgegeben Struktur bearbeitet/gelöst. Die für die Bearbeitung notwendigen Analysewerkzeuge (z. B. Strichliste, Paretodiagramm, Fischgrätdiagramm, Histogramm etc.) werden im Hintergrund durchgeführt und ihr Ergebnis auf dem Blatt dokumentiert. Das A3-Problemlöseblatt ist für komplexe Probleme und Aufgabenstellungen geeignet. Das übliche Format ist DIN A3, damit alle Informationen auf einem einzigen Blatt vorhanden und verdichtet sind. Die Grundstruktur ist stets gleich (Problem(wahrnehmung), Ist-Situation, Zielzustand, ggf. Sofortmaßnahme, detaillierte Ursachenanalyse, Gegenmaßnahmen, Wirksamkeitsnachweis und Standardisierung), kann jedoch in der Detaillierung variieren. Teilweise werden bestimmte Methoden wie Fischgrätdiagramm oder 5xWarum-Fragetechnik schon fest in die Blattstruktur integriert. In diesem Fall soll dem Bearbeiter methodisch stärker geholfen werden. In der Regel wird der Problemlösungsprozess in einem Team bearbeitet, da eine einzelne Person häufig nicht den Gesamtprozess überblicken kann. Das Wissen, die Erfahrungen und die verschiedenen Sichtweisen des „Problemlösungsteams" bereichern und beschleunigen den Problemlösungsprozess.

Ziel

Das A3-Problemlöseblatt soll dem Mitarbeiter eine Struktur für die Problemlösung vorgegeben, die erarbeiten Teilschritte möglichst klar und nachvollziehbar visualisieren und alle wesentlichen Ergebnisse auf einem einzigen Blatt Papier festhalten. Es dient immer auch der Zusammenfassung von Problemlösungsprozessen und ist Grundlage/Hilfsmittel für Präsentationen gegenüber Führungskräften und Mitarbeitern.

Vorgehen

1. Formularerstellung und Definition der notwendigen Regeln:
   - Dokumentationsformular (beispielsweise gemäß des vorliegenden Musters, siehe nachfolgende Abbildung, oder mit noch stärkerer methodischer Anleitung bei den einzelnen Schritten) erstellen
   - Ausfüllregeln (z. B. mit Stift von Hand, Form der Integration von Auswertungen und Analysen wie Diagramme einkleben oder nur den Zahlenwert übertragen, etc.) klären
2. Schulung:
   - Hintergrund und Ziel dieser Methode erklären
   - Umgang mit dem Formular erklären und das Ausfüllen anhand von Beispielen üben
3. Umsetzung (Nutzung des Formulars):
4. Problemtitel vergeben und dabei einen möglichst eindeutigen Namen zur Unterscheidung gegenüber anderen Problemblättern wählen
   - betroffenen Bereich benennen (Wo ist das Problem aufgetreten?)
   - laufende Problemnummer vergeben: Jede Nummer darf nur einmal existieren.
   - Problemaufnahmedatum (Tag der Eintragung in das Formular) dokumentieren
   - Problem verständlich beschreiben (Wie wird es wahrgenommen? Wie kann es verständlich gemacht werden?)
   - Ist-Situation möglichst genau beschreiben (Wann, wo, wie oft, bei wem etc. ist das Problem aufgetreten? Welche Analysen können die Situation beschreiben und das Problem verdeutlichen?
   - Zielzustand beschreiben (Wie sollte es eigentlich sein? Wie sieht das Ziel ist? Was soll erreicht werden?)
   - ggf. Sofortmaßnahmen zur temporären Absicherung des betroffenen Prozesses definieren: Hier geht es um Schnelligkeit und nicht um Nachhaltigkeit. Sofortmaßnahmen bedeuten in der Regel Extrakosten/Extraaufwand.

- Promoter für die Problemlösung benennen (Wer kann den Problemlösungsprozess vorantreiben und zur Zielerreichung führen?)
- versuchen, das Problem zu verstehen und Ursachenforschung zu betreiben (hierfür Daten zur Analyse erheben und die Ist-Situation möglichst messbar machen, um die Ursächlichkeit und die spätere Problembeseitigung belegen zu können): Durch genaues Hinterfragen von Symptomen zu echten Ursachen vordringen. Bei der Ursachenfindung können Analysemethoden wie Fischgrätdiagramm, Histogramm, Paretodiagramm, 5xWarum-Fragetechnik etc. hilfreich sein.
- Maßnahmen zur Lösung des Problems ableiten und unter Nennung des Verantwortlichen sowie des Zieltermins dokumentieren
- Umsetzung der Maßnahme durchführen und dokumentieren
- Wirksamkeit der Maßnahme kontrollieren und dokumentieren: Die Wirksamkeit wird anhand von Datenmessungen analog der Vorgehensweise bei der Ursachenforschung belegt.
- gefundene Lösung standardisieren und dokumentieren: Bei der Standardisierung wird die Lösung in Regeln/technische Lösungen o. ä. überführt. Häufig beinhaltete die zuvor umgesetzte Maßnahme eine kurzfristige/temporäre Lösung. Ferner wird die Übertragbarkeit auf andere Bereiche (mit ähnlichen Prozessen/Problemen) überprüft.

5. Präsentation:
- Ergebnisse anhand des A3-Problemlöseblattes gegenüber betroffenen Mitarbeitern und ggf. dem Management präsentieren
6. Ablage/Speichern:
- Das A3-Problemlöseblatt zwecks Sicherung der Vorgehensweise (für ähnliche Probleme) und des Ergebnisses archivieren. Häufig kann das erarbeitete Wissen bei ähnlichen Problemen angewandt und somit Zeit und Aufwand gespart werden.

Praxishinweis

Das A3-Problemlöseblatt lebt von einer pragmatischen Vorgehensweise. Es soll möglichst plakativ die Vorgehensweise der Problemlösung visualisieren. Deshalb Bleistift, Klebestift (für Diagramme und Fotos) und sonstige Hilfsmittel verwenden. Ein A3-Problemlöseblatt wird immer am Ort des Problems ausgefüllt. Es gilt die Regel, dass sämtliche Dokumentationen korrekt und wahr sein müssen. Es werden keinesfalls einfach Vermutungen festgehalten. Das Blatt lebt davon, alle Informationen auf einen Blick zu haben und somit richtige Schlussfolgerungen ziehen zu können. Falsche Daten führen deshalb zu falschen Maßnahmen.

A3-Problemlöseblatt

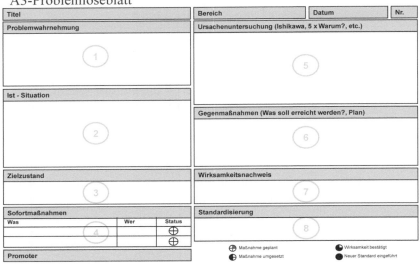

A3-Problemlöseblatt

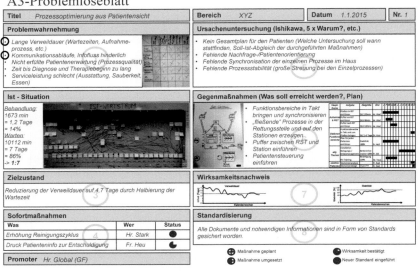

Literatur

Arnold H, Faurote F (2005) Ford methods and the ford shops. Adamant Media Corporation, Chestnut Hill

Aulinger G (2007) Ohne Führung kein KVP, Management Circle, Heft 1

Aulinger G (2008) Ohne KVP keine Führung, Management Circle, Heft 2

Baker M (2009) Making hospitals work. Lean Enterprise Academy, Boston

Blank R, Bents R (2006) Sich und andere verstehen. Eine dynamische Persönlichkeitstypologie. Claudius, München

Drew J, Mc Cullum B, Roggenhofer S (2005) Unternehmen LEAN. Campus, Frankfurt a. M.

Dubs R, Euler D, Rüegg-Stürm J, Wyss C (2009) Einführung in die Managementlehre, Bd. 1 Teil A-E, S. 65 ff. Haupt, Bern

Gottschalk J, Ludwig N, Steinbeis L, Scholz A (2011) Klinik mit schlanker Linie: Das Martin-Luther-Krankenhaus setzt ein Lean-Management-System ein. f & w führen und wirtschaften im Krankenhaus, 5/2011

Kubler-Ross E (1969) On death and dying, touchstone. Scribner, New York

Liker J (2004) The toyota way. McGraw-Hill, New York

Niermeyer R, Postall N (2003) Führen –Die erfolgreichsten Instrumente und Techniken. Haufe, Planegg

Pfläging N (2014) Organisation für Komplexität. Redline, München

Rother M (2009) Die KATA des Weltmarktführers. Campus, Frankfurt a. M.

Rother M, Shook J (2000) Sehen Lernen, LOG_X

Scholl W (2014) Kolloquium bei der ARTOP GmbH zum Thema „Führung und Macht"

Schulz von Thun F (2001) Miteinander Reden 1. Rowohlt, Hamburg

Schumann M, Ortelbach B, Hagenhoff S (2004) Entwicklungen und Perspektiven der Controllingforschung. In: Schumann M (Hrsg) Arbeitsbericht Nr. 17/2004. Universität Göttingen Institut für Wirtschaftsinformatik, Göttingen

Shannon CE, Weaver W (1949) The mathematical theory of communication. University of Illinois Press, Urbana

Springer Gabler Verlag (2013) Gabler Wirtschaftslexikon, Stichwort: compliance. http://wirtschaftslexikon.gabler.de/Archiv/748/compliance-v11.html

Ulbricht C (2012) Masterarbeit, Prozessverbesserung durch Lean Management. Übertragbarkeit auf Krankenhäuser und Herausforderungen bei der Umsetzung.

© Springer Fachmedien Wiesbaden 2016
A. Scholz, *Die Lean-Methode im Krankenhaus*, DOI 10.1007/978-3-658-08738-8

Wippermann F (2012) Shortcuts – Methoden, Instrumente, Begriffe für modernes Management. Walhalla, Regensburg

Womack J (2011) Gemba Walks. Lean Enterprise Institute, Cambridge

http://www.brainyquote.com/quotes/authors/h/henry_ford_2.html. Zugegriffen: 10. Jan. 2014

http://www.brainyquote.com/quotes/authors/h/henry_ford_.html. Zugegriffen: 10. Jan. 2014

Printed in the United States
By Bookmasters